今注本二十四史

晋書

一四

傳〔四〕

唐　房玄齡等　撰

梁滿倉　主持校注

中國社會科學出版社

晋書　卷四九

列傳第十九

阮籍 兄子咸 咸子瞻 瞻弟孚 咸從子脩[1] 族弟放 放弟裕　嵇康　向秀　劉伶　謝鯤　胡毋輔之 子謙之　畢卓　王尼　羊曼 弟聃　光逸

阮籍

阮籍，字嗣宗，[2]陳留尉氏人也。[3]父瑀，[4]魏丞相掾，[5]知名於世。籍容貌瓌傑，[6]志氣宏放，傲然獨得，任性不羈，而喜怒不形於色。或閉户視書，累月不出；或登臨山水，經日忘歸。博覽群籍，尤好《莊》《老》。嗜酒能嘯，[7]善彈琴。當其得意，忽忘形骸。時人多謂之癡，惟族兄文業每嘆服之，以爲勝己，由是咸共稱異。

[1]咸從子脩：原本總目録、卷首目録及中華本目録均作“從子脩”，依本書目録體例解讀即爲阮籍從子，誤，此處爲説明人物關係補“咸”字。

[2]嗣宗：宋本作“輔宗”。

[3]陳留：郡國名，治所在小黄縣（今河南省開封市東）。尉氏：縣名，治所在今河南省尉氏縣。

[4]瑀：阮瑀，東漢陳留尉氏（今河南省尉氏縣）人，字元瑜。“建安七子”之一。少師從蔡邕，曾任曹操司空軍謀祭酒，管記室，後爲倉曹掾書。

[5]丞相掾：丞相府屬官。

[6]瑰傑：魁偉高大。

[7]嘯：古人的自娱方式，類似口哨。《詩·召南·江有汜》：“不我過，其嘯也歌。”鄭玄箋：“嘯，蹙口而出聲。”

籍嘗隨叔父至東郡，[1]兖州刺史王昶請與相見，[2]終日不開一言，自以不能測。太尉蔣濟聞其有雋才而辟之，[3]籍詣都亭奏記曰：“伏惟明公以含一之德，[4]據上臺之位，英豪翹首，俊賢抗足。[5]開府之日，[6]人人自以爲掾屬；辟書始下，而下走爲首。昔子夏在於西河之上，[7]而文侯擁篲；[8]鄒子處於黍谷之陰，[9]而昭王陪乘。夫布衣韋帶之士，孤居特立，王公大人所以禮下之者，爲道存也。今籍無鄒卜之道，[10]而有其陋，猥見采擇，無以稱當。方將耕於東皋之陽，[11]輸黍稷之餘税。負薪疲病，足力不强，補吏之召，非所克堪。乞回謬恩，以光清舉。”初，濟恐籍不至，得記欣然。遣卒迎之，而籍已去，濟大怒。於是鄉親共喻之，乃就吏。後謝病歸。復爲尚書郎，[12]少時，又以病免。及曹爽輔政，[13]召爲參軍。籍因以疾辭，屏於田里。歲餘而爽誅，時人服其遠識。宣帝爲太傅，[14]命籍爲從事中郎。[15]及帝崩，復爲景帝大司馬從事中郎。高貴鄉公即位，[16]封關内侯，徙散騎常侍。[17]

[1]東郡：治所在濮陽縣（今河南省濮陽市西南）。

[2]兖州：三國魏治所在廩丘縣（今山東省鄆城縣西北），晋惠帝末，兖州闔境淪没於石勒。東晋元帝僑置兖州，治所在京口（今江蘇省鎮江市）。　王昶：三國時太原晋陽（今山西省太原市西南）人，字文舒。歷任曹魏太子文學、洛陽典農、兖州刺史、揚烈將軍等職。參與平定毌丘儉、諸葛誕反叛有功，官至司空。

[3]太尉：官名，曹操爲丞相後，太尉府屬官歸相府，晋時太尉雖爲八公之一、三公之首，實爲名譽宰相，多爲大臣加官。一品。　蔣濟：三國時楚國平阿（今安徽省懷遠縣西南）人，字子通。歷任揚州别駕、丞相主簿西曹署，典選舉。齊王曹芳時官至太尉。

[4]含一之德：純一之德。

[5]抗足：指前來依附。

[6]開府：開設府署，辟置僚屬。魏晋時常以此作爲對高級官員的寵待。

[7]子夏在於西河：子夏，春秋末晋國温（今河南省温縣西南）人，卜氏，名商，字子夏，孔子學生。孔子死後，到魏國西河講學，李悝、商鞅、吴起皆其門人。其後學成爲儒家分派之一，稱子夏之儒。

[8]文侯擁篲：魏文侯，曾向子夏學經。《史記》卷六七《仲尼弟子列傳》："孔子既没，子夏居西河教授，爲魏文侯師。"擁篲，敬師。典出《史記》卷七四《孟子荀卿列傳》：騶子如燕，"昭王擁彗先驅，請列弟子之座而受業，築碣石宫，身親往師之"。

[9]鄒子處於黍谷之陰：《太平御覽》卷一六《時序部·律》引劉向《别録》："鄒子在燕，燕國有谷地，美而寒，不生五穀。鄒子居之，吹律而温氣，至今名黍谷。"

[10]鄒：指鄒子。　卜：指子夏。

[11]東皋：位於今山西省河津市東北黄頰山。

[12]尚書郎：官名。東漢之制，取孝廉中之有才能者入尚書臺，在皇帝左右處理政務，初入臺稱守尚書郎中，滿一年稱尚書郎，滿三年稱侍郎。魏晋以後尚書各曹有侍郎、郎中等官，綜理職務，通稱爲尚書郎。六品。

[13]曹爽：三國時沛國譙縣（今安徽省亳州市）人，字昭伯，曹真子。明帝死，受遺詔與司馬懿共同輔政。後與司馬懿争權，爲司馬懿所殺。

[14]太傅：官名，晋爲八公之一。位上公，太宰之下、太保之上。一品。

[15]從事中郎：官名，東漢時爲大將軍屬官，地位較高。三國時爲將軍府或公府屬官。六品。

[16]高貴鄉公：曹髦，字彦士，曹丕孫。曹芳被廢後立爲帝。後爲司馬昭部下成濟所殺。

[17]散騎常侍：官名，三國魏文帝黄初年間置，侍從皇帝左右，諫諍得失，顧問應對，與侍中等共平尚書奏事。也用作宰相、諸公等加官，入宫議政。三品。

籍本有濟世志，屬魏晋之際，天下多故，名士少有全者，籍由是不與世事，遂酣飲爲常。文帝初欲爲武帝求婚於籍，籍醉六十日，不得言而止。鍾會數以時事問之，[1]欲因其可否而致之罪，皆以酣醉獲免。及文帝輔政，籍嘗從容言於帝曰："籍平生曾游東平，[2]樂其風土。"帝大悦，即拜東平相。[3]籍乘驢到郡，壞府舍屏鄣，使内外相望，法令清簡，旬日而還。帝引爲大將軍從事中郎。有司言有子殺母者，籍曰："嘻！殺父乃可，至殺母乎!”坐者怪其失言。帝曰:“殺父,天下之極惡,而以爲可乎?”籍曰:“禽獸知母而不知父,殺父,禽獸之類也。殺母,禽獸之不若。”衆乃悦服。

[1]鍾會:三國時潁川長社(今河南省長葛市東)人,字士季。鍾繇之子。歷任秘書郎、尚書郎、中書侍郎、黄門侍郎、司隸校尉。破蜀後因與姜維謀叛,失敗被殺。

[2]東平:郡國名,治所在須昌縣(今山東省東平縣西北)。

[3]相:官名,郡國相,也稱内史。五品。

籍聞步兵厨營人善釀,有貯酒三百斛,乃求爲步兵校尉。[1]遺落世事,雖去佐職,恒游府内,朝宴必與焉。會帝讓九錫,[2]公卿將勸進,使籍爲其辭。籍沉醉忘作,臨詣府,使取之,見籍方據按醉眠。使者以告,籍便書按,使寫之,無所改竄。[3]辭甚清壯,爲時所重。

[1]步兵校尉:官名,東漢時隸屬北軍中候,爲北軍五校尉之一,魏晋時隸屬中領軍,領宿衛營兵。四品。

[2]九錫:《漢書》卷六《武帝紀》顔師古注引應劭曰:“一曰車馬,二曰衣服,三曰樂器,四曰朱户,五曰納陛,六曰虎賁百人,七曰鈇鉞,八曰弓矢,九曰秬鬯。此皆天子制度,尊之,故事事錫與,但數少耳。”

[3]所:原本無此字,作一字空白,宋本、殿本有,據宋本、殿本補。

籍雖不拘禮教,然發言玄遠,口不臧否人物。[1]性至孝,母終,正與人圍棋,對者求止,籍留與决賭。既而飲酒二斗，舉聲一號，吐血數升。及將葬，食一蒸肫，[2]飲二斗酒，然後臨訣，直言窮矣，舉聲一號，因又吐血數升。毁瘠骨立，殆致滅性。裴楷往吊之，[3]籍散髮箕踞，醉而直視，楷吊唁畢便去。或問楷："凡吊者，主哭，客乃爲禮。籍既不哭，君何爲哭？"楷曰："阮籍既方外之士，故不崇禮典。我俗中之士，故以軌儀自居。"時人嘆爲兩得。籍又能爲青白眼，見禮俗之士，以白眼對之。及嵇喜來吊，[4]籍作白眼，喜不懌而退。喜弟康聞之，乃賫酒挾琴造焉，籍大悦，乃見青眼。由是禮法之士疾之若仇，而帝每保護之。

[1]臧否：品評，褒貶。

[2]蒸肫：蒸小猪。

[3]裴楷：字叔則，本書卷三五有傳。

[4]嵇喜：《世説新語·簡傲》注引《百官名》："嵇喜字公穆，歷揚州刺史，康兄也。阮籍遭喪，往吊之。籍能爲青白眼，見凡俗之士，以白眼對之。及喜往，籍不哭，見其白眼，喜不懌而退。康聞之，乃賫酒挾琴而造之，遂相與善。"

籍嫂嘗歸寧，[1]籍相見與别。或譏之，籍曰："禮豈爲我設邪！"鄰家少婦有美色，當壚沽酒。籍嘗詣飲，[2]醉，便卧其側。籍既不自嫌，其夫察之，亦不疑也。兵家女有才色，未嫁而死。籍不識其父兄，徑往哭之，盡哀而還。其外坦蕩而内淳至，皆此類也。時率意獨駕，不由徑路，車迹所窮，輒慟哭而反。嘗登廣武，[3]觀楚漢戰處，嘆曰："時無英雄，使豎子成名！"登武牢山，望京邑而嘆，於是賦《豪傑詩》。景元四年冬卒，時年五十四。

［1］歸寧：出嫁的女子回娘家看望父母。
［2］籍嘗詣飲：宋本作“籍常詣婦飲”。
［3］廣武：縣名，治所在今山西省代縣西南。

籍能屬文，[1]初不留思。作《咏懷詩》八十餘篇，爲世所重。著《達莊論》，叙無爲之貴。文多不録。

［1］屬文：寫文章。

籍嘗於蘇門山遇孫登，[1]與商略終古及栖神道氣之術，[2]登皆不應，籍因長嘯而退。至半嶺，聞有聲若鸞鳳之音，響乎巖谷，乃登之嘯也。遂歸著《大人先生傳》，其略曰：“世之所謂君子，惟法是修，惟禮是克。手執圭璧，足履繩墨。[3]行欲爲目前檢，言欲爲無窮則。少稱鄉黨，[4]長聞鄰國。上欲圖三公，下不失九州牧。獨不見群蝨之處褌中，逃乎深縫，匿乎壞絮，自以爲吉宅也。[5]行不敢離縫際，動不敢出褌襠，自以爲得繩墨也。然炎丘火流，[6]焦邑滅都，群蝨處於褌中而不能出也。君子之處域内，何異夫蝨之處褌中乎！”此亦籍之胸懷本趣也。

［1］蘇門山：又名蘇嶺，一作百門山。位於今河南省輝縣市西北。　孫登：字公和，本書卷九四有傳。

[2]栖神道氣：道，宋本作“導”。

[3]足履繩墨：循規蹈矩。

[4]少稱：少，宋本作“以”。

[5]吉宅：宅，原本作“兆”，宋本、殿本作“宅”，據宋本、殿本改。

[6]炎丘火流：火山爆發。丘，宋本作“兵”。

子渾，字長成，有父風。少慕通達，不飾小節。籍謂曰：“仲容已豫吾此流，汝不得復爾！”太康中，爲太子庶子。[1]

[1]太子庶子：官名，東宫屬官。晋太子宫置中庶子、庶子各四員，職比散騎常侍。以俊茂者爲之。釋奠禮時，中庶子扶左，庶子扶右。五品。

咸，字仲容。父熙，武都太守。[1]咸任達不拘，與叔父籍爲竹林之游，當世禮法者譏其所爲。[2]咸與籍居道南，諸阮居道北，北阮富而南阮貧。七月七日，北阮盛曬衣服，皆錦綺粲目。咸以竿挂大布犢鼻於庭，[3]人或怪之，答曰：“未能免俗，聊復爾耳！”

[1]武都：郡名，治所在下辯縣（今甘肅省成縣西）。

[2]“咸，字仲容”至“當世禮法”：宋本闕此段文字。

[3]大布犢鼻：大布圍裙。形如犢鼻，故名。《漢書》卷五七《司馬相如傳上》：“相如身自著犢鼻褌。”王先謙補注：“但以蔽前，反繫於後，而無袴襠，即吾楚所稱圍裙是也。”

歷仕散騎侍郎。[1]山濤舉咸典選，[2]曰："阮咸貞素寡欲，深識清濁，萬物不能移。若在官人之職，必絶於時。"武帝以咸耽酒浮虚，遂不用。太原郭奕高爽有識量，[3]知名於時，少所推先，見咸心醉，不覺嘆焉。而居母喪，縱情越禮。素幸姑之婢，姑當歸於夫家，初云留婢，既而自從去。時方有客，咸聞之，遽借客馬追婢，既及，與婢累騎而還，論者甚非之。

[1]散騎侍郎：官名，三國魏置。隸屬散騎省，侍從皇帝左右，顧問應對，諫諍拾遺，與散騎常侍、侍中等共平尚書奏事。五品。

[2]山濤：字巨源，本書卷四三有傳。

[3]太原：郡名，治所在晋陽縣（今山西省太原市西南）。郭奕：字大業，本書卷四五有傳。

咸妙解音律，善彈琵琶。雖處世不交人事，惟共親知弦歌酣宴而已。與從子脩特相善，每以得意爲歡。諸阮皆飲酒，咸至，宗人間共集，不復用杯觴斟酌，以大盆盛酒，圓坐相向，大酌更飲。時有群豕來飲其酒，咸直接去其上，[1]便共飲之。群從昆弟莫不以放達爲行，籍弗之許。荀勖每與咸論音律，[2]自以爲遠不及也，疾之，出補始平太守。[3]以壽終。二子：瞻、孚。

[1]咸直接去其上：中華本校勘記："《册府》八五五作'直接其上'，疑是。"

[2]荀勖：字公曾，本書卷三九有傳。

[3]始平：郡名，治所在槐里縣（今陝西省興平市）。

瞻，字千里。性清虚寡欲，自得於懷。讀書不甚研求，而默識其要，遇理而辯，辭不足而旨有餘。善彈琴，人聞其能，多往求聽，不問貴賤長幼，皆爲彈之。神氣冲和，[1]而不知向人所在。内兄潘岳每令鼓琴，[2]終日達夜，無忤色。由是識者嘆其恬澹，[3]不可榮辱矣。舉止灼然。[4]見司徒王戎，[5]戎問曰："聖人貴名教，老莊明自然，其旨同異?"瞻曰："將無同。"[6]戎咨嗟良久，即命辟之。時人謂之"三語掾"。太尉王衍亦雅重之。[7]瞻嘗群行，[8]冒熱渴甚，逆旅有井，衆人競趨之，瞻獨逡巡在後，須飲者畢乃進，其夷退無競如此。

[1]神氣冲和：神態淡泊平和。

[2]潘岳：字安仁，本書卷五五有傳。

[3]恬澹：清净淡泊。

[4]舉止灼然：中華本校勘記："勞校：孫志祖曰'止'字疑衍。'灼然'者，晋世選舉之名，於九品中正爲第二品，見《温嶠傳》《鄧攸傳》。"

[5]司徒：官名，西漢哀帝元壽二年（前1）改丞相爲大司徒，東漢光武帝時改名爲司徒，東漢末又改爲丞相。三國魏恢復三公制，改丞相爲司徒，管理民政。兩晋沿制，爲八公之一，在太尉之下、司空之上。與丞相通職，一般不並置，爲名譽宰相。一品。王戎：字濬冲，本書卷四三有傳。

[6]將無同：大概一樣。

[7]王衍：字夷甫，本書卷四三有傳。

[8]嘗：原本、宋本、殿本作"常"，通"嘗"，此據中華本改。

東海王越鎮許昌,[1]以瞻爲記室參軍,[2]與王承、謝鯤、鄧攸俱在越府。[3]越與瞻等書曰:“禮,年八歲出就外傅,[4]明始可以加師訓之則;十年曰幼學,明可漸先王之教也。[5]然學之所入淺,禮之所安深。[6]是以閑習禮容,[7]不如式瞻儀度;[8]諷誦遺言,不若親承音旨。小兒毗既無令淑之質,[9]不聞道德之風,望諸君時以閑豫,周旋誨接。”[10]

[1]東海王越:司馬越,字元超,本書卷五九有傳。海,原本作“流”,宋本、殿本作“海”,據宋本、殿本改。　許昌:縣名,治所在許昌城(今河南省許昌市東)。

[2]記室參軍:官名,又稱記室參軍事。西晋始置,爲記室曹長官,掌文書表奏。

[3]王承:字安期,本書卷七五有傳。　鄧攸:字伯道,本書卷九〇有傳。

[4]外傅:古代兒童出外就學,所從之師稱外傅。《禮記·内則》:“十年,出就外傅,居宿於外,學書記。”鄭玄注:“外傅,教學之師也。”

[5]漸先王之教:開始接受先王之教。

[6]禮之所安深:禮,宋本、殿本作“體”。

[7]閑習禮容:熟習書面的禮儀制度和儀節。

[8]式瞻儀度:親眼看到具體的禮儀節度。

[9]令淑:善良美好。

[10]周旋誨接:交往接觸教誨。

永嘉中,爲太子舍人。[1]瞻素執無鬼論,物莫能難,每自謂此理足可以辯正幽明。忽有一客通名詣瞻,寒温畢，聊談名理。客甚有才辯，瞻與之言，良久及鬼神之事，反覆甚苦。客遂屈，乃作色曰：[2]“鬼神，古今聖賢所共傳，君何得獨言無！即僕便是鬼。”於是變爲異形，須臾消滅。瞻默然，意色大惡。後歲餘，病卒於倉垣，[3]時年三十。

[1]太子舍人：官名，掌行書令、表啓等。初隸太子太傅、太子少傅，後隸太子詹事。七品。

[2]作色：神情變得嚴肅或發怒。

[3]倉垣：即倉垣亭，位於今河南省開封市西北。

孚，字遥集。其母，即胡婢也。孚之初生，其姑取王延壽《魯靈光殿賦》曰：[1]“胡人遥集於上楹”而以字焉。初辟太傅府，[2]遷騎兵屬。避亂渡江，元帝以爲安東參軍。[3]蓬髮飲酒，不以王務嬰心。[4]時帝既用申韓以救世，[5]而孚之徒未能棄也。雖然，不以事任處之。轉丞相從事中郎。終日酣縱，恒爲有司所按，帝每優容之。

[1]王延壽：東漢南郡宜城（在今湖北省宜城市南）人，字文考，一字子山。王逸之子。少游山東曲阜，二十餘歲時渡湘水溺死。所作《魯靈光殿賦》爲蔡邕所稱讚。

[2]辟太傅府：被太傅府徵辟。

[3]安東參軍：官名，安東將軍府僚屬。參軍，亦作參軍事，謂參謀軍事。兩晋公府、軍府皆置。

[4]不以王務嬰心：不讓朝廷事務累心。

[5]申：申不害，戰國時法家人物，鄭國京（今河南省滎陽市

東南）人，鄭國之賤臣，後爲韓昭侯相。相韓十五年，使韓國國治兵强。　韓：韓非，戰國末韓國人，師事荀子，法家人物。得秦王賞識，入秦後又遭李斯陷害，被下獄。因不勝其虐而服藥自殺。

琅邪王裒爲車騎將軍，[1]鎮廣陵，[2]高選綱佐，[3]以孚爲長史。[4]帝謂曰："卿既統軍府，郊壘多事，宜節飲也。"孚答曰："陛下不以臣不才，委之以戎旅之重。臣僶俛從事，[5]不敢有言者，竊以今王莅鎮，威風赫然，皇澤遐被，賊寇斂迹，氛祲既澄，[6]日月自朗，臣亦何可爝火不息？[7]正應端拱嘯咏，以樂當年耳。"遷黄門侍郎、散騎常侍。[8]嘗以金貂换酒，復爲所司彈劾，帝宥之。轉太子中庶子、左衛率，[9]領屯騎校尉。[10]

［1］琅邪王裒：司馬裒，字道成，本書卷六四有傳。　車騎將軍：官名，魏晋南北朝時位次於驃騎將軍，在諸名號將軍之上，多作爲軍府名號，以加授大臣及重要州郡長官。二品，開府位從公者一品。

［2］廣陵：郡名，治所在廣陵縣（今江蘇省揚州市西北蜀岡上）。

［3］綱佐：佐，宋本作"佑"。

［4］長史：官名，掌顧問參謀，爲所在官署掾屬之長。魏晋南北朝時王府、公府、軍府、邊郡均置。八至六品。

［5］僶（mǐn）俛（fǔ）：勤勉，努力。

［6］氛祲既澄：預示灾禍的濁氣被澄清。

［7］爝火：小火。《莊子·逍遥游》："日月出矣，而爝火不息；其於光也，不亦難乎！"成玄英疏："爝火，猶炬火也，亦小火也。"

［8］黄門侍郎：官名，魏晋時爲侍中省或門下省次官。侍從皇

帝，顧問應對，多以重臣或外戚子弟擔任，位頗重要。五品。

[9]太子中庶子：官名，太子侍從，掌侍從、奏事、諫議等。五品。　左衛率：官名，即太子左衛率，西晋武帝泰始五年（269）分太子衛率而置，領精兵萬人，宿衛東宫，亦任征伐。五品。

[10]領：以地位較高的官員兼理較低的職務。　屯騎校尉：官名，北軍五校尉之一，隸屬中領軍，掌本營騎士，戍衛京師。四品。

明帝即位，遷侍中。[1]從平王敦，[2]賜爵南安縣侯。轉吏部尚書，[3]領東海王師，[4]稱疾不拜。詔就家用之，尚書令郗鑒以爲非禮。[5]帝曰："就用之誠不快，不爾便廢才。"及帝疾大漸，温嶠入受顧命，[6]過孚，要與同行。升車，乃告之曰："主上遂大漸，[7]江左危弱，實資群賢，共康世務。卿時望所歸，今欲屈卿同受顧託。"孚不答，固求下車，嶠不許。垂至臺門，[8]告嶠内迫，[9]求暫下，便徒步還家。

[1]侍中：官名，東漢建安中與給事黄門侍郎出入禁中，省尚書事。曹魏時爲門下之侍中省長官，常侍衛皇帝左右，掌顧問應對、諫諍糾察、平議奏事、駁奏異議等，權力甚重。三品。

[2]王敦：字處仲，本書卷九八有傳。

[3]吏部尚書：官名，三國魏時爲尚書省吏部曹長官，位居列曹尚書之上。三品。

[4]東海王：司馬冲，字道讓，元帝司馬睿第三子，本書卷六四有傳。

[5]尚書令：官名，秦漢時爲尚書署長官。秩位雖低，權力甚重。魏晋時沿置，爲尚書省長官，綜理全國政務，參議大政，爲高

級政務長官。三品。　郗鑒：字道徽，本書卷六七有傳。

[6]温嶠：字太真，本書卷六七有傳。　入受顧命：入宫接受皇帝臨終遺命。

[7]大漸：病危。

[8]臺門：宫門。

[9]内迫：内急。

初，祖約性好財，[1]孚性好屐，[2]同是累而未判其得失。有詣約，見正料財物，客至，屏當不盡，餘兩小簏，以著背後，傾身障之，意未能平。或有詣阮，正見自蠟屐，因自嘆曰："未知一生當着幾量屐！"神色甚閑暢。[3]於是勝負始分。

[1]祖約：字士少，本書卷一〇〇有傳。

[2]屐：木制的鞋，底大多有二齒，以行泥地。

[3]閑暢：悠閑暢快。

咸和初，拜丹楊尹。[1]時太后臨朝，政出舅族。孚謂所親曰："今江東雖累世，[2]而年數實淺。主幼時艱，運終百六，而庾亮年少，[3]德信未孚，以吾觀之，將兆亂矣。"會廣州刺史劉顗卒，[4]遂苦求出。王導等以孚疏放，[5]非京尹才，乃除都督交廣寧三州軍事、鎮南將軍、領平越中郎將、廣州刺史、假節。[6]未至鎮，卒，年四十九。尋而蘇峻作逆，[7]識者以爲知幾。[8]無子，從孫廣嗣。

[1]丹楊尹：官名，東晋京城所在郡府長官，掌京城行政諸務

並詔獄，亦稱“京尹”。三品。楊，原本、殿本作“陽”，宋本作“楊”，據宋本改。

[2]江東：亦稱江左，因自北方視之，江東在左，江西在右，故稱。

[3]庾亮：字元規，本書卷七三有傳。

[4]廣州：治所在番禺縣（今廣東省廣州市）。　劉顗：東晋人，任湘州刺史、平越中郎將、都督廣州諸軍事、廣州刺史等職。

[5]王導：字茂弘，本書卷六五有傳。　疏放：放縱，無拘無束。

[6]都督交廣寧三州軍事：即都督交廣寧三州諸軍事，上述三州最高軍事行政長官。　鎮南將軍：官名，與鎮東、鎮西、鎮北合稱四鎮。多爲持節都督，出鎮方面。曹魏二品。晋改三品，加持節都督者二品。　平越中郎將：官名，主管南越事務，設府置僚佐，治廣州，多兼任廣州刺史。　假節：假以節杖。指大臣臨時持節出巡，爲權臣掌軍、秉政的地位象徵和政治待遇。

[7]蘇峻：字子高，本書卷一〇〇有傳。

[8]知幾：幾，宋本作“機”。

脩，字宣子。好《易》《老》，善清言。嘗有論鬼神有無者，皆以人死者有鬼，脩獨以爲無，曰：“今見鬼者云着生時衣服，若人死有鬼，衣服有鬼邪？”論者服焉。後遂伐社樹，[1]或止之，脩曰：“若社而爲樹，伐樹則社移；樹而爲社，伐樹則社亡矣。”

[1]社樹：祭祀土神社壇上的樹木。

性簡任，不修人事。絶不喜見俗人，遇便舍去。意有所思，率爾褰裳，[1]不避晨夕，至或無言，但欣然相對。常步行，以百錢挂杖頭，至酒店，便獨酣暢。雖當世富貴而不肯顧，家無儋石之儲，晏如也。[2]與兄弟同志，常自得於林皋之間。

[1]率爾褰裳：隨意而動。
[2]晏如：安然，平静。

王衍當時談宗，自以論《易》略盡，然有所未了，研之終莫悟，每云："不知比没當見能通之者不。"[1]衍族子敦謂衍曰："阮宣子可與言。"衍曰："吾亦聞之，但未知其亹亹之處定何如耳！"[2]及與脩談，言寡而旨暢，衍乃嘆服焉。

[1]比没：等到死時。
[2]亹亹：動人的議論。

梁國張偉志趣不常，[1]自隱於屠釣，脩愛其才美，而知其不真。偉後爲黄門郎、陳留内史，[2]果以世事受累。

[1]梁國：郡國名，治所在睢陽縣（今河南省商丘市）。
[2]偉：宋本作"脩"。　黄門郎：官名，黄門侍郎或給事黄門侍郎的省稱。五品。　内史：官名，西晋武帝太康十年（289）改諸王國相爲内史，掌管民政。五品。周家禄《晋書校勘記》認爲："晋制，以郡爲國，内史治民事，若郡太守。國除爲郡，復稱太守。然二名往往混淆，史家亦互稱之。"

脩居貧，年四十餘未有室，王敦等斂錢爲婚，皆名士也，時慕之者求入錢而不得。

脩所著述甚寡，[1]嘗作《大鵬贊》曰：“蒼蒼大鵬，誕自北溟。假精靈鱗，神化以生。如雲之翼，如山之形。海運水擊，扶摇上征。翕然層舉，[2]背負太清。[3]志存天地，不屑雷霆。[4]鸒鳩仰笑，尺鷃所輕。超世高逝，莫知其情。”

［1］脩所著述：所，宋本作“乃”。

［2］層舉：層，宋本作“增”。

［3］太清：太空。

［4］雷霆：宋本作“唐霆”，殿本作“唐廷”。

王敦時爲鴻臚卿，[1]謂脩曰：“卿常無食，鴻臚丞差有禄，能作不?”脩曰：“亦復可爾耳!”遂爲之。轉太傅行參軍、太子洗馬。[2]避亂南行，至西陽期思縣，[3]爲賊所害，時年四十二。

［1］鴻臚卿：官名，對大鴻臚的尊稱。九卿之一，掌賓客迎送接待，贊襄引導朝會百官等。三品。

［2］太傅行參軍：官名，兼太傅參軍。參軍，亦作參軍事，謂參謀軍事。兩晋公府、軍府皆置。　太子洗馬：官名，東宫屬官。掌太子圖籍、經書，太子出行則前導威儀。七品。

［3］西陽：郡名，治所在西陽縣（今湖北省黄岡市東）。　期思縣：治所在今河南省淮濱縣東南期思集。

放，字思度。祖略，齊郡太守。[1]父顗，淮南内史。[2]放少與孚並知名。中興，除太學博士，太子中舍人、庶子。[3]時雖戎車屢駕，而放侍太子，常説《老》《莊》，不及軍國。明帝甚友愛之。轉黄門侍郎，遷吏部郎，[4]在銓管之任，[5]甚有稱績。

[1]齊郡：治所在臨淄縣（今山東省淄博市東北）。

[2]淮南：郡國名，治所在壽春縣（今安徽省壽縣）。　内史：宋本無“内”字。

[3]太學博士：學官，掌經學傳授，參議禮儀制度。六品。太子中舍人：官名，簡稱太子中舍、中舍人、中舍。東宫屬官，其中有才學者與中庶子共掌東宫文翰及奏事文書，侍從規諫太子。位在太子中庶子下、太子洗馬上。六品。

[4]吏部郎：官名，尚書省吏部曹長官通稱。亦稱郎中，資深者可轉侍郎。屬吏部尚書，主管官吏選任、銓叙、調動事務，對五品以下官吏之任免有建議權。六品。

[5]銓管：銓選官吏。

時成帝幼冲，庾氏執政，放求爲交州，[1]乃除監交州軍事、揚威將軍、交州刺史。[2]行達寧浦，[3]逢陶侃將高寶平梁碩自交州還，[4]放設饌請寶，伏兵殺之。寶衆擊放，敗走，保簡陽城，[5]得免。到州少時，暴發渴，見寶爲祟，遂卒，朝廷甚悼惜之，年四十四。追贈廷尉。[6]

[1]交州：又稱交阯，公元前2世紀初南越王趙佗置，後屬西漢。東漢改爲交州，治所在番禺縣（今廣東省廣州市）。三國時移治龍編縣（今越南社會主義共和國河北省仙游縣東）。

[2]監交州軍事：交州地區軍事行政長官，位低於都督。　揚威將軍：官名，雜號將軍，領兵。四品。

[3]寧浦：縣名，治所在今廣西壯族自治區橫縣西南七里鬱江南岸。

[4]陶侃：字士行，本書卷六六有傳。　高寶：原爲杜弢部將，陶侃平杜弢，獲高寶，任其爲平南參軍。寶，宋本作"保"，本卷下文此人名同。

[5]簡陽城：簡陽縣城，在今廣西壯族自治區橫縣西南鬱江南岸。

[6]廷尉：官名，中央最高司法審判機構長官，負責會審朝中有罪文武大臣，覆核審决郡國疑獄等。三品。

放素知名，而性清約，不營産業，爲吏部郎，不免饑寒。王導、庾亮以其名士，常供給衣食。子晞之，南頓太守。[1]

[1]南頓：郡名，治所在南頓縣（今河南省項城市西南）。

裕，字思曠。宏達不及放，[1]而以德業知名。弱冠辟太宰掾。[2]大將軍王敦命爲主簿，[3]甚被知遇。裕以敦有不臣之心，乃終日酣觴，以酒廢職。敦謂裕非當世實才，徒有虚譽而已，出爲溧陽令，[4]復以公事免官。由是得違敦難，論者以此貴之。

[1]宏達不及放：宏達，原本、殿本作"宏遠"，宋本作"宏達"，據宋本、中華本校勘記改。

[2]弱冠：指男子二十歲時。《禮記·曲禮上》："二十曰弱，

冠。”年少爲弱，待至二十，即爲成年，舉行冠禮。

[3]大將軍：官名，高級軍事統帥。曹魏時多以之屯駐長安，對付蜀漢，蜀漢以其爲最高軍事長官，孫吴則别置上大將軍居其上。西晋時爲八公之一，位居上公、大司馬下，三公之上。東晋時常專擅軍政事務。一品。　主簿：官名，大將軍府屬官，典領文書籍簿，省録衆事，職權甚重。

[4]溧陽：縣名，治所在今江蘇省溧陽市西北。

咸和初，除尚書郎。時事故之後，公私弛廢，裕遂去職還家，居會稽剡縣。[1]司徒王導引爲從事中郎，固辭不就。朝廷將欲徵之，裕知不得已，乃求爲王舒撫軍長史。[2]舒薨，除吏部郎，不就。即家拜臨海太守，[3]少時去職。司空郗鑒請爲長史，[4]詔徵秘書監，[5]皆以疾辭。復除東陽太守。[6]尋徵侍中，不就。還剡山，有肥遁之志。[7]有以問王羲之，[8]羲之曰：“此公近不驚寵辱，雖古之沈冥，何以過此！”人云，[9]裕骨氣不及逸少，簡秀不如真長，[10]韶潤不如仲祖，[11]思致不如殷浩，[12]而兼有諸人之美。成帝崩，裕赴山陵，[13]事畢便還。諸人相與追之，裕亦審時流必當逐己，而疾去，至方山不相及。[14]劉惔嘆曰：“我入東，正當泊安石渚下耳，[15]不敢復近思曠傍。”

[1]會稽：郡名，治所在山陰縣（今浙江省紹興市）。　剡縣：縣名，治所在今浙江省嵊州市西南曹娥江北岸。

[2]王舒：字處明，本書卷七六有傳。　撫軍長史：官名，撫軍將軍府署僚之長，總管將軍府諸曹。七品。

[3]臨海：郡名，三國吴置，治所在臨海縣（今浙江省臨海

市)，尋移置章安縣（今浙江省臨海市東南)。

[4]司空：官名，魏晉南北朝爲名譽宰相，多爲大臣加官。晉八公之一，位在三公之末。一品。

[5]秘書監：官名，秘書省長官，掌管藝文圖籍、課試署吏，統著作局，掌國史修撰並管理中外三閣圖書。三品。

[6]東陽：郡名，治所在長山縣（今浙江省金華市)。

[7]肥遁：隱退。《易・遁》："上九，肥遁，無不利。"孔穎達疏："《子夏傳》曰：'肥，饒裕也。'四、五雖在於外，皆在内有應，猶有反顧之心。惟上九最在外極，無應於内，心無疑顧，是遁之最優，故曰'肥遁'。"

[8]王羲之：字逸少，本書卷八〇有傳。

[9]人云：人，原本、殿本作"又"，宋本作"人"，據宋本、中華本校勘記改。

[10]真長：劉惔，字真長，本書卷七五有傳。

[11]韶潤：華美光鮮。　仲祖：王濛，字仲祖，本書卷九三有傳。

[12]思致：思想意趣。　殷浩：字深源，本書卷七七有傳。

[13]山陵：皇帝陵墓。

[14]方山：一名天印山，位於今江蘇省南京市江寧區東南。

[15]安石：謝安，字安石，本書卷七九有傳。

裕雖不博學，論難甚精。嘗問謝萬云：[1]"未見《四本論》，君試爲言之。"萬叙説既畢，裕以傅嘏爲長，[2]於是構辭數百言，精義入微，聞者皆嗟味之。裕嘗以人不須廣學，正應以禮讓爲先，故終日静默，無所修綜，而物自宗焉。在剡曾有好車，借無不給。有人葬母，意欲借而不敢言。後裕聞之，乃嘆曰："吾有車而使人不敢借，何以車爲！"遂命焚之。

[1]謝萬：字萬石，本書卷七九有傳。

[2]傅嘏：三國時北地泥陽（今甘肅省寧縣東南）人，字蘭石。歷任曹魏尚書郎、黄門侍郎、河南尹、尚書等職。從征毌丘儉有功，進封陽鄉侯。

在東山久之，復徵散騎常侍，領國子祭酒。[1]俄而復以爲金紫光禄大夫，[2]領琅邪王師。[3]經年敦逼，並無所就。御史中丞周閔奏裕及謝安違詔累載，[4]並應有罪，禁錮終身，詔書貰之。或問裕曰："子屢辭徵聘，而宰二郡，何邪？"裕曰："雖屢辭王命，非敢爲高也。吾少無宦情，兼拙於人間，既不能躬耕自活，必有所資，故曲躬二郡。豈以騁能，私計故耳。"年六十二卒。[5]三子：傭、寧、普。

[1]國子祭酒：官名，國子學的長官，主管國子學，掌教授儒學、參議禮制。五品。

[2]金紫光禄大夫：官名，對光禄大夫加金章紫綬，禄賜、班位、車服、佩玉等皆與特進同。二品。

[3]琅邪王：東晋康帝司馬岳，本書卷七有紀。

[4]御史中丞：官名，御史大夫副手，掌監察、執法，爲京師顯官，職權甚重。四品。 周閔：東晋人，歷任吏部尚書、中軍將軍、尚書左僕射、御史中丞等職。

[5]六十二卒：二，宋本作"一"。

傭，早卒。寧，鄱陽太守。[1]普，驃騎諮議參軍。[2]傭子歆之，中領軍。[3]寧子腆，[4]秘書監。腆弟萬齡及歆之子彌之，元熙中並列顯位。

[1]鄱陽：郡名，治所在廣晋縣（今江西省鄱陽縣東北）。

[2]驃騎諮議參軍：官名，驃騎將軍府的屬官，掌咨詢謀議軍事，位在諸參軍之上。

[3]中領軍：官名，東漢建安中曹操改領軍置。與中護軍皆典禁兵，屬丞相府。三品。

[4]寧子腆：中華本校勘記："'腆'，《安紀》作'腆之'。"

嵇康

嵇康，字叔夜，譙國銍人也。[1]其先姓奚，會稽上虞人，[2]以避怨，徙焉。銍有嵇山，家於其側，因而命氏。兄喜，有當世才，歷太僕、宗正。[3]

[1]譙國：郡國名，曹魏置，治所在譙縣（今安徽省亳州市）。銍：縣名，治所在今安徽省宿州市濉溪縣南。

[2]上虞：縣名，治所在今浙江省紹興市上虞區。

[3]太僕：官名，掌皇帝車馬、田獵、兵器及全國牧業。三品。宗正：官名，又稱宗正卿、大宗正。掌皇族事務。曹魏時多以皇族擔任，兩晋有時兼以外姓。三品。

康早孤，有奇才，遠邁不群。身長七尺八寸，美詞氣，有風儀，而土木形骸，[1]不自藻飾，人以爲龍章鳳姿，天質自然。恬静寡欲，含垢匿瑕，[2]寬簡有大量。學不師受，博覽無不該通，長好《老》《莊》。與魏宗室婚，拜中散大夫。[3]常修養性服食之事，彈琴咏詩，自足於懷。以爲神仙稟之自然，非積學所得，至於導養得理，則安期、彭祖之倫可及，[4]乃著《養生論》。又以爲君子無私，其論曰："夫稱君子者，心不措乎是非，而行不違乎道者也。何以言之？夫氣静神虚者，心不存於矜尚；[5]體亮心達者，情不繫於所欲。矜尚不存乎心，故能越名教而自任自然；情不繫於所欲，故能審貴賤而通物情。物情順通，故大道無違；越名任心，故是非無措也。是故言君子則以無措爲主，以通物爲美；言小人則以匿情爲非，以違道爲闕。何者？匿情矜吝，[6]小人之至惡；虚心無措，君子之篤行也。是以大道言'及吾無身，吾又何患'。[7]無以生爲貴者，是賢於貴生也。由斯而言，夫至人之用心，固不存有措矣。故曰'君子行道，忘其爲身'，斯言是矣。君子之行賢也，不察於有度而後行也；任心無邪，不議於善而後正也；顯情無措，不論於是而後爲也。是故傲然忘賢，而賢與度會；[8]忽然任心，而心與善遇；儻然無措，而事與是俱也。"其略如此。蓋其胸懷所寄，以高契難期，[9]每思郢質。[10]所與神交者惟陳留阮籍、河内山濤，[11]豫其流者河内向秀、沛國劉伶、籍兄子咸、琅邪王戎，[12]遂爲竹林之游，世所謂"竹林七賢"也。戎自言與康居山陽二十年，[13]未嘗見其喜愠之色。

[1]土木形骸：將自己的肉體視爲土木。

[2]含垢匿瑕：寬宏大量。

[3]中散大夫：官名，西漢平帝置，東漢隸屬光禄勛，與光禄、太中、諫議大夫及議郎等皆掌顧問應對。魏晋南北朝沿置，多養老疾，無職事。七品。

[4]安期：即安期生，傳説中的仙人。《史記》《漢書》《列仙傳》等均有關於他的傳説記載。　彭祖：又稱鏗或彭翦，一説姓籛

名鏗。顓頊之後裔，善養性，以長壽著名。

［5］矜尚：驕矜自誇。

［6］匿情矜吝：隱匿真情自大吝嗇。

［7］“及吾無身”句：語見《道德經·第十三章》：“吾所以有大患者，爲吾有身，及吾無身，吾有何患！”

［8］傲然忘賢，而賢與度會：不是爲成爲賢人而去做事，則自然會成爲賢人。

［9］高契難期：這種高度契合很難達到。

［10］郢質：高度契合的知音。《莊子·徐無鬼》：莊子送葬，過惠子之墓，顧謂從者曰：“郢人堊慢其鼻端若蠅翼，使匠石斲之。匠石運斤成風，听而斲之，尽堊而鼻不傷，郢人立不失容。宋元君聞之，召匠石曰：‘嘗試爲寡人爲之。’匠石曰：‘臣則嘗能斲之。雖然，臣之質死久矣。’自夫子之死也，吾無以爲質矣，吾無與言之矣。”

［11］河内：郡名，治所在野王縣（今河南省沁陽市）。

［12］琅邪：封國名，治所在今山東省臨沂市。

［13］山陽：縣名，治所在今河南省焦作市東南。

康嘗采藥游山澤，會其得意，忽焉忘反。時有樵蘇者遇之，[1]咸謂神至。至汲郡山中見孫登，[2]康遂從之游。登沉默自守，無所言説。康臨去，登曰：“君性烈而才雋，其能免乎！”康又遇王烈，[3]共入山，烈嘗得石髓如飴，[4]即自服半，餘半與康，皆凝而爲石。又於石室中見一卷素書，遽呼康往取，輒不復見。烈乃嘆曰：“叔夜趣非常而輒不遇，命也！”其神心所感，每遇幽逸如此。[5]

[1]樵蘇：砍柴。

[2]至：殿本無此字。　汲郡：西晋始置，治所在汲縣（今河南衛輝市西南）。

[3]王烈：東漢末平原（今山東省平原縣西南）人，字彦方。董卓作亂起，避亂遼東。曹操多次徵召，不就。建安二十三年（218）寢疾，年七十八而終。

[4]烈嘗得石髓：宋本無“烈”字。

[5]幽逸：隱逸之人。

山濤將去選官，[1]舉康自代。康乃與濤書告絶，曰：

聞足下欲以吾自代，雖事不行，知足下故不知之也。恐足下羞庖人之獨割，[2]引尸祝以自助，[3]故爲足下陳其可不。

[1]選官：掌官吏選拔之官，此指山濤所任尚書吏部郎。

[2]庖人：厨師。

[3]尸祝：古代祭祀時對神主掌祝的人；主祭人。

老子、莊周，吾之師也，親居賤職；柳下惠、東方朔，[1]達人也，安乎卑位。吾豈敢短之哉！又仲尼兼愛，[2]不羞執鞭；[3]子文無欲卿相，[4]而三爲令尹，[5]是乃君子思濟物之意也。所謂達能兼善而不渝，窮則自得而無悶。以此觀之，故知堯舜之居世，許由之巖棲，[6]子房之佐漢，[7]接輿之行歌，[8]其揆一也。仰瞻數君，可謂能遂其志者也。故君子百行，殊塗同致，循性而動，各附所安。故有“處朝廷而不出，入山林而不反”之論。[9]且延陵高子臧之風，[10]長卿慕相如之節，[11]意氣所託，[12]亦不可奪也。

[1]柳下惠：春秋魯大夫展獲，字季，又字禽，曾爲士師官，食邑柳下，謚惠，故稱其爲展禽、柳下季、柳士師、柳下惠等。以柳下惠之名最爲著稱。　東方朔：西漢平原厭次（今山東省惠民縣東，一説即今山東省陵縣東北）人，字曼倩。武帝初上書自薦，待詔金馬門。後爲常侍郎、太中大夫。性滑稽，有急智，被武帝以俳優待之。

[2]兼愛：愛，原本作"受"，宋本、殿本作"愛"，據宋本、殿本改。

[3]執鞭：指卑賤的差役。

[4]子文：《論語·公冶長》："子張問曰：'令尹子文三仕爲令尹，無喜色；三已之，無愠色。舊令尹之政，必以告新令尹，何如？'"何晏注："孔曰：'令尹子文，楚大夫，姓斗名穀，字于菟。'"

[5]令尹：春秋時楚國執政官，相當宰相。

[6]許由：古代著名隱士，隱於沛澤。堯聞其賢，欲讓之以天下，許由不受而逃於潁水之陽箕山之下。

[7]子房：即西漢張良，字子房，韓國貴族後裔。隨劉邦起兵反秦，爲重要謀士。屢出奇策，被劉邦譽爲"運籌帷幄之中，决勝千里之外"。劉邦稱帝後封爲留侯。

[8]接輿：春秋時楚國隱士，《論語·微子》："楚狂接輿歌而過孔子。"邢昺疏："接輿，楚人，姓陸名通，字接輿也。昭王時，政令無常，乃被發佯狂，不仕，時人謂之楚狂也。時孔子適楚，與接輿相遇，而接輿行歌從孔子邊過，欲感切孔子也。"

[9]"處朝廷而不出"句：語見《漢書》卷七二《王貢兩龔鮑傳論》："山林之士往而不能反，朝廷之士入而不能出，二者各有所

短。”本句原本作“處朝廷而不入，出山林而不反”，宋本、殿本作“處朝廷而不出，入山林而不反”，據宋本、殿本改。

[10]延陵高子臧：延陵即春秋人季札。《左傳·襄公十四年》：“吴王諸樊將立季札。季札辭曰：‘曹宣公之卒也，諸侯與曹人不義曹君，將立子臧。子臧去之，遂弗爲也，以成曹君。君子曰：能守節。君，義嗣也。誰敢奸君？有國，非吾節也。札雖不才，願附于子臧，以無失節。’”

[11]長卿慕相如：《史記》卷一一七《司馬相如列傳》：“司馬相如者，蜀郡成都人也，字長卿。少時好讀書，學擊劍，故其親名之曰犬子。相如既學，慕藺相如之爲人，更名相如。”

[12]意氣所託：託，原本、殿本作“先”，宋本作“託”，據宋本、中華本校勘記改。

吾每讀尚子平、臺孝威《傳》，[1]慨然慕之，想其爲人。加少孤露，母兄驕恣，不涉經學，又讀《老》《莊》，重增其放，故使榮進之心日頽，任逸之情轉篤。阮嗣宗口不論人過，吾每師之，而未能及。至性過人，與物無傷，惟飲酒過差耳，至爲禮法之士所繩，[2]疾之如仇讎，幸賴大將軍保持之耳。吾以不如嗣宗之資，而有慢弛之闕；又不識物情，暗於機宜；無萬石之慎，[3]而有好盡之累；久與事接，疵釁日興，[4]雖欲無患，其可得乎！

[1]尚子平：東漢河内朝歌（今河南省淇縣）人，名向長，字子平。隱居不仕，“王莽大司空王邑辟之，連年乃至，欲薦之於莽，固辭乃止。潛隱於家。讀《易》至《損》《益》卦，喟然嘆曰：‘吾已知富不如貧，貴不如賤，但未知死何如生耳。’建武中，男女

娶嫁既畢，敕斷家事勿相關，當如我死也。於是遂肆意，與同好北海禽慶俱游五岳名山，竟不知所終。”　臺孝威：東漢魏郡鄴（今河北省臨漳縣西南）人，名臺佟，字孝威。隱於武安山，鑿穴爲居，采藥自業。州辟不就。刺史行部，乃使從事致謁。臺佟載病往謝。刺史曰：“孝威居身如是，甚苦，如何？”臺佟説：“佟幸得保終性命，存神養和。如明使君奉宣詔書，夕惕庶事，反不苦邪？”遂去，隱逸，終不見。威，殿本作“感”。

[2]繩：彈劾。

[3]萬石：即石奮，西漢温（今河南省温縣西南）人，楚漢戰争中隨劉邦，爲中涓。文帝時任太中大夫、太子太傅，無文學，唯恭謹無比。景帝時列爲九卿，徙諸侯相。身爲二千石，四個兒子亦官至二千石，故號“萬石君”。景帝末年，以上大夫禄歸老於家。

[4]疵釁：過失。

又聞道士遺言，餌术黄精，[1]令人久壽，意甚信之。游山澤，觀魚鳥，心甚樂之。一行作吏，[2]此事便廢，安能舍其所樂，而從其所懼哉！

[1]餌术黄精：服食。《本草經》曰：“术、黄精，久服輕身延年。”

[2]一行：一旦，一經。

夫人之相知，貴識其天性，因而濟之。禹不逼伯成子高，[1]全其長也；仲尼不假蓋於子夏，[2]護其短也。近諸葛孔明不迫元直以入蜀，[3]華子魚不强幼安以卿相，[4]此可謂能相終始，真相知者也。自卜已審，若道盡塗殫則已耳，足下無事冤之令轉於溝壑也。[5]

[1]禹不逼伯成子高：《莊子·天地》："堯治天下，伯成子高立爲諸侯。堯授舜，舜授禹，伯成子高辭爲諸侯而耕。禹往見之，則耕在野。禹趨就下風，立而問焉，曰：'昔堯治天下，吾子立爲諸侯。堯授舜，舜授予，而吾子辭爲諸侯而耕，敢問，其故何也？'子高曰：'昔堯治天下，不賞而民勸，不罰而民畏。今子賞罰而民且不仁，德自此衰，刑自此立，後世之亂自此始矣。夫子闔行邪？無落吾事！'俋俋乎耕而不顧。"

[2]仲尼不假蓋於子夏：事見《孔子家語·致思》："孔子將行，雨而無蓋。門人曰：'商也有之。'孔子曰：'商之爲人也，甚吝于財。吾聞與人交，推其長者，違其短者，故能久也。'"商即子夏。

[3]諸葛孔明不迫元直：《三國志》卷三五《蜀書·諸葛亮傳》：東漢建安十三年（208）曹操征荆州。荆州刺史劉琮遣使請降。劉備樊城聞之，率其衆南行，諸葛亮與徐庶並從。曹操獲徐庶母。徐庶辭劉備而指其心曰："本欲與將軍共圖王霸之業者，以此方寸之地也。今已失老母，方寸亂矣，無益於事，請從此别。"遂奔曹操。

[4]華子魚：三國時平原高唐（今山東省禹城市西南）人，名歆，字子魚。東漢末任尚書郎、豫章太守。孫策進兵豫章，華歆迎降。後被曹操徵爲議郎，歷任尚書、侍中、尚書令、御史大夫。曹魏文帝時任司徒，明帝時任太尉。　幼安：即管寧，三國時北海朱虚（今山東省臨朐縣東南）人，字幼安。早年游學四方，後避亂遼東三十餘年。曹魏建立後，文帝徵之爲太中大夫，明帝時任其爲光禄勛，皆固辭不受。

[5]轉於溝壑：棄尸於山溝水渠。

吾新失母兄之歡，意常悽切。女年十三，男年八歲，未及成人，況復多疾，顧此悢悢，[1]如何可言。今但欲守陋巷，教養子孫，時時與親舊叙離闊，陳説平生，濁酒一杯，彈琴一曲，志意畢矣，豈可見黄門而稱貞哉！[2]若趣欲共登王塗，期於相致，時爲歡益，一旦迫之，必發狂疾。自非重仇，不至此也。既以解足下，并以爲别。

此書既行，知其不可羈屈也。

[1]悢悢：惆悵悲傷。原本、宋本作"恨恨"，殿本作"悢悢"，據殿本改。

[2]豈可見黄門而稱貞哉：怎能出現在宫禁門前而自稱忠貞呢。意爲不可能當官。

性絶巧而好鍛。宅中有一柳樹甚茂，乃激水圜之，每夏月，居其下以鍛。東平吕安服康高致，[1]每一相思，輒千里命駕，康友而善之。後安爲兄所枉訴，以事繫獄，辭相證引，遂復收康。康性慎言行，一旦縲紲，[2]乃作《幽憤詩》，曰：

嗟余薄祜，[3]少遭不造，[4]哀煢靡識，[5]越在襁褓。母兄鞠育，[6]有慈無威，恃愛肆姐，[7]不訓不師。爰及冠帶，[8]憑寵自放，抗心希古，任其所尚。託好莊老，賤物貴身，志在守樸，養素全真。

[1]吕安：三國時東平（今山東省東平縣西北）人，字仲悌。與嵇康、山濤、向秀等交游。後爲兄枉訴系獄，與嵇康同時遇害。

[2]縲（léi）紲（xiè）：入牢獄，被囚禁。

[3]薄祜：薄福。原本、宋本作“薄祐”，殿本作“薄祜”。張奐《誡兄子書》曰：“汝曹薄祜，早失賢父。”蔡琰《悲憤詩》：“嗟薄祜兮遭世患。”可見作“薄祜”爲宜。因此從殿本。

[4]不造：不幸。

[5]哀煢靡識：没有憂傷孤獨的意識。

[6]鞠育：撫養，養育。語本《詩·小雅·蓼莪》：“父兮生我，母兮鞠我，拊我畜我，長我育我。”毛亨傳：“鞠，養也。”鄭玄箋：“育，覆育也。”

[7]恃愛肆姐：原本、殿本作“恃愛肆好”，宋本不清。戴明揚《嵇康集校注》引《讀書續記》曰：“作‘姐’是，選本亦作‘姐’，‘姐’爲‘嫭’省，説文：‘嫭，驕也。’《與山巨源絶交書》：‘母兄見驕。’可證。”中華本亦作“姐”，據改。

[8]爰及冠帶：及到成年。

曰予不敏，好善暗人，[1]子玉之敗，[2]屢增惟塵。大人含弘，藏垢懷耻。人之多僻，[3]政不由己。惟此褊心，顯明臧否；感悟思愆，怛若創痏。[4]欲寡其過，謗議沸騰，性不傷物，頻致怨憎。昔慚柳惠，今愧孫登，内負宿心，外恧良朋。[5]仰慕嚴鄭，[6]樂道閑居，與世無營，神氣晏如。

[1]暗人：暗於人事，不懂人情世故。

[2]子玉：春秋時楚人，名得臣。楚君若敖之孫。楚成王三十五年（前637）因與陳國作戰有功，代子文任令尹。楚成王欲伐宋，子玉奉命在蔿地練兵鞭笞士卒，箭穿兵耳。蔿賈認爲他剛而無禮，帶兵必敗。果然在晋楚城濮之戰中大敗身亡。

[3]人之多僻：多邪僻之人。

[4]怛若創痏：像受了重創一樣痛苦。怛，原本、殿本作

“恒”，宋本作“怛”，據宋本改。

[5]恧（nǜ）：慚愧。

[6]嚴鄭：嚴君平和鄭子真。《漢書》卷七二《王貢兩龔鮑傳》：“谷口有鄭子真，蜀有嚴君平，皆修身自保，非其服弗服，非其食弗食。成帝時，元舅大將軍王鳳以禮聘子真，子真遂不詘而終。”君平卜筮於成都市，“裁日閲數人，得百錢足自養，則閉肆下簾而授《老子》”。

咨予不淑，[1]嬰累多虞。[2]匪降自天，實由頑疏，理弊患結，卒致囹圄。對答鄙訊，[3]縶此幽阻，實恥訟冤，時不我與。[4]雖曰義直，神辱志沮，澡身滄浪，[5]曷云能補。雍雍鳴雁，厲翼北游，順時而動，得意忘憂。嗟我憤嘆，曾莫能疇。[6]事與願違，遘兹淹留，[7]窮達有命，亦又何求？

[1]不淑：不幸。

[2]嬰累多虞：遭此罪累多憂多患。

[3]對答鄙訊：回答獄吏粗野的審訊。

[4]時不我與：不給我時間和機會。

[5]澡身滄浪：在滄浪水中將身體洗浄。

[6]曾莫能疇：不能和它們相比。

[7]遘兹淹留：遭到滯留獄中的命運。

古人有言，善莫近名。奉時恭默，咎悔不生。萬石周慎，安親保榮。世務紛紜，祇攪余情，[1]安樂必誠，乃終利貞。[2]煌煌靈芝，一年三秀；予獨何爲，有志不就。懲難思復，心焉内疚，庶勖將來，[3]無馨無臭。采薇山阿，散髮巖岫，永嘯長吟，頤神養壽。

[1]祇攪余情：祇能把我的性情攪亂。

[2]乃終利貞：最終才能和諧貞正。

[3]庶勖將來：希望通過將來的努力。

初，康居貧，嘗與向秀共鍛於大樹之下，以自贍給。潁川鍾會，[1]貴公子也，精練有才辯，故往造焉。康不爲之禮，而鍛不輟。良久會去，康謂曰："何所聞而來？何所見而去？"會曰："聞所聞而來，見所見而去。"會以此憾之。及是，言於文帝曰："嵇康，卧龍也，不可起。公無憂天下，顧以康爲慮耳。"[2]因譖："康欲助毌丘儉，[3]賴山濤不聽。昔齊戮華士，[4]魯誅少正卯，[5]誠以害時亂教，故聖賢去之。康、安等言論放蕩，非毁典謨，帝王者所不宜容。宜因釁除之，以淳風俗。"帝既昵聽信會，遂并害之。

[1]潁川：郡名，治所在許昌縣（今河南省許昌市東）。

[2]顧：但是。

[3]毌丘儉：三國時河東聞喜（今山西省聞喜縣東北）人，字仲恭。歷任曹魏尚書郎、羽林監、洛陽典農、荆州刺史、幽州刺史等職。後舉兵反司馬師，兵敗被殺。

[4]齊戮華士：事見《論衡·非韓》："齊有高節之士，曰狂譎、華士。二人，昆弟也，義不降志，不仕非其主。"注曰："不降志，言其直己之心，不入庸君之朝也。""太公封於齊，以此二子解沮齊衆，開不爲上用之路，同時誅之。"

[5]魯誅少正卯：事見《孔子家語·始誅》："孔子爲魯司寇，攝行相事。""朝政七日而誅亂政大夫少正卯，戮之於兩觀之下，尸於朝三日。"

康將刑東市，太學生三千人請以爲師，弗許。康顧視日影，索琴彈之，曰："昔袁孝尼嘗從吾學《廣陵散》，[1]吾每靳固之，《廣陵散》於今絶矣！"時年四十。海内之士，莫不痛之。帝尋悟而恨焉。初，康嘗游乎洛西，暮宿華陽亭，[2]引琴而彈。夜分，忽有客詣之，稱是古人，與康共談音律，辭致清辯，因索琴彈之，而爲《廣陵散》，聲調絶倫，遂以授康，仍誓不傳人，亦不言其姓字。

[1]袁孝尼：袁準，字孝尼，本書卷八三有傳。

[2]華陽亭：位於今河南省新鄭市東南。

康善談理，又能屬文，其高情遠趣，率然玄遠。撰上古以來高士爲之傳贊，欲友其人於千載也。又作《太師箴》，亦足以明帝王之道焉。復作《聲無哀樂論》，甚有條理。子紹，[1]别有傳。

[1]紹：嵇紹，字延祖，本書卷八九有傳。

向秀

向秀，字子期，河内懷人也。[1]清悟有遠識，少爲山濤所知，雅好老莊之學。莊周著内外數十篇，歷世方士雖有觀者，[2]莫適論其旨統也，秀乃爲之隱解，發明奇趣，振起玄風，讀之者超然心悟，莫不自足一時也。惠帝之世，郭象又述而廣之，[3]儒墨之迹見鄙，道家之言遂盛焉。始，秀欲注，嵇康曰："此書詎復須注，[4]正是妨人作樂耳。"及成，示康曰："殊復勝不？"[5]又與康論養生，辭難往復，蓋欲發康高致也。

[1]懷：縣名，治所在今河南省武陟縣西南。

[2]方士：宋本作"才士"。

[3]郭象：字子玄，本書卷五〇有傳。

[4]此書詎復須注：這書不需要再注釋了。

[5]殊復勝不：再注超過了没有？

康善鍛，秀爲之佐，相對欣然，傍若無人。又共吕安灌園於山陽。康既被誅，秀應本郡計入洛。[1]文帝問曰："聞有箕山之志，[2]何以在此？"秀曰："以爲巢許狷介之士，[3]未達堯心，豈足多慕。"帝甚悦。秀乃自此役，作《思舊賦》云：

> 余與嵇康、吕安居止接近，其人並有不羈之才。嵇意遠而疏，吕心曠而放，其後並以事見法。嵇博綜伎藝，於絲竹特妙，臨當就命，顧視日影，索琴而彈之。逝將西邁，[4]經其舊廬。於時日薄虞泉，[5]寒冰淒然。鄰人有吹笛者，發聲寥亮。追想曩昔游宴之好，感音而嘆，故作賦曰：

[1]本郡計：本郡計吏。

[2]箕山之志：作隱逸的志向。因許由曾隱逸在箕山之陽，故言。

[3]狷介之士：孤高自潔之人。

[4]逝將西邁：此行將西去。

[5]虞泉：即虞淵，傳説爲日没處。《淮南子·天文訓》："日至於虞淵，是謂黄昏。"

將命適於遠京兮，遂旋反以北徂。[1]濟黄河以泛舟兮，經山陽之舊居。瞻曠野之蕭條兮，息余駕乎城隅。踐二子之遺迹兮，[2]歷窮巷之空廬。嘆《黍離》之愍周兮，[3]悲《麥秀》於殷墟。[4]惟追昔以懷今兮，[5]心徘徊以躊躇。棟宇在而弗毁兮，形神逝其焉如。昔李斯之受罪兮，[6]嘆黄犬而長吟。[7]悼嵇生之永辭兮，顧日影而彈琴。託運遇於領會兮，寄餘命於寸陰。聽鳴笛之慷慨兮，妙聲絶而復尋。佇駕言其將邁兮，故援翰以寫心。

[1]旋反以北徂：反身向北去。

[2]二子：指嵇康和吕安。

[3]《黍離》：《詩經》中的篇名。《詩·王風·黍離序》："《黍離》，閔宗周也。周大夫行役，至於宗周，過故宗廟宫室，盡爲禾黍，閔周室之顛覆，徬徨不忍去而作是詩也。"此指嵇康和吕安荒敗的舊居。

[4]《麥秀》：典出《史記》卷三八《宋微子世家》："箕子朝周，過故殷虚，感宫室毁壞，生禾黍，箕子傷之，欲哭則不可，欲泣爲其近婦人，乃作《麥秀之詩》以歌咏之。其詩曰：'麥秀漸漸兮，禾黍油油。彼狡僮兮，不與我好兮！'"

[5]追昔：宋本作“古昔”。

[6]李斯：戰國末楚上蔡（今河南省上蔡縣西南）人，少爲郡吏，後入秦，初爲秦相吕不韋舍人，後任長史、客卿。因助秦國統一六國有功，官至丞相。秦始皇死後，與趙高合謀矯詔立胡亥。後爲趙高所害。

[7]嘆黄犬而長吟：《史記》卷八七《李斯列傳》：李斯被腰斬咸陽市中，臨刑，顧謂其中子曰：“吾欲與若復牽黄犬俱出上蔡東門逐狡兔，豈可得乎！”遂父子相哭，而夷三族。

後爲散騎侍郎，轉黄門侍郎、散騎常侍，在朝不任職，容迹而已。卒於位。二子：純、悌。

劉伶

劉伶，字伯倫，沛國人也。[1]身長六尺，容貌甚陋。放情肆志，常以細宇宙齊萬物爲心。[2]澹默少言，不妄交游，與阮籍、嵇康相遇，欣然神解，携手入林。初不以家産有無介意。常乘鹿車，携一壺酒，使人荷鍤而隨之，謂曰：“死便埋我。”其遺形骸如此。嘗渴甚，求酒於其妻。妻捐酒毁器，涕泣諫曰：“君酒太過，非攝生之道，必宜斷之。”伶曰：“善！吾不能自禁，惟當祝鬼神自誓耳。便可具酒肉。”妻從之。伶跪祝曰：“天生劉伶，以酒爲名。一飲一斛，五斗解酲。[3]婦兒之言，[4]慎不可聽。”仍引酒御肉，隗然復醉。嘗醉與俗人相忤，其人攘袂奮拳而往。伶徐曰：“鷄肋不足以安尊拳。”其人笑而止。

[1]沛國：三國魏治所在沛縣（今江蘇省沛縣），西晋時治所在相縣（今安徽省濉溪縣西北）。

[2]細宇宙齊萬物：把宇宙萬物都看得細小。

[3]酲：醉酒後神志不清醒。

[4]婦兒之言：中華本校勘記："《類聚》七二引《語林》、《御覽》四八〇引《竹林七賢論》'婦兒'皆作'婦人'。"

伶雖陶兀昏放，[1]而機應不差。未嘗厝意文翰，惟著《酒德頌》一篇。其辭曰："有大人先生，以天地爲一朝，萬期爲須臾，日月爲扃牖，[2]八荒爲庭衢。[3]行無轍迹，居無室廬，幕天席地，縱意所如。止則操卮執觚，動則挈榼提壺，[4]惟酒是務，焉知其餘。有貴介公子、搢紳處士，聞吾風聲，議其所以，乃奮袂攘襟，怒目切齒，陳説禮法，是非蜂起。[5]先生於是方捧罌承槽，[6]銜杯漱醪，[7]奮髯箕踞，枕麴藉糟，無思無慮，其樂陶陶。兀然而醉，怳爾而醒。[8]静聽不聞，雷霆之聲，熟視不睹，泰山之形。不覺寒暑之切肌，利欲之感情。俯觀萬物，擾擾焉若江海之載浮萍。二豪侍側焉，如蜾蠃之與螟蛉。"[9]

[1]陶兀昏放：酣醉昏沉。

[2]扃牖：門窗。

[3]八荒：八方荒遠之地。

[4]榼：古代酒器。

[5]蜂起：蜂，宋本、殿本作"鋒"。

[6]罌：小口大腹的容器。　槽：釀酒的器具。原本作"糟"，宋本、殿本作"槽"，據宋本、殿本改。

［7］醪：酒的總稱。

［8］怳爾而醒：忽然醒來。

［9］蜾蠃：寄生蜂的一种。亦名蒲盧。以泥土築巢於樹枝或壁上，捕捉螟蛉爲其幼虫的食物，古人誤認爲蜾蠃養螟蛉爲己子。螟蛉：螟蛾的幼虫。泛指棉蛉虫、菜粉蝶等多种鳞翅目昆虫的幼虫。

嘗爲建威參軍。[1]泰始初對策，盛言無爲之化。時輩皆以高第得調，伶獨以無用罷。竟以壽終。

［1］建威參軍：官名，建威將軍府佐官。參軍，亦作參軍事，謂參謀軍事。兩晋公府、軍府皆置。

謝鯤

謝鯤，字幼輿，陳國陽夏人也。[1]祖纘，典農中郎將。[2]父衡，以儒素顯，仕至國子祭酒。鯤少知名，通簡有高識，不修威儀，好《老》《易》，能歌善鼓琴，王衍、嵇紹並奇之。

［1］陳國：治所在陳縣（今河南省周口市淮陽區）。　陽夏：縣名，治所在今河南省太康縣。

［2］典農中郎將：官名，簡稱典農，掌管屯田事務、管理所部吏民，相當於郡守。六品。

永興中，[1]長沙王乂入輔政，[2]時有疾鯤者，言其將出奔。乂欲鞭之，鯤解衣就罰，曾無忤容。既舍之，又無喜色。太傅東海王越聞其名，辟爲掾，[3]任達不拘，尋坐家僮取官藁除名。[4]于時名士王玄、阮脩之徒,[5]並以鯤初登宰府，便至黜辱，爲之嘆恨。鯤聞之，方清歌鼓琴，不以屑意，莫不服其遠暢，而恬於榮辱。鄰家高氏女有美色，鯤嘗挑之，女投梭，折其兩齒。時人爲之語曰："任達不已,[6]幼輿折齒。"鯤聞之，傲然長嘯曰："猶不廢我嘯歌。"

[1]永興中：中華本校勘記："斠校：'永興'當作'太安'。"

[2]長沙王乂：司馬乂，字士度，本書卷五九有傳。

[3]辟爲掾：任命爲太傅掾。

[4]官藁：草料。

[5]阮脩：字宣子，本書卷四九有傳。

[6]任達不已：放任不休。

越尋更辟之，轉參軍事。[1]鯤以時方多故，乃謝病去職，避地於豫章。[2]嘗行經空亭中夜宿，此亭舊每殺人。將曉，有黄衣人呼鯤字令開户，鯤憺然無懼色，便於窗中度手牽之，胛斷，視之，鹿也，尋血獲焉。爾後此亭無復妖怪。

[1]參軍事：官名，亦作參軍，謂參謀軍事。兩晋公府、軍府皆置。此指太傅參軍。

[2]豫章：郡名，治所在南昌縣（今江西省南昌市）。

左將軍王敦引爲長史,[1]以討杜弢功封咸亭侯。[2]母憂去職，服闋,[3]遷敦大將軍長史。時王澄在敦坐,[4]見鯤談話無倦，惟嘆謝長史可與言，都不眄敦,[5]其爲人所慕如此。鯤不徇功名，無砥礪行，居身於可否之間，雖自處若穢，而動不累高。[6]敦有不臣之迹，顯於朝野。鯤知不可以道匡弼，乃優游寄遇，不屑政事，從容諷議，卒歲而已。每與畢卓、王尼、阮放、羊曼、桓彝、阮孚等縱酒，[7]敦以其名高，雅相賓禮。

[1]左將軍：官名，漢代爲重號將軍，與前、後、右將軍並爲上卿。魏晋時爲常設官職，權位較兩漢漸低，僅爲武官名號，略高於一般雜號將軍，不典禁兵。三品。

[2]杜弢：字景文，本書卷一〇〇有傳。

[3]服闋：守喪期滿除去孝服。

[4]王澄：字平子，本書卷四三有傳。

[5]眄：原本、宋本、殿本作"盻"，據中華本改。

[6]動不累高：行爲不是爲提高自己名聲。

[7]桓彝：字茂倫，本書卷七四有傳。

嘗使至都，明帝在東宫見之，甚相親重。問曰："論者以君方庾亮，自謂何如?"答曰："端委廟堂，使百僚準則，鯤不如亮。一丘一壑，[1]自謂過之。"温嶠嘗謂鯤子尚曰：[2]"尊大君豈惟識量淹遠，至於神鑒沉深，雖諸葛瑾之喻孫權不過也。"[3]

[1]一丘一壑：《漢書》卷一〇〇《叙傳上》班嗣語："若夫嚴子者，絶聖棄智，修生保真，清虚澹泊，歸之自然，獨師友造化，而不爲世俗所役者也。漁釣於一壑，則萬物不奸其志；栖遲於一丘，則天下不易其樂。"

[2]尚：謝尚，字仁祖，本書卷七九有傳。

［3］諸葛瑾：三國時琅邪陽都（今山東省沂南縣南）人，字子瑜，諸葛亮兄。東漢末避亂江東，受孫權禮遇，歷任長史、綏南將軍、南郡太守、左將軍、大將軍、左都護等職。關於諸葛瑾曉喻孫權，《三國志》卷五二《諸葛瑾傳》載，諸葛瑾與孫權談説諫喻，“未嘗切愕，微見風彩，粗陳指歸，如有未合，則捨而及他，徐復託事造端，以物類相求，於是權意往往而釋”。

及敦將爲逆，謂鯤曰：“劉隗奸邪，[1]將危社稷。吾欲除君側之惡，匡主濟時，何如？”對曰：“隗誠始禍，然城狐社鼠也。”[2]敦怒曰：“君庸才，豈達大理。”出鯤爲豫章太守，又留不遣，藉其才望，逼與俱下。

［1］劉隗：字大連，本書卷六九有傳。

［2］城狐社鼠：城墻洞中的狐狸，社壇裏的老鼠。比喻有所憑依而爲非作歹的人。語本《晏子春秋·問上九》：“夫社，束木而塗之，鼠因往託焉，熏之則恐燒其木，灌之則恐敗其塗，此鼠所以不可得殺者，以社故也。”

敦至石頭，嘆曰：“吾不復得爲盛德事矣。”鯤曰：“何爲其然？但使自今以往，日忘日去耳。”初，敦謂鯤曰：“吾當以周伯仁爲尚書令，[1]戴若思爲僕射。”[2]及至都，復曰：“近來人情何如？”鯤對曰：“明公之舉，雖欲大存社稷，然悠悠之言，實未達高義。周顗、戴若思，南北人士之望，明公舉而用之，群情帖然矣。”[3]是日，敦遣兵收周、戴，而鯤弗知，敦怒曰：“君粗疏邪！二子不相當，[4]吾已收之矣。”鯤與顗素相親重，聞之愕然，若喪諸己。參軍王嶠以敦誅顗，諫之甚切，敦大怒，命斬嶠，時人士畏懼，莫敢言者。鯤曰："明公舉大事，不戮一人。嶠以獻替忤旨，便以釁鼓，不亦過乎！"敦乃止。

[1]周伯仁：周顗，字伯仁，本書卷六九有傳。

[2]戴若思：戴淵，字若思，本書卷六九有傳。　僕射：官名，即尚書僕射。秦漢爲尚書令副貳，東漢建安四年（199）分置左、右，爲尚書省次官。三品。

[3]帖然：安定順從的樣子。帖，宋本作"怗"。

[4]二子不相當：戴若思、周伯仁不配南北士人之望的身份。

敦既誅害忠賢，而稱疾不朝，將還武昌。[1]鯤喻敦曰："公大存社稷，建不世之勛，然天下之心實有未達。若能朝天子，使君臣釋然，萬物之心於是乃服。杖衆望以順群情，盡冲退以奉主上，如斯則勛侔一匡，名垂千載矣。"敦曰："君能保無變乎？"對曰："鯤近日入覲，主上側席，遲得見公，[2]宮省穆然，必無虞矣。公若入朝，鯤請侍從。"敦勃然曰："正復殺君等數百人，亦復何損於時！"竟不朝而去。

[1]武昌：郡名，治所在武昌縣（今湖北省鄂州市鄂城區）。

[2]遲得見公：恨見王敦太遲。

是時朝望被害，皆爲其憂。而鯤推理安常，時進正言。敦既不能用，内亦不悦。軍還，使之郡，莅政清肅，百姓愛之。尋卒官，時年四十三。敦死後，追贈太常，[1]謚曰康。子尚嗣，别有傳。

[1]太常：官名，漢代稱奉常，本掌禮樂宗廟、社稷祭祀，魏晋時此職掌歸尚書裁定，太常成爲閑職。三品。

胡毋輔之

胡毋輔之，字彦國，泰山奉高人也。[1]高祖班，[2]漢執金吾。[3]父原，練習兵馬，山濤稱其才堪邊任，舉爲太尉長史，[4]終河南令。[5]輔之少擅高名，有知人之鑒。性嗜酒，任縱不拘小節。與王澄、王敦、庾敳俱爲太尉王衍所昵，[6]號曰四友。澄嘗與人書曰："彦國吐佳言如鋸木屑，霏霏不絶，誠爲後進領袖也。"

[1]泰山：郡名，治所在奉高縣（今山東省泰安市東）。

[2]班：胡毋班，字季皮，泰山奉高（今山東省泰安市東）人，少與山陽度尚、東平張邈等八人並輕財赴義，振濟人士，世謂之"八厨"。

[3]執金吾：官名，掌京城警衛、管理武庫、護衛皇帝出行等。

[4]太尉長史：官名，太尉府屬官，掌顧問參謀，爲所在官署掾屬之長。六品。

[5]河南：縣名，治所在今河南省洛陽市西郊澗水東岸。

[6]庾敳：字子嵩，本書卷五〇有傳。

辟别駕、太尉掾，[1]並不就。以家貧，求試守繁昌令，[2]始節酒自厲，甚有能名。遷尚書郎。豫討齊王冏，[3]賜爵陰平男。累轉司徒左長史。[4]復求外出，爲建武將軍、樂安太守。[5]與郡人光逸晝夜酣飲，不視郡事。

成都王穎爲太弟,[6]召爲中庶子，遂與謝鯤、王澄、阮脩、王尼、畢卓俱爲放達。

[1]别駕：官名，别駕從事、别駕從事史省稱。州部佐官，因從刺史行部，别乘傳車，故稱。位居州吏之右。　太尉掾：官名，太尉府屬吏。

[2]繁昌：縣名，治所在今河南省臨潁縣西北。

[3]豫討：宋本無“豫”字。　齊王冏：司馬冏，字景治，本書卷五九有傳。

[4]司徒左長史：官名，司徒府掾屬之長，佐司徒總管府内諸曹。長史若分左、右，則左高於右。六品。

[5]建武將軍：官名，東漢末曹操置，統兵征伐，四品。　樂安：郡名，治所在高苑縣（今山東省鄒平市長山鎮）。

[6]成都王穎：司馬穎，字章度，本書卷五九有傳。

嘗過河南門下飲，河南騶王子博箕坐其傍,[1]輔之叱使取火。子博曰：“我卒也，惟不乏吾事則已，安復爲人使!”輔之因就與語，嘆曰：“吾不及也!”薦之河南尹樂廣。[2]廣召見，甚悦之，擢爲功曹。[3]其甄拔人物若此。

[1]騶：掌管駕車的人。

[2]河南尹：官名，京都洛陽所在河南郡長官，主管京都事務。三品。　樂廣：字彦輔，本書卷四三有傳。

[3]功曹：官名，即功曹史。郡縣屬官，職掌人事，參與郡縣政務。兩晋時，不開府將軍、太子二傅、特進、郡縣皆置。

東海王越聞輔之名，引爲從事中郎，復補振威將軍、陳留太守。[1]王彌經其郡，[2]輔之不能討，坐免官。尋除寧遠將軍、揚州刺史，[3]不之職，越復以爲右司馬、本州大中正。[4]越薨，避亂渡江，元帝以爲安東將軍諮議、祭酒，[5]遷揚武將軍、湘州刺史、假節。[6]到州未幾卒，時年四十九。子謙之。

[1]振威將軍：官名，雜號將軍，統兵出征。四品。

[2]王彌：本書卷一〇〇有傳。

[3]寧遠將軍：官名，屬名號將軍。五品。　揚州：三國魏吴各置揚州，魏治所在壽春縣（今安徽省壽縣），吴治所在建業縣（今江蘇省南京市）。西晋統一後復合，治所在建鄴縣（今江蘇省南京市）。

[4]右司馬：官名，將軍府的高級幕僚。司馬掌參讚軍務、管理府内武職，位僅次於長史。兩晋有時分左、右，如趙王倫爲相國，以東平王堪、沛國劉謨爲左右司馬。六品。　大中正：州一級評定士人品第的官員。

[5]安東將軍：官名，東漢建安年間置，與安西、安南、安北合稱四安將軍，爲出鎮某一地區的軍事長官，或作爲刺史等兼理軍務的加官，權任頗重。三品，加持節都督者二品。　諮議：官名，諮議參軍省稱。將軍府的屬官，掌咨詢謀議軍事，位在諸參軍之上。　祭酒：官名，即軍師祭酒，亦稱軍祭酒、軍謀祭酒、軍咨祭酒、軍諮祭酒。參掌戎律，參謀軍事，位在左、右軍師之下。

[6]揚武將軍：官名，統兵出征。四品。　湘州：治所在臨湘縣（今湖南省長沙市）。

謙之，字子光。才學不及父，而傲縱過之。至酣醉，常呼其父字，輔之亦不以介意，談者以爲狂。輔之正酣飲，謙之闚而厲聲曰："彦國年老，不得爲爾！將令我尻背東壁。"[1]輔之歡笑，呼入與共飲。其所爲如此。年未三十卒。

[1]尻背東壁：臀部和後背靠在墻上。

畢卓

畢卓，字茂世，新蔡鮦陽人也。[1]父諶，中書郎。[2]卓少希放達，爲胡毋輔之所知。太興末，爲吏部郎，常飲酒廢職。比舍郎釀熟，卓因醉夜至其甕間盜飲之，爲掌酒者所縛，明旦視之，乃畢吏部也，遽釋其縛。卓遂引主人宴於甕側，致醉而去。

[1]新蔡：郡名，治所在新蔡縣（今河南省新蔡縣）。 鮦陽：縣名，治所在今安徽省臨泉縣西鮦城。

[2]中書郎：官名，隸屬中書令。掌草擬詔書、外出執行重要使命等。亦作爲中書通事郎、中書侍郎的省稱。五品。

卓嘗謂人曰："得酒滿數百斛船，四時甘味置兩頭，右手持酒杯，左手持蟹螯，拍浮酒船中，便足了一生矣。"及過江，爲温嶠平南長史，[1]卒官。

[1]平南長史：官名，平南將軍長史。掌軍府顧問參謀，爲所在官署掾屬之長。八品。

王尼

王尼，字孝孫，城陽人也，[1]或云河内人。本兵家子，[2]寓居洛陽，卓犖不羈。[3]初爲護軍府軍士，胡毋輔之與琅邪王澄、北地傅暢、中山劉輿、潁川荀邃、河東裴遐迭屬河南功曹甄述及洛陽令曹攄請解之。[4]攄等以制旨所及，不敢。輔之等賫羊酒詣護軍門，門吏疏名呈護軍，護軍嘆曰："諸名士持羊酒來，將有以也。"尼時以給府養馬，輔之等入，遂坐馬厩下，與尼炙羊飲酒，醉飽而去，竟不見護軍。護軍大驚，即與尼長假，因免爲兵。

[1]城陽：郡國名，西漢文帝改城陽郡置，治所在莒縣（今山東省莒縣）。

[2]兵家子：兵家後代。魏晋士家制度，士兵列入軍籍，世代爲兵。此稱"兵家"或"軍户"。

[3]卓犖不羈：卓越超群不受拘束。

[4]北地：郡名，三國魏治所在祋祤城（今陝西省銅川市耀州區東），西晋治所在泥陽縣（今甘肅省寧縣東南）。　傅暢：字世道，本書卷四七有傳。　中山：郡名，治所在盧奴縣（今河北省定州市）。　劉輿：字慶孫，本書卷六二有傳。　荀邃：字道玄，本書卷三九有傳。　河東：郡名，治所在安邑縣（今山西省夏縣西北禹王城）。　裴遐：裴綽子，善言玄理。嘗與河南郭象談論，一坐嗟服。東海王司馬越引爲主簿，後爲司馬越子司馬毗所害。　洛陽令：官名，洛陽縣長官，屬河南尹。七品。　曹攄：字顔遠，本書卷九〇有傳。

東嬴公騰辟爲車騎府舍人，[1]不就。時尚書何綏奢侈過度，[2]尼謂人曰："綏居亂世，矜豪乃爾，將死不久。"人曰："伯蔚聞言，必相危害。"尼曰："伯蔚比聞我語，已死矣。"未幾，綏果爲東海王越所殺。初入洛，尼詣越不拜。越問其故，尼曰："公無宰相之能，是以不拜。"因數之，言甚切。又云："公負尼物。"越大驚曰："寧有是也？"尼曰："昔楚人亡布，謂令尹盜之。[3]今尼屋舍資財，悉爲公軍人所略，尼今饑凍，是亦明公之負也。"越大笑，即賜絹五十匹。諸貴人聞，競往餉之。

[1]東嬴公騰：司馬騰，字元邁，本書卷三七有傳。　車騎府舍人：官名，魏晋時太子府、王國、公府、將軍府、王妃及公主府皆設舍人，掌文檄之事。此爲車騎將軍府舍人。

[2]尚書：官名，東漢尚書臺六曹各置尚書，秩六百石。魏晋出爲朝官，分掌尚書省諸曹，品秩提高。三品。　何綏：字伯蔚，本書卷三三有傳。

[3]"昔楚人亡布"句：事出《列女傳》：楚國大夫江乙被罷官，原因是有人盜宫中物品，令尹判斷江乙有責任。江乙的母親稱丢失了布匹，告訴楚王是令尹偷的。楚王説，令尹一直陪著我，怎麽會偷盜？江乙母説："昔孫叔敖之爲令尹也，道不拾遺，門不閉關，而盜賊自息。今令尹之治也，耳目不明，盜賊公行，是故使盜得盜妾之布，是與使人盜何以异也？"王曰："令尹在上，寇盜在下，令尹不知有何罪焉？"母曰："大王之言過也！昔日妾之子爲郢大夫，有盜王宫中之物者，妾子坐而絀，妾子亦豈知之哉！然終坐之，令尹獨何人，而不以是爲過也？昔者周武王有言曰：'百姓有過，在予一人。'上不明則下不治，相不賢則國不寧。所謂國無人者，非無人也，無理人者也。王其察之。"王曰："善。非徒譏令

尹，又譏寡人。”謂令尹盜之，宋本無“令”字。

洛陽陷，避亂江夏。[1]時王澄爲荆州刺史，[2]遇之甚厚。尼早喪婦，有一子。無居宅，惟畜露車，有牛一頭，每行，輒使子御之，[3]暮則共宿車上。常嘆曰：“滄海横流，處處不安也。”[4]俄而澄卒，荆土饑荒，尼不得食，乃殺牛壞車，煮肉噉之。既盡，父子俱餓死。

[1]江夏：郡名，三國魏治所在上昶城（今湖北省雲夢縣），西晋移治安陸縣（今湖北省安陸市西南）。

[2]荆州：三國時曹魏治所在新野縣（今河南省新野縣），孫吴治所在江陵縣（今湖北省江陵縣），西晋統一後治所在江陵縣（今湖北省江陵縣）。

[3]使子御之：原本、殿本無“子”字，宋本有，據宋本補。

[4]處處不安也：殿本作“處不安也”。

羊曼

羊曼，字祖延，太傅祜兄孫也。[1]父暨，陽平太守。[2]曼少知名，本州禮命，太傅辟，皆不就。避難渡江，元帝以爲鎮東參軍，[3]轉丞相主簿，[4]委以機密。歷黄門侍郎、尚書吏部郎、晋陵太守，[5]以公事免。曼任達頹縱，好飲酒。温嶠、庾亮、阮放、桓彝同志友善，並爲中興名士。時州里稱陳留阮放爲宏伯，高平郗鑒爲方伯，[6]泰山胡毋輔之爲達伯，濟陰卞壼爲裁伯，[7]陳留蔡謨爲朗伯，[8]阮孚爲誕伯，高平劉綏爲委伯，[9]而曼爲䶩伯，[10]凡八人，號兖州八伯，蓋擬古之八儁也。

［1］祜：羊祜，字叔子，本書卷三四有傳。

［2］陽平：郡名，治所在元城縣（今河北省大名縣東北）。

［3］鎮東參軍：官名，鎮東將軍府佐官。參軍，亦作參軍事，謂參謀軍事。兩晋公府、軍府皆置。

［4］丞相主簿：官名，丞相府屬官。典領文書籍簿，省録衆事，職權甚重。

［5］晋陵：郡名，治所在京口（今江蘇省鎮江市）。

［6］高平：郡名，治所在昌邑縣（今山東省巨野縣南）。　方伯：中華本校勘記："《册府》八八二引'方'作'放'。"

［7］濟陰：郡名，治所在定陶縣（今山東省菏澤市定陶區）。　卞壼：字望之，本書卷七〇有傳。壼，原本、宋本作"壺"，殿本作"壼"，據殿本改。

［8］蔡謨：字道明，本書卷七七有傳。

［9］委伯：中華本校勘記："《斠注》：《御覽》四〇七引《晋中興書》'委伯'作'秀伯'。《册府》八八二亦作'秀伯'。"

［10］䵫（tà）伯：䵫，放縱豁達。原本、殿本作"黷"，宋本作"䵫"。按《玉篇·黑部》"黷，晋有黷伯"。《字彙·黑部》："黷，猥茸貌。此字宜從'重'。"《顔氏家訓·書證》："《晋中興書》：太山羊曼……號爲䵫伯。……顧野王《玉篇》誤爲黑傍沓。"中華本亦作"䵫"，據改。

王敦既與朝廷乖貳，羈録朝士，曼爲右長史。[1]曼知敦不臣，終日酣醉，諷議而已。敦以其士望，厚加禮遇，不委以事，故得不涉其難。敦敗，代阮孚爲丹楊尹。[2]時朝士過江初拜官，相飾供饌。曼拜丹楊，客來早者得佳設，日宴則漸罄，不復及精，隨客早晚而不問貴賤。有羊固拜臨海太守，竟日皆美，雖晚至者猶獲盛饌。論者以固之豐腆，[3]乃不如曼之真率。

[1]右長史：官名，將軍府置長史，分左、右，領府中各曹。六品。

[2]丹楊：楊，原本、殿本作“陽”，宋本作“楊”，據宋本改。本卷下文“曼拜丹楊”同。

[3]豐腆：食物豐盛。

蘇峻作亂，加前將軍，[1]率文武守雲龍門。[2]王師不振，或勸曼避峻。曼曰：“朝廷破敗，吾安所求生？”勒衆不動，[3]爲峻所害，年五十五。峻平，追贈太常。子賁嗣，少知名，尚明帝女南郡悼公主，除秘書郎，[4]早卒。弟聃。

[1]前將軍：官名，漢代重號將軍之一，與左、右、後將軍並爲上卿。魏晋時常設，權位較兩漢時漸低，僅爲武官名號，略高於一般雜號將軍，不典禁兵，不與朝政。三品。

[2]雲龍門：《景定建康志》卷二〇《今城郭·門闕》：“《宫苑記》：建康宫城内有兩重，宫墻南面開二門，西曰衙門，隱不見南西掖門。東曰應門，晋改名正車門，南直對端門，即晋南掖門也。東面正中曰雲龍門。”

[3]勒衆不動：衆，殿本作“馬”。

[4]秘書郎：官名，秘書令屬官，掌管文書機要，亦掌整理典籍、考核舊文。六品。

聃，字彭祖。少不經學，時論皆鄙其凡庸。先是，兖州有八伯之號，其後更有四伯。大鴻臚陳留江泉以能食爲穀伯，[1]豫章太守史疇以大肥爲笨伯，[2]散騎郎高平張嶷以狡妄爲猾伯，[3]而聃以狼戾爲瑣伯，[4]蓋擬古之四凶。[5]

[1]大鴻臚：官名，九卿之一，掌賓客迎送接待、贊襄引導朝會百官等。三品。

[2]豫章太守史疇：中華本校勘記："《斠注》：《御覽》三七八引《晋中興書》'史疇'上有'陳留'二字。江泉、張嶷皆有郡名，此疑脱。"

[3]散騎郎：官名，即散騎侍郎，三國魏置。隸屬散騎省，侍從皇帝左右，顧問應對，諫諍拾遺，與散騎常侍、侍中等共平尚書奏事。五品。

[4]狼戾：凶狠暴戾。狼，宋本作"佷"。

[5]四凶：堯舜時期的四個惡人。《左傳·文公十八年》："舜臣堯，賓於四門，流四凶族渾敦、窮奇、檮杌、饕餮，投諸四裔，以御魑魅。是以堯崩而天下如一，同心戴舜以爲天子，以其舉十六相，去四凶也。"

聃初辟元帝丞相府，累遷廬陵太守。[1]剛克粗暴，恃國戚，縱恣尤甚，睚眦之嫌輒加刑殺。[2]疑郡人簡良等爲賊，殺二百餘人，誅及嬰孩，所髡鎖復百餘。庾亮執之，歸於京都。有司奏聃罪當死，以景獻皇后是其祖姑，應八議。[3]成帝詔曰："此事古今所無，何八議之有！猶未忍肆之市朝，其賜命獄所。"兄子賁尚公主，自表求解婚。詔曰："罪不相及，古今之令典也。聃雖極法，於賁何有！其特不聽離婚。"琅邪太妃山氏，聃之甥也，入殿叩頭請命。王導又啓："聃罪不容恕，宜極重法。山太妃憂戚成疾，陛下罔極之恩，宜蒙生全之宥。"於是詔下曰："太妃惟此一舅，發言摧咽，乃至吐血，情慮深重。朕往丁荼毒，受太妃撫育之恩，同於慈親。若不堪難忍之痛，以致頓弊，朕亦何顏以寄。今便原聃生命，以慰太妃渭陽之思。”[4]於是除名。頃之，遇疾，恒見簡良等爲祟，旬日而死。

[1]廬陵：郡名，治所在石陽縣（今江西省吉水縣東北）。

[2]睚眦：瞋目怒視；瞪眼看人。借指微小的怨恨。

[3]八議：古代八種人犯罪經特別審議，可減免刑罰。八種人爲親、故、賢、能、功、貴、勤、賓。詳見《周禮·秋官·小司寇》。

[4]渭陽：《詩·秦風·渭陽》：“我送舅氏，曰至渭陽。”朱熹集傳：“舅氏，秦康公之舅，晋公子重耳也。出亡在外，穆公召而納之。時康公爲太子，送之渭陽而作此詩。”後因以“渭陽”爲表示甥舅情誼之典。

光逸

光逸，字孟祖，樂安人也。初爲博昌小吏，[1]縣令使逸送客，冒寒舉體凍濕，還遇令不在，逸解衣炙之，入令被中卧。令還，大怒，將加嚴罰。逸曰：“家貧衣單，沾濕無可代。若不暫温，勢必凍死，奈何惜一被而殺一人乎！君子仁愛，必不爾也，故寢而不疑。”令奇而釋之。

[1]博昌：縣名，治所在今山東省博興縣東南。

後爲門亭長，[1]迎新令至京師。胡毋輔之與荀邃共詣令家，望見逸，謂邃曰：“彼似奇才。”便呼上車，與談良久，果俊器。令怪客不入，吏白與光逸語。令大怒，除逸名，斥遣之。

[1]門亭長：官名，職掌門衛。

後舉孝廉，[1]爲州從事，[2]棄官投輔之。輔之時爲太傅越從事中郎，薦逸於越，越以門寒而不召。越後因閑宴，責輔之無所舉薦。輔之曰："前舉光逸，公以非世家不召，非不舉也。"越即辟焉。書到郡縣，皆以爲誤，審知是逸，乃備禮遣之。

[1]舉孝廉：漢代選拔人才的科目。

[2]州從事：官名，州部屬吏。東漢稱從事史，由州部長官自己選拔任命。

尋以世難，避亂渡江，復依輔之。初至，屬輔之與謝鯤、阮放、畢卓、羊曼、桓彝、阮孚散髮裸裎，[1]閉室酣飲已累日。逸將排户入，守者不聽，逸便於户外脱衣露頭於狗竇中窺之而大叫。[2]輔之驚曰："他人決不能爾，必我孟祖也。"遽呼入，遂與飲，不捨晝夜。時人謂之八達。

[1]散髮裸裎（chéng）：披頭散髮，赤身露體。裎，宋本、殿本作"袒"。

[2]狗竇：狗洞。

元帝以逸補軍諮祭酒。中興建，爲給事中，[1]卒官。

[1]給事中：官名，爲加官，所加爲三公、將軍、中書監令、博士、郎等。常侍從皇帝左右，諫諍糾彈，爲中朝要職。五品。

史臣曰：夫學非常道，則物靡不通；理有忘言，[1]則在情斯遣。其進也，撫俗同塵，不居名利；其退也，餐和履順，以保天真。若乃一其本原，體無爲之用，分其華葉，開寓言之道，是以伯陽垂範，[2]鳴謙置式，[3]欲崇諸己，先下於人，猶大樂無聲，而蹌鸞斯應者也。莊生放達其旨，而馳辯無窮；棄彼榮華，則俯輕爵位，懷其道術，則顧蔑王公；舐痔兼車，[4]鳴鳶吞腐。[5]以兹自口，於焉玩物，殊異虚舟，[6]有同攘臂。[7]嵇、阮竹林之會，劉、畢芳樽之友，馳騁莊門，排登李室。若夫儀天布憲，百官從軌，經禮之外，棄而不存。是以帝堯縱許由於埃壒之表，光武舍子陵於潺湲之瀨，[8]松蘿低舉，用以優賢，巖水澄華，兹焉賜隱；臣行厥志，主有嘉名。至於嵇康遺巨源之書，阮氏創先生之傳，軍諮散髮，吏部盜樽，豈以世疾名流，兹焉自垢？臨鍛竈而不回，登廣武而長嘆，則嵇琴絶響，阮氣徒存。通其旁徑，必彫風俗；召以效官，居然尸素。[9]軌躅之外，[10]或有可觀者焉。咸能符契情靈，各敦終始，愴神交於晚笛，或相思而動駕。史臣是以拾其遺事，附於篇云。

[1]理有忘言：《莊子・外物》："言者所以在意，得意而忘言。"

［2］伯陽：老聃，字伯陽。

［3］鳴謙置式：謙德表露於外爲衆人效法。

［4］舐痔兼車：《莊子·列御寇》莊子曰："秦王有病召醫，破癰潰痤者得車一乘，舐痔者得車五乘，所治癒下，得車愈多。子豈治其痔邪，何得車之多也？子行矣！"

［5］鳴鳶吞腐：《莊子·秋水》：莊子往見之，曰："南方有鳥，其名爲鵷鶵，子知之乎？夫鵷鶵，發於南海而飛于北海，非梧桐不止，非練實不食，非醴泉不飲。於是鴟得腐鼠，鵷鶵過之，仰而視之曰'嚇！'今子欲以子之梁國而嚇我邪？"吞，宋本作"吝"。

［6］虚舟：無欲無求自由自在。《莊子·列御寇》："巧者勞而知者憂，無能者無所求，飽食而敖游，泛若不系之舟，虚而敖游者也。"

［7］攘臂：捋起衣袖，伸出胳膊。常形容激奮貌。指强烈的欲望和追求。

［8］子陵：東漢嚴光，一名遵，會稽餘姚（今浙江省餘姚市）人，字子陵。少有高名，與光武帝劉秀同游學。及劉秀稱帝，嚴光乃變名姓，隱身不見，披羊裘釣澤中。光武帝屢次徵召，不就。後人名其釣處爲嚴陵瀨。

［9］尸素：尸位素餐。

［10］軌躅：車轍。此指仕途。

贊曰：老篇爰植，[1]孔教提衡。[2]各存其趣，道貴無名。相彼非禮，遵乎達生。秋水揚波，春雲斂映。旨酒厥德，憑虚其性。不玩斯風，誰虧王政？

［1］老篇爰植：老子思想於是樹立。

［2］孔教提衡：儒孔思想與之抗衡。

晋書　卷五〇

列傳第二十

曹志　庾峻 子珉 敳　郭象　庾純 子旉　秦秀

曹志

曹志，字允恭，譙國譙人，[1]魏陳思王植之孽子也。[2]少好學，以才行稱，夷簡有大度，兼善騎射。植曰："此保家主也。"立以爲嗣。後改封濟北王。

[1]譙國：郡國名，曹魏置，治所在譙縣（今安徽省亳州市）。

[2]陳思王植：即曹植，三國時沛國譙縣（今安徽省亳州市）人，字子建，曹操第三子。封陳王，謚號思，故稱陳思王。善辭賦，建安文學領袖。　孽子：庶子，非正妻所生之子。

武帝爲撫軍將軍，[1]迎陳留王於鄴，[2]志夜謁見，帝與語，自暮達旦，甚奇之。及帝受禪，降爲鄄城縣公。[3]詔曰："昔在前世，雖曆運迭興，至於先代苗裔，傳祚不替，或列藩九服，式序王官。選衆命賢，惟德是與，蓋至公之道也。魏氏諸王公養德藏器，壅滯曠久，前雖有詔，當須簡授，而自頃衆職少缺，未得式叙。[4]前濟北王曹志履德清純，才高行潔，好古博物，爲魏宗英，朕甚嘉之。其以志爲樂平太守。"[5]志在郡上書，以爲宜尊儒重道，請爲博士置吏卒。遷章武、趙郡太守。[6]雖累郡職，不以政事爲意，晝則游獵，夜誦《詩》《書》，以聲色自娱，當時見者未能審其量也。

[1]撫軍將軍：官名，三國蜀漢、孫吴皆置，爲加官，以示權重。晉沿置，與中軍將軍、鎮軍將軍並爲三名號將軍。三品。

[2]陳留王：即常道鄉公曹奂，字景明，燕王曹宇之子。封安次縣常道鄉公，後被司馬昭迎立爲帝。公元260至265年在位。後被廢爲陳留王。　鄴：縣名，曹魏五都之一。治所在今河北省臨漳縣西南。

[3]鄄城：縣名，治所在今山東省鄄城縣北。

[4]式叙：按照等級授予官職。

[5]樂平：郡名，治所在沾縣（今山西省昔陽縣西南）。

[6]章武：郡國名，治所在東平舒縣（今河北省大城縣）。趙郡：治所在房子縣（今河北省高邑縣西南）。

咸寧初，詔曰："鄄城公曹志，篤行履素，達學通識，宜在儒林，以弘胄子之教。[1]其以志爲散騎常侍、國子博士。"[2]帝嘗閲《六代論》，問志曰："是卿先王所作邪？"志對曰："先王有手所作目録，請歸尋按。"還奏曰："按録無此。"帝曰："誰作？"志曰："以臣所聞，是臣族父冏所作。以先王文高名著，欲令書傳於後，是以假託。"帝曰："古來亦多有是。"顧謂公卿曰："父子證明，足以爲審。自今已後，可無復疑。”

[1]胄子：帝王或貴族的長子。

[2]散騎常侍：官名，三國魏文帝黄初年間置，侍從皇帝左右，諫諍得失、顧問應對，與侍中等共平尚書奏事。也用作宰相、諸公等加官，入宫議政。三品。　國子博士：學官，教授儒學。六品。

後遷祭酒。[1]齊王攸將之國，[2]下太常議崇錫文物。[3]時博士秦秀等以爲齊王宜内匡朝政，不可之藩。志又常恨其父不得志於魏，因愴然嘆曰："安有如此之才，如此之親，不得樹本助化，而遠出海隅？晋朝之隆，其殆乎哉！"乃奏議曰："伏聞大司馬齊王當出藩東夏，[4]備物盡禮，同之二伯。[5]今陛下爲聖君，稷契爲賢臣，内有魯衛之親，[6]外有齊晋之輔，[7]坐而守安，此萬世之基也。古之夾輔王室，同姓則周公其人也，異姓則太公其人也，皆身在内，五世反葬。後雖有五霸代興，[8]桓文譎主，[9]下有請隧之僭，[10]上有九錫之禮，[11]終於譎而不正，驗於尾大不掉，豈與召公之歌《棠棣》，[12]周詩之咏《鴟鴞》同日論哉！[13]今聖朝創業之始，始之不諒，後事難工。幹植不强，枝葉不茂；骨髓不存，皮膚不充。自羲皇以來，[14]豈是一姓之獨有！欲結其心者，當有磐石之固。[15]夫欲享萬世之利者，當與天下議之。故天之聰明，自我人之聰明。[16]秦魏欲獨擅其威，而財得没其身；周漢能分其利，而親疏爲之用。此自聖主之深慮，日月之所照。事雖淺，當深謀之；言雖輕，當重思之。志備位儒官，若言不及禮，是志寇竊。知忠不言，議所不敢。[17]志以爲當如博士等議。”議成當上，見其從弟高邑公嘉。嘉曰：“兄議甚切，百年之後必書晋史，目下將見責邪。”帝覽議，大怒曰：“曹志尚不明吾心，况四海乎！”以議者不指答所問，横造異論，策免太常鄭默。[18]於是有司奏收志等結罪，詔惟免志官，以公還第，其餘皆付廷尉。[19]

[1]祭酒：官名，此爲國子祭酒。國子學的長官，主管國子學，掌教授儒學、參議禮制。五品。

[2]齊王攸：司馬攸，字大猷。本書卷三八有傳。

[3]太常：官名，漢代稱奉常，本掌禮樂宗廟、社稷祭祀，魏晋時此職掌歸尚書裁定，太常成爲閑職。三品。

[4]大司馬：官名，八公之一，位在上公之下、大將軍及三公之上，高級將帥，多爲大臣加官。一品。

[5]二伯：指周初分别主管東方和西方諸侯的兩位重臣周公和召公。

[6]魯衛之親：西周初分封，封周公旦於魯，封其弟弟康叔於衛，魯衛兩國均爲姬姓。

[7]齊晋：春秋時齊國和晋國。

[8]五霸：春秋五霸：齊桓公、晋文公、宋襄公、楚莊公、秦繆公。一説爲齊桓公、宋襄公、晋文公、秦穆公、吴王夫差。

[9]桓：齊桓公，春秋時齊國國君，名小白，僖公之子，襄公之弟。公元前685至前643年在位。爲公子時因國家内亂出走至莒，襄公死後被迎回立爲國君。在位時任用管仲，改革内政，國力漸强。九合諸侯，尊王攘夷，成爲春秋五霸之首。　文：晋文公，名重耳，晋獻公之子，因受迫害而流亡在外十九年，歷盡艱難險阻。回國即位後改革朝政，加强軍備，國力漸强，終成春秋五霸之一。

[10]請隧之僭：請求隧葬。隧葬，天子的葬禮。《左傳·僖公

二十五年》："晋侯朝王。王享醴，命之宥。請隧，弗許。"杜預注："闕地通路曰隧，王之葬禮也；諸侯皆縣柩而下。"楊伯峻注："請隧者，晋文請天子允許於其死後得以天子禮葬己耳。"後以指圖謀統治天下。

［11］九錫：《漢書》卷六《武帝紀》顔師古注引應劭曰："一曰車馬，二曰衣服，三曰樂器，四曰朱户，五曰納陛，六曰虎賁百人，七曰鈇鉞，八曰弓矢，九曰秬鬯。此皆天子制度，尊之，故事事錫與，但數少耳。"

［12］召公之歌《棠棣》：《詩經·小雅·常棣》孔穎達疏：此《常棣》是取兄弟相親之詩。"至厲王之時，棄其宗族，又使兄弟之恩疏。召穆公爲是之故，又重述此詩，而歌以親之。《外傳》云：'周文公之詩曰：兄弟鬩於墻，外禦其侮。'則此詩自是成王之時，周公所作，以親兄弟也。"但召穆公見厲王之時，兄弟恩疏，重歌此周公所作之詩以親之耳，故鄭答趙商云："凡賦詩者，或造篇，或誦古。"所云誦古，指此召穆公所作誦古之篇，非造之也。

［13］周詩之咏《鴟鴞》：《鴟鴞》爲《詩·國風》中的一篇。毛亨注説："武王既崩，周公攝政，管、蔡流言，以毁周公，又導武庚與淮夷叛而作亂，將危周室。周公東征而滅之，以救周室之亂也。於是之時，成王仍惑管、蔡之言，未知周公之志，疑其將篡，心益不悦，故公乃作詩，言不得不誅管、蔡之意，以貽遺成王，名之曰《鴟鴞》焉。"

［14］羲皇：又稱庖犧氏、伏羲、伏戲、伏犧、包羲、宓犧等。即太昊，或稱黄熊氏。神話中的人類始祖，八卦創始人。

［15］磐石：宋本、殿本作"盤石"。

［16］自我人之聰明：宋本無"之"字。

［17］議所不敢：中華本校勘記："周校：'義'誤'議'。"

［18］鄭默：字思元，本書卷四四有傳。

［19］廷尉：官名，中央最高司法審判機構長官，負責會審朝中有罪文武大臣，覆核審決郡國疑獄等。三品。

頃之，志復爲散騎常侍。遭母憂，居喪過禮，因此篤病，喜怒失常。九年卒，太常奏以惡謚。崔褒嘆曰：[1]“魏顆不從亂，[2]以病爲亂故也。今謚曹志而謚其病，豈謂其病不爲亂乎！”於是謚爲定。

[1]崔褒：褒，原本作“裒”，宋本、殿本作“褒”，據宋本、殿本改。

[2]魏顆：史稱令狐文子，姬姓，令狐氏，名顆。因令狐氏出於魏氏，故稱魏顆。魏顆不從亂，事見《左傳・宣公十五年》：魏顆之父魏武子有一個愛妾，没有兒子。魏武子生病了，對魏顆説死後一定要讓愛妾改嫁。魏武子病危時又對魏顆説一定要讓愛妾爲自己殉葬。魏武子死後，魏顆没有讓她殉葬，而是讓她改嫁。並解釋説病重時神志昏亂，應按照父親清醒時説的話去辦。

庾峻

庾峻，字山甫，潁川鄢陵人也。[1]祖乘，[2]才學洽聞，[3]漢司徒辟，[4]有道徵，皆不就。伯父嶷，[5]中正簡素，仕魏爲太僕。[6]父道，[7]廉退貞固，養志不仕。牛馬有踶齧者，[8]恐傷人，不貨於市。及諸子貴，賜拜太中大夫。[9]

[1]潁川：郡名，治所在許昌縣（今河南省許昌市東）。　鄢陵：縣名，治所在今河南省鄢陵縣西北。

[2]乘：庾乘，字世游，東漢潁川鄢陵（今河南省鄢陵縣西北）人。少給事縣廷爲門士。郭林宗見而拔之，勸游學官，遂爲諸生傭。能講論，但自以卑第，每處下坐，諸生博士皆就讎問，由是學中以下坐爲貴。後徵辟並不起，號曰“徵君”。

［3］才學洽聞：有才學，多聞博識。

［4］司徒：官名，西漢哀帝元壽二年（前1）改丞相爲大司徒，東漢光武帝時改名爲司徒，東漢末又改爲丞相。三國魏恢復三公制，改丞相爲司徒，管理民政。兩晋沿制，爲八公之一，在太尉之下、司空之上。與丞相通職，一般不並置，爲名譽宰相。一品。

［5］嶷：庾嶷，字劭然。曹魏時任議郎、太僕等職，與劉劭、荀詵等定科令。

［6］太僕：官名，掌皇帝車馬、田獵、兵器及全國牧業。三品。

［7］父道：中華本校勘記："《斠注》：《魏志·管寧傳》注、《張琦傳》注兩引《庾氏譜》以及《元和姓纂》、鄧名世《姓氏辨證》'道'皆作'遁'，此作'道'，乃'遁'之誤。"

［8］踶齧：踢人咬人。

［9］太中大夫：官名，侍從皇帝左右，掌顧問應對、參謀議政、奉詔出使。多由寵臣貴戚出任。七品。

峻少好學，有才思。嘗游京師，聞魏散騎常侍蘇林老疾在家，[1]往候之。林嘗就乘學，見峻流涕，良久曰："尊祖高才而性退讓，慈和泛愛，清静寡欲，不營當世，惟修德行而已。鄢陵舊五六萬户，聞今裁有數百。君二父孩抱經亂，獨至今日，尊伯爲當世令器，君兄弟復俊茂，此尊祖積德之所由也。"

［1］蘇林：字孝友，博學，多通古今字指，凡諸書傳文間危疑，林皆釋之。東漢建安中，爲五官將文學，甚見禮待。黄初中，爲博士給事中。文帝作《典論》所稱蘇林者是也。以老歸第，國家每遣人就問之，數加賜遺。年八十餘卒。

歷郡功曹，[1]舉計掾，[2]州辟從事。[3]太常鄭袤見峻，[4]大奇之，舉爲博士。[5]時重《莊》《老》而輕經史，峻懼雅道陵遲，乃潛心儒典。屬高貴鄉公幸太學，[6]問《尚書》義於峻，峻援引師説，發明經旨，申暢疑滯，對答詳悉。遷秘書丞。[7]長安有大獄，[8]久不決，拜峻侍御史，[9]往斷之，朝野稱允。武帝踐阼，賜爵關中侯，遷司空長史，[10]轉秘書監、御史中丞，[11]拜侍中，[12]加諫議大夫。[13]常侍帝講《詩》，中庶子何劭論《風》《雅》正變之義，[14]峻起難往反，四坐莫能屈之。

[1]功曹：官名，即功曹史。郡縣屬官，職掌人事，參與郡縣政務。兩晋時，不開府將軍、太子二傅、特進、郡縣皆置。

[2]計掾：官名，即上計掾。爲縣郡國派赴上級機關或京師遞交計簿的屬吏。

[3]從事：官名，州部屬吏。東漢稱從事史，由州部長官自己選拔任命。

[4]鄭袤：字林叔，本書卷四四有傳。

[5]博士：官名，此爲太常博士，秦漢時博士名義上屬太常，備諮詢顧問。魏晋時由於國子博士、太學博士專掌經學傳授，參議禮儀制度，遂别置太常博士，掌引導乘輿，擬議王公以下謚號，參議朝廷禮儀典章。六品。

[6]高貴鄉公：曹髦，字彦士，曹丕孫。曹芳被廢後立爲帝。後爲司馬昭部下成濟所殺。　太學：古代設於京城的最高學府，主要從事儒學教育。

[7]秘書丞：官名，秘書監次官。負責典籍圖書的管理和整理，爲清要之官，多由士族高門擔任。六品。

[8]大獄：大，宋本作“火”。

［9］侍御史：官名，簡稱御史、侍御。御史臺屬官，曹魏時分掌治書、課第等八曹，尚書、符節等三臺。西晋時分掌吏、課第、直事、印、中都督、外都督、媒、符節、水、中壘、軍營、法、算十三曹。六品。

［10］司空長史：官名，司空府幕僚之長，署理府中諸曹。六品。

［11］秘書監：官名，秘書省長官，掌管藝文圖籍、課試署吏，統著作局，掌國史修撰並管理中外三閣圖書。三品。　御史中丞：官名，御史大夫副手，掌監察、執法，爲京師顯官，職權甚重。四品。

［12］侍中：官名，東漢建安中與給事黄門侍郎出入禁中，省尚書事。曹魏時爲門下之侍中省長官，常侍衛皇帝左右，掌顧問應對、諫諍糾察、平議奏事、駁奏異議等，權力甚重。三品。

［13］諫議大夫：官名，掌議論顧問、參謀應對。七品。

［14］中庶子：官名，即太子中庶子。太子侍從，掌侍從、奏事、諫議等。五品。　何劭：字敬祖，何曾子，本書卷三三有傳。

是時風俗趣競，［1］禮讓陵遲。峻上疏曰：

臣聞黎庶之性，［2］人衆而賢寡；設官分職，則官寡而賢衆。爲賢衆而多官，則妨化；以無官而棄賢，則廢道。是故聖王之御世也，因人之性，或出或處，故有朝廷之士，又有山林之士。朝廷之士，佐主成化，猶人之有股肱心膂，共爲一體也。山林之士，被褐懷玉，［3］太上棲於丘園，［4］高節出於衆庶。其次輕爵服，遠耻辱以全志。［5］最下就列位，惟無功而能知止。［6］彼其清劭足以抑貪污，［7］退讓足以息鄙事。［8］故在朝之士聞其風而悦之，將受爵者皆耻躬之不逮。斯山林之士、避寵之臣所以爲美也，先王嘉之。節雖離世，而德合於主；行雖詭朝，而功同於政。故大者有玉帛之命，[9]其次有几杖之禮，以厚德載物，出處有地。既廊廟多賢才，而野人亦不失爲君子，此先王之弘也。

[1]風俗趣競：社會風氣好尚争競。

[2]黎庶：百姓。

[3]被褐懷玉：身穿粗布衣服，懷中藏着寶玉。比喻人有才德而深藏不露。

[4]太上：最高。

[5]遠耻辱以全志：志，原本、殿本作“名”，宋本作“志”，據宋本、中華本校勘記改。

[6]惟無功而能知止：惟，殿本作“雖”。

[7]清劭：清廉美好。

[8]退讓足以息鄙事：退讓能够平息鄰界競争之事。

[9]玉帛之命：玉，宋本作“王”。

秦塞斯路，利出一官。雖有處士之名，[1]而無爵列於朝者，商君謂之六蝎，[2]韓非謂之五蠹。[3]時不知德，惟爵是聞。故閭閻以公乘侮其鄉人，[4]郎中以上爵傲其父兄。漢祖反之，大暢斯否。任蕭曹以天下，[5]重四皓於南山。[6]以張良之勛，[7]而班在叔孫之後；[8]蓋公之賤，而曹相諮之以政。[9]帝王貴德於上，俗亦反本於下。故田叔等十人，[10]漢廷臣無能出其右者，而未嘗干禄於時。[11]以釋之之貴，[12]結王生之襪於朝，[13]而其名愈重。自非主臣尚德兼愛，孰能通天下之志，如此其大者乎！

[1]雖有處士之名：雖，原本、殿本作“唯”，宋本作“雖”，據宋本、中華本校勘記改。

[2]商君：商鞅，戰國時衛國人，公孫氏，名鞅，亦稱衛鞅、公孫鞅、商君鞅。助秦孝公變法强國。孝公死後被殺。　六蝎：《商君書》作六虱：“農商官三者，國之常食官也。農辟地，商物，官法民。三官生虱六：曰歲，曰食，曰美，曰好，曰志，曰行。六者有樸，必削。農有餘食，則薄燕於歲。商有淫利，有美好傷器。官設而不用，志行爲卒。六虱成俗，兵必大敗。”

[3]韓非：戰國末韓國人，師事荀子，法家人物。得秦王賞識，入秦後又遭李斯陷害，被下獄。因不勝其虐而服藥自殺。　五蠹：戰國韓非作《五蠹》篇，指儒家、縱横家、游俠、逃避公役的人、商工之民。

[4]閭閻：里巷，泛指民間。　公乘：爵位名，爲二十等爵的第八級。

[5]蕭曹：蕭何與曹參。蕭何，秦末泗水沛縣豐邑（今江蘇省豐縣）人。隨劉邦起兵反秦。楚漢戰争中，留守關中，爲前綫籌集糧草。劉邦稱帝後，因功高封酇侯。助吕后誅除韓信，封相國。劉邦死後復事惠帝，死前推薦曹參繼任。曹參，秦末泗水沛（今江蘇省沛縣）人，早年爲獄掾。秦末隨劉邦起兵，屢建戰功。先後任假左丞相、左丞相。西漢建立後任齊相國。蕭何死後繼之爲漢相。

[6]四皓：即商山四皓：東園公、綺里季、夏黄公、甪里先生。皆爲秦末漢初隱士，曾幫助劉邦太子鞏固地位。

[7]張良：秦末人，字子房，韓國貴族後裔。隨劉邦起兵反秦，爲重要謀士。屢出奇策，被劉邦譽爲“運籌帷幄之中，决勝千里之外”。劉邦稱帝後封爲留侯。

[8]叔孫：叔孫通，秦末薛（今山東省滕州市南）人，初爲秦

博士。從項梁、項羽反秦，後投劉邦。西漢建立後，與弟子采古禮與秦儀共建朝禮。後陸續制定一系列禮儀制度。

［9］曹相諮之以政：事見《史記》卷五四《曹相國世家》："孝惠帝元年，除諸侯相國法，更以曹參爲齊丞相。""聞膠西有蓋公，善治黄老言，使人厚幣請之。既見蓋公，蓋公爲言治道貴清静而民自定，推此類具言之。參於是避正堂，舍蓋公焉。其治要用黄老術，故相齊九年，齊國安集，大稱賢相。"

［10］田叔：西漢趙國陘城（今河北省無極縣東北）人，先世爲齊田氏。喜任俠，爲趙王張敖郎中。張敖受貫高事牽連，田叔乃與孟舒衣赭衣，自髡鉗，隨趙王至長安。趙王獲釋後，田叔亦被任爲漢中守。文帝時坐法失官，後復爲魯相。

［11］未嘗干禄於時：未曾拿朝廷俸禄，即未曾做官。

［12］釋之：張釋之，西漢南陽堵陽（今河南省方城縣東）人，字季。文帝時以貲爲騎郎。後補謁者，任謁者僕射，遷公車令。因以事劾奏太子，受文帝重視，拜爲太中大夫，又任廷尉。以用法持平著稱。

［13］結王生之襪於朝：《漢書》卷五〇《張釋之傳》："王生者，善爲黄老言，處士。嘗召居廷中，公卿盡會立，王生老人，曰'吾韤解'，顧謂釋之：'爲我結韤！'釋之跪而結之。"

夫不革百王之弊，徒務救世之政，文士競智而務入，武夫恃力而争先。官高矣，而意未滿；功報矣，其求不已。又國無隨才任官之制，俗無難進易退之耻。位一高，雖無功而不見下，已負敗而後見用。故因前而升，則處士之路塞矣。又仕者黜陟無章，[1]是以普天之下，先競而後讓，舉世之士，有進而無退。大人溺於動俗，執政撓於群言，衡石爲之失平，清濁安可復分？昔者先王患向之所以取天下者，今之爲弊，是故功成必改其物，業定必易其教。雖以爵禄使下，臣無貪陵之行；[2]雖以甲兵定功，主無窮武之悔也。

[1]黜陟：人才的進退，官吏的升降。黜，貶降、罷退。陟，提拔、升遷。

[2]貪陵：貪婪欺凌。

臣愚以爲古者大夫七十懸車，[1]今自非元功國老，三司上才，[2]可聽七十致仕，則士無懷禄之嫌矣。其父母八十，可聽終養，則孝莫大於事親矣。吏歷試無績，依古終身不仕，則官無秕政矣。能小而不能大，可降還莅小，則使人以器矣。[3]人主進人以禮，退人以禮，人臣亦量能受爵矣。其有孝如王陽，[4]臨九折而去官，潔如貢禹，[5]冠一免而不著，及知止如王孫，[6]知足如疏廣，[7]雖去列位而居東野，[8]與人父言，依於慈，與人子言，依於孝。此其出言合於國檢，[9]危行彰於本朝。去勢如脱屣，路人爲之隕涕；辭寵如金石，庸夫爲之興行。是故先王許之，而聖人貴之。

[1]懸車：致仕，退休。

[2]三司：太尉、司空、司徒合稱三司。

[3]使人以器：用人之才。

[4]王陽：即王吉，西漢琅邪皋虞（今山東省即墨市東北）人，字子陽，又稱王陽。初以郡吏舉孝廉爲郎，後舉賢良爲昌邑中

尉。宣帝時任益州刺史、博士、諫大夫等。後稱病歸鄉。

[5]貢禹：西漢琅邪（今山東省諸城市）人，字少翁。以明經德行徵爲博士，歷任涼州刺史、河南令。元帝時爲諫大夫，遷光禄大夫、長信少府。初元五年（前44）爲御史大夫。在位數言得失，要求元帝選賢能、誅奸臣、罷倡樂、修節儉。

[6]王孫：即楊王孫，西漢武帝時人。學黄老之術，家業千金，厚自奉養生，無所不至。死前令其子將其裸葬。

[7]疏廣：西漢東海蘭陵（今山東省蘭陵縣）人，字仲翁。宣帝時先後任太子少傅、太傅。任職五年，與其侄俱告病辭官還鄉。親屬勸其爲子孫置産業，疏廣認爲這衹能使子孫懶惰，不從。

[8]東野：東郊之野，泛指郊野。

[9]國檢：國家法度。

夫人之性陵上，猶水之趣下也，益而不已必决，升而不已必困。[1]始於匹夫行義不敦，終於皇輿爲之敗績，固不可不慎也。下人并心進趣，上宜以退讓去其甚者。退讓不可以刑罰使，莫若聽朝士時時從志，山林往往間出。無使入者不能復出，往者不能復反。然後出處交泰，[2]提衡而立，[3]時靡有争，天下可得而化矣。

又疾世浮華，不修名實，著論以非之，文繁不載。

[1]升而不已必困：必，宋本作“而”。

[2]出處交泰：出仕和隱退都很融通祥和。

[3]提衡：平衡。

九年卒，詔賜朝服一具、衣一襲、錢三十萬。臨終，敕子珉朝卒夕殯，幅巾布衣，[1]葬勿擇日。珉奉遵遺命，斂以時服。二子：珉、敳。

[1]幅巾：以全幅細絹裹頭。

珉，字子琚。性淳和好學，行己忠恕。少歷散騎常侍、本國中正、侍中，[1]封長岑男。

[1]中正：魏晋時期評定士人品第的官員。郡設中正，州設大中正。朝廷根據中正所評士人的品第授予官職。

懷帝之没劉元海也，[1]珉從在平陽。[2]元海大會，因使帝行酒，珉不勝悲憤，再拜上酒，因大號哭，賊惡之。會有告珉及王儁等謀應劉琨者，[3]元海因圖弑逆，珉等並遇害。初，洛陽之未陷也，珉爲侍中，直于省内，謂同僚許遐曰："世路如此，禍難將及，吾當死乎此屋耳！"及是，竟不免焉。太元末，追謚曰貞。

[1]懷帝之没劉元海也：中華本校勘記："勞校：'劉元海'當作'劉聰'。"

[2]平陽：郡名，治所在平陽縣（今山西省臨汾市西南）。

[3]王儁：宋本作"王倩"。　劉琨：字越石，本書卷六二有傳。

敳，字子嵩。長不滿七尺，而腰帶十圍，雅有遠韵。爲陳留相，[1]未嘗以事嬰心，從容酣暢，寄通而已。

處衆人中，居然獨立。嘗讀《老》《莊》，曰："正與人意暗同。"太尉王衍雅重之。[2]

[1]陳留：郡國名，治所在小黄縣（今河南省開封市東）。　相：官名，郡國相，也稱内史。五品。

[2]太尉：官名，曹操爲丞相後，太尉府屬官歸相府，晋時太尉雖爲八公之一、三公之首，實爲名譽宰相，多爲大臣加官。一品。　王衍：字夷甫，本書卷四三有傳。

敳見王室多難，終知嬰禍，乃著《意賦》以豁情，猶賈誼之《服鳥》也。[1]其詞曰："至理歸於渾一兮，[2]榮辱固亦同貫。存亡既已均齊兮，正盡死復何嘆。物咸定於無初兮，[3]俟時至而後驗。若四節之素代兮，豈當今之得遠？且安有壽之與夭兮，或者情横多戀。宗統竟初不别兮，大德亡其情願。蠢動皆神之爲兮，癡聖惟質所建。真人都遣穢累兮，性茫蕩而無岸。縱驅於遼廓之庭兮，[4]委體乎寂寥之館。天地短於朝生兮，億代促於始旦。顧瞻宇宙微細兮，眇若豪鋒之半。飄飖玄曠之域兮，深漠暢而靡玩。[5]兀與自然并體兮，[6]融液忽而四散。"從子亮見賦，問曰："若有意也，非賦所盡；若無意也，復何所賦？"答曰："在有無之間耳！"

[1]賈誼：西漢洛陽（今河南省洛陽市）人。文帝時爲博士，後遷至太中大夫。建議改正朔、定官名、興禮樂、削藩王。因大臣周勃、灌嬰等譖毁，被貶爲長沙王太傅。　《服鳥》：賈誼自况之賦。《史記》卷八四《屈原賈生列傳》："賈生爲長沙王太傅三年，有鴞飛入賈生舍，止於坐隅。楚人命鴞曰'服'。賈生既以適居長

沙，長沙卑濕，自以爲壽不得長，傷悼之，乃爲賦以自廣。” 猶賈誼之《服烏》：猶，原本、殿本作“衍”，宋本作“猶”，據中華本改。

[2]渾一：道家所言之“一”。

[3]物咸定於無初：無爲萬物之初。

[4]遼廓：遼闊廣大。

[5]深漠暢：漠，殿本作“莫”。

[6]兀與自然并體兮：兀，殿本作“元”。

遷吏部郎。[1]是時天下多故，機變屢起，敳常静默無爲。參東海王越太傅軍事，[2]轉軍諮祭酒。[3]時越府多俊異，敳在其中，常自袖手。[4]豫州牧長史河南郭象善《老》《莊》，時人以爲王弼之亞。[5]敳甚知之，每曰：“郭子玄何必減庾子嵩。”象後爲太傅主簿，[6]任事專勢。敳謂象曰：“卿自是當世大才，我疇昔之意都已盡矣。”

[1]吏部郎：官名，尚書省吏部曹長官通稱。亦稱郎中，資深者可轉侍郎。屬吏部尚書，主管官吏選任、銓叙、調動事務，對五品以下官吏之任免有建議權。六品。

[2]參東海王越太傅軍事：即太傅參軍事，太傅府幕僚。參軍事，亦作參軍，謂參謀軍事。兩晋公府、軍府皆置。參謀軍事。

[3]軍諮祭酒：官名，即軍師祭酒，晋朝避司馬師名諱而改。亦稱軍咨祭酒、軍謀祭酒、軍祭酒，諸軍府屬官，參謀軍事，位在軍府諸僚佐之上。

[4]常自袖手：袖手，宋本作“神王”。

[5]王弼：三國魏山陽高平（今山東省鄒城市西南）人，字輔嗣。玄學家，與何晏、夏侯玄等開玄學清談之風，史稱“正始之音”。著有《老子注》《老子指略》《周易注》《周易略例》等。

[6]太傅主簿：官名，太傅府屬官。典領文書籍簿，省録衆事，職權甚重。

敳有重名，爲搢紳所推，而聚斂積實，談者譏之。都官從事温嶠奏之，[1]敳更器嶠，目嶠森森如千丈松，雖磊砢多節，[2]施之大厦，有棟梁之用。時劉輿見任於越，[3]人士多爲所構，惟敳縱心事外，無迹可間。後以其性儉家富，説越令就换錢千萬，冀其有吝，因此可乘。越於衆坐中問於敳，而敳乃頽然已醉，幘墮機上，以頭就穿取，[4]徐答云："下官家有二千萬，隨公所取矣。"[5]輿於是乃服。越甚悦，因曰："不可以小人之慮度君子之心。"王衍不與敳交，敳卿之不置。衍曰："君不得爲耳。"敳曰："卿自君我，我自卿卿。我自用我家法，卿自用卿家法。"衍甚奇之。

[1]都官從事：官名，司隸校尉的屬官，舉奏彈劾不法官員。温嶠：字太真，本書卷六七有傳。

[2]磊（lěi）砢（luǒ）多節：形容植物多節不光順。

[3]劉輿：字慶孫，本書卷六二有傳。

[4]以頭就穿取：不用手，用頭把幘戴上。

[5]"惟敳縱心事外"至"隨公所取矣"：此段宋本多有不同，作"惟敳縱心無外，無迹可間。後以其性儉家富，説越令就换錢千萬以側谷，因此可乘。越於魯王而問敳，敳頽然已其幘墮機上，以頭就穿取，徐答云：'亦官家故尚申王，固公所取矣。'"

石勒之亂，[1]與衍俱被害，時年五十。

[1]石勒：字世龍，本書卷一〇四有傳。

郭象

郭象，字子玄，少有才理，好《老》《莊》，能清言。太尉王衍每云："聽象語，如懸河瀉水，注而不竭。"州郡辟召，不就。常閑居，以文論自娱。後辟司徒掾，稍至黄門侍郎。[1]東海王越引爲太傅主簿，甚見親委，遂任職當權，熏灼内外，由是素論去之。永嘉末病卒，著《碑論》十二篇。

[1]黄門侍郎：官名，魏晋時爲侍中省或門下省次官。侍從皇帝，顧問應對，多以重臣或外戚子弟擔任，位頗重要。五品。

先是注《莊子》者數十家，莫能究其旨統。向秀於舊注外而爲解義，妙演奇致，大暢玄風，惟《秋水》《至樂》二篇未竟而秀卒。秀子幼，其義零落，然頗有别本遷流。象爲人行薄，以秀義不傳於世，遂竊以爲己注，乃自注《秋水》《至樂》二篇，又易《馬蹄》一篇，其餘衆篇或點定文句而已。其後秀義别本出，故今有向、郭二《莊》，其義一也。

庾純

庾純，字謀甫。博學有才義，爲世儒宗。郡補主簿，仍參征南府，累遷黄門侍郎，封關内侯，歷中書令、河南尹。[1]

[1]中書令：官名，掌收納尚書奏事、傳達皇帝詔旨。三國魏文帝初年分秘書置中書省，設中書監和中書令，職權甚重。三品。　河南尹：官名，京都洛陽所在河南郡長官，主管京都事務。三品。

初，純以賈充奸佞，[1]與任愷共舉充西鎮關中，[2]充由是不平。充嘗宴朝士，而純後至，充謂曰："君行常居人前，今何以在後？"純曰："旦有小市井事不了，[3]是以來後。"世言純之先嘗有伍伯者，[4]充之先有市魁者，[5]充、純以此相譏焉。充自以位隆望重，意殊不平。及純行酒，充不時飲。純曰："長者爲壽，何敢爾乎！"充曰："父老不歸供養，將何言也！"純因發怒曰："賈充！天下凶凶，由爾一人。"充曰："充輔佐二世，蕩平巴蜀，有何罪而天下爲之凶凶？"純曰："高貴鄉公何在？"衆坐因罷。充左右欲執純，中護軍羊琇、侍中王濟佑之，[6]因得出。充慚怒，上表解職。純懼，上河南尹、關内侯印綬，上表自劾曰："司空公賈充請諸卿校并及臣。臣不自量，飲酒過多。醉亂行酒，重酌於公，公不肯飲，言語往來，公遂訶臣父老不歸供養，卿爲無天地。臣不服罪自引，而更忿怒，厲聲名公，臨時喧嘵，遂至荒越。禮，'八十月制'，[7]誠以衰老之年，變難無常也。臣不惟生育之恩，求養老父，而懷禄貪榮，烏鳥之不若。充爲三公，論道興化，以教義責臣，是也。而以枉錯直，居下犯上，醉酒迷荒，昏亂儀度。臣得以凡才，擢授顯任。《易》戒濡首，[8]《論》誨酒困，[9]而臣聞義不服，過言盈庭，黷慢臺司，[10]違犯憲度，不可以訓。請臺免臣官，廷尉結罪，大鴻臚削爵上。[11]敕身不謹，伏須罪誅。”御史中丞孔恂劾純，[12]請免官。詔曰：“先王崇尊卑之禮，明貴賤之序，著温克之德，記沉酗之禍，所以光宣道化，示人軌儀也。昔廣漢陵慢宰相，[13]獲犯上之刑；灌夫託醉肆忿，[14]致誅斃之罪。純以凡才，備位卿尹，不惟謙敬之節，不忌覆車之戒，陵上無禮，悖言自口，宜加顯黜，以肅朝倫。”遂免純官。

[1]賈充：字公閭，本書卷四〇有傳。

[2]任愷：字元褒，本書卷四五有傳。愷，原本、殿本作“敳”，宋本作“愷”，據宋本改。　關中：地區名，函谷關以西秦國故地，包括今河南省靈寶市以西及陜西省、甘肅省東部和四川省部分地區。

[3]旦有小市井事不了：旦，原本、宋本、殿本作“且”，據中華本校勘記改。

[4]伍伯：伍長。崔豹《古今注·輿服》：“伍伯，一伍之伯。五人曰伍，五長爲伯，故稱伍伯。”

[5]市魁：古代管理市場的役吏。

[6]中護軍：官名，掌武官選舉，與中領軍同掌禁軍。曹魏四品，晋三品。　羊琇：字稚舒，本書卷九三有傳。　王濟：字武子，本書卷四二有傳。

[7]八十月制：《禮記·王制》：“六十歲制，七十時制，八十月制，九十日脩。”古人六十歲以後開始準備身後之物，六十歲準備一年才能備好的東西，七十準備一時（三個月）能備好的東西，八十歲準備一個月能備好的東西。

[8]《易》戒濡首：《易·未濟》：“上九，有孚於飲酒，無咎。

濡其首，有孚失是。象曰：'飲酒濡首，亦不知節也。'"意爲不要沉湎於酒而有失本性常態。

[9]《論》誨酒困：《論語·子罕》："不爲酒困，何有於我哉！"

[10]臺司：《文選·羊祜〈讓開府表〉》："臣昨出，伏聞恩詔，拔臣使同臺司。"李善注："臺司，三公也。"

[11]大鴻臚：官名，九卿之一，掌賓客迎送接待、贊襄引導朝會百官等。三品。

[12]孔恂：西晋人，字士信，歷任侍中、御史中丞、平東將軍衛尉等職。

[13]廣漢陵慢宰相：廣漢，趙廣漢，西漢涿郡蠡吾（今河北省博野縣西南）人，字子都。歷任州從事、平準令、陽翟令、京輔都尉、守京兆尹、潁川太守等職。地節三年（前67），因上書誣告丞相魏相擅殺奴婢，被蕭望之彈劾爲摧辱大臣，處以腰斬。

[14]灌夫託醉肆忿：灌夫，西漢潁陰（今河南省許昌市）人，字仲孺。父張孟，得幸於潁陰侯灌嬰，故姓灌。武帝時歷任淮陽太守、太僕、燕相。後坐法免官，家居長安。後與魏其侯竇嬰相爲倚重。丞相田蚡娶婦，列侯宗室皆往賀。酒席宴上，灌夫認爲田蚡和臨汝侯灌賢對自己無理，使酒罵座。被處以死刑。

又以純父老不求供養，使據禮典正其臧否。[1]太傅何曾、太尉荀顗、驃騎將軍齊王攸議曰：[2]"凡斷正臧否，宜先稽之禮律。八十者，一子不從政；九十者，其家不從政。新令亦如之。按純父年八十一，兄弟六人，[3]三人在家，不廢侍養。純不求供養，其於禮律未有違也。司空公以純備位卿尹，望其有加於人。而純荒醉，肆其忿怒。臣以爲純不遠布孝至之行，[4]而近習常人之失，[5]應在譏貶。"司徒石苞議：[6]"純榮官忘親，惡聞格言，不忠不孝，宜除名削爵土。”司徒西曹掾劉斌議以爲：[7]“敦叙風俗，以人倫爲先；人倫之教，以忠孝爲主。忠故不忘其君，孝故不忘其親。[8]若孝必專心於色養，則明君不得而臣；忠必不顧其親，則父母不得而子也。是以爲臣者，必以義斷其恩；爲子也，必以情割其義。在朝則從君之命，在家則隨父之制。然後君父兩濟，忠孝各序。純兄峻以父老求歸，峻若得歸，純無不歸之勢；峻不得歸，純無得歸之理。純雖自聞，同不見聽。近遼東太守孫和、廣漢太守鄧良皆有老母，[9]良無兄弟，授之遠郡，辛苦自歸，皆不見聽。且純近爲京尹，父在界内，時得自啓定省，[10]獨於禮法外處其貶黜，[11]斌愚以爲非理也。禮，年八十，一子不從政。純有二弟在家，不爲違禮。又令，年九十，乃聽悉歸。今純父實未九十，不爲犯令。駡辱宰相，宜加放斥，以明國典。聖恩愷悌，示加貶退，臣愚無所清議。”河南功曹史龐札等表曰：[12]

臣郡前尹關内侯純，醉酒失常，《戊申詔書》既免尹官，以父篤老不求供養，下五府依禮典正其臧否。臣謹按三王養老之制：八十，一子不從政；九十，其家不從政。斯誠使人無闕孝養之道，爲臣不違在公之節也。先王制禮垂訓，莫尚於周。當其時也，姬公留周，伯禽之魯，孝子不匱，典禮無愆。今公府議，七十時制，八十月制，欲以駁奪從政之限，削除爵土。是爲公旦立法，還自越之，魯侯爲子，即爲罰首也。石奮期頤，[13]四子列郡。近太宰獻王諸子，[14]亦在藩外。古今同符，忠孝並濟。

［1］臧否：品評，褒貶。

［2］太傅：官名，晋爲八公之一。位上公，太宰之下、太保之上。一品。　何曾：字穎考，本書卷三三有傳。　荀顗：字景倩，本書卷三九有傳。　驃騎將軍：官名，西漢時爲重號將軍，東漢以後，居諸名號將軍之首，僅作爲軍府名號加授大臣或重要州郡長官。二品，開府位從公者一品。

［3］兄弟六人：宋本"兄"上有"純"字。

［4］純不遠布孝至之行：中華本校勘記："《通志》一二三'孝至'作'至孝'，與下句'常人'對文。"

［5］近習常人之失：習，宋本、殿本作"惜"。

［6］石苞：字仲容，本書卷三三有傳。

［7］司徒西曹掾：官名，司徒府西曹長官，掌府吏署諸事。七品。

［8］不忘其親：忘，宋本作"遺"。

［9］遼東：郡名，治所在襄平縣（今遼寧省遼陽市）。　廣漢：郡名，治所在廣漢縣（今四川省射洪市南）。

［10］定省：昏定晨省，早晚向父母問安。

［11］黜：原本作"默"，宋本、殿本作"黜"，據宋本、殿本改。

［12］河南功曹史：官名，河南尹屬吏。功曹史，官名，晋朝不開府將軍、太子二傅、特進、郡縣皆置的屬官，掌吏員賞罰任免事宜。

［13］石奮：即萬石君。西漢温（今河南省温縣西南）人，楚漢戰争中隨劉邦，爲中涓。文帝時任太中大夫、太子太傅，無文學，唯恭謹無比。景帝時列爲九卿，徙諸侯相。身爲二千石，四個

兒子亦官至二千石，故號“萬石君”。　期頤：一百歲。

［14］太宰獻王：即齊獻王司馬攸。

臣聞悔吝之疵，君子有之。尹性少飲多，遂至沉醉。尹醒聞知，悼恨前失，執謙引罪，深自奏劾，求入重法。今公府不原所由，而謂傲狠，[1]是爲重罪過醉之言，而没迷復之義也。[2]臣聞父子天性，愛由自然，君臣之交，出自義合，而求忠臣必於孝子。是以先王立禮，敬同於父，原始要終，齊於所生，如此猶患人臣罕能致身。今公府議云，禮律雖有常限，至於疾病歸養，不奪其志。如此則爲禮禁正直，[3]而陷人以詐，[4]違越王制，開其始原。[5]尹少履清苦，事親色養，歷職内外，公廉無私，此陛下之所以屢發明詔，而尹之所以仍見擢授也。尹行己也恭，率下也敬，先衆後己，實是宿心。一旦由醉，責以暴慢。按奏狀不忠不孝，群公建議削除爵土，此愚臣所以自悲自悼，拊心泣血也。

［1］傲狠：狠，宋本作“佷”。

［2］迷復：原諒酒後沉迷之過。

［3］禮禁正直：禁，宋本作“樂”。

［4］而陷人以詐：人，原本、宋本作“入”，殿本作“人”，據殿本、中華本校勘記改。

［5］開其始原：始，宋本、殿本作“殆”。

按今父母年過八十，聽令其子不給限外職，誠以得有歸來之緣。今尹居在郡内，前每表屢蒙定省。尹昆弟六人，三人在家，孝養不廢。兄侍中峻，家之嫡長，往比自表，求歸供養，詔喻不聽。國體法同，兄弟無異，而虚責尹不求供養如斯，臣懼長假飾之名，而損忠誠之實也。夫禮者，所以經國家，定社稷也。故陶唐之隆，順考古典；周成之美，率由舊章。伏惟陛下聖德欽明，敦禮崇教，疇諮四岳，[1]以詳典制。尹以犯違受黜，而所由者醉。公以教義見責，而所因者忿。積忿以立義，由醉以得罪，禮律不復爲斷，文致欲以成法。是以愚臣敢冒死亡之誅，而耻不伸於盛明之世。惟蒙哀察。

[1]四岳：《史記》卷一《五帝本紀》："堯又曰：'嗟，四岳，湯湯洪水滔天，浩浩懷山襄陵，下民其憂，有能使治者？'"裴駰集解引鄭玄曰："四岳，四時官，主方岳之事。"

帝復下詔曰："自中世以來，多爲貴重順意，賤者生情，故令釋之、定國得揚名於前世。[1]今議責庾純，不惟温克，醉酒沉湎，此責人以齊聖也。疑賈公亦醉，若其不醉，終不於百客之中責以不去官供養也。大晋依聖人典禮，制臣子出處之宜，若有八十皆當歸養，亦不獨純也。古人云：'由醉之言，俾出童羖。'[2]明不責醉，恐失度也。所以免純者，當爲將來之醉戒耳。齊王、劉掾議當矣。"復以純爲國子祭酒，[3]加散騎常侍。後將軍荀眅於朝會中奏純以前坐不孝免黜，不宜升進。[4]侍中甄德進曰：“孝以顯親爲大，禄養爲榮。詔赦純前愆，擢爲近侍，兼掌教官，此純召不俟駕之日。而後將軍敀敢以私議貶奪公論，抗言矯情，誣罔朝廷，宜加貶黜。”敀坐免官。

［1］定國：于定國，西漢東海郯（今山東省郯城縣西北）人，字曼倩，少從父習法律。初爲獄吏，後爲郡決曹，補廷尉史，以才能舉侍御史，遷御史中丞。宣帝時超遷光禄大夫、平尚書事，後任廷尉。持法公平，時人比之張釋之。

［2］“由醉之言”句：童羖，無角的公羊。《詩·小雅·賓之初筵》：“由醉之言，俾出童羖。”毛亨傳：“羖羊不童也。”陳奂傳疏：“今醉之言不中禮法，或有從而謂之，彼醉者推其類，必使羖羊物變而無角，謂出此童羖，以止飲酒。”

［3］國子祭酒：官名，國子學的長官，主管國子學，掌教授儒學、參議禮制。五品。

［4］後將軍：官名，漢代爲重號將軍，與前、左、右將軍並爲上卿。魏晋以後權位漸低，僅爲將軍名號，略高於一般雜號將軍。三品。

初，敀與純俱爲大將軍所辟，[1]敀整麗車服，純率素而已，敀以爲愧恨。至是，毁純。敀既免黜，純更以此愧之，亟往慰勉之，時人稱純通恕。

［1］大將軍：官名，高級軍事統帥。曹魏時多以之屯駐長安，對付蜀漢，蜀漢以其爲最高軍事長官，孫吴則别置上大將軍居其上。西晋時爲八公之一，位居上公、大司馬下，三公之上。東晋時常專擅軍政事務。一品。

遷侍中，以父憂去官。起爲御史中丞，轉尚書。[1]除魏郡太守，[2]不之官，拜少府。[3]年六十四卒。子旉。

[1]尚書：官名，東漢尚書臺六曹各置尚書，秩六百石。魏晋出爲朝官，分掌尚書省諸曹，品秩提高。三品。

[2]魏郡：治所在鄴縣（今河北省臨漳縣西南）。

[3]少府：官名，掌管宫廷手工業。三品。

旉，字允臧。少有清節，歷位博士。齊王攸之就國也，下禮官議崇錫之物。旉與博士太叔廣、劉暾、繆蔚、郭頤、秦秀、傅珍等上表諫曰：[1]

《書》稱："帝堯克明俊德，以親九族。"武王光有天下，兄弟之國十有六人，同姓之國四十人，元勛睦親，顯以殊禮，而魯、衛、齊、晋大啓土宇，並受分器。所謂惟善所在，親疏一也。大晋龍興，隆唐周之遠迹，王室親屬，佐命功臣，咸受爵土，而四海乂安。今吴會已平，詔大司馬齊王出統方岳，當遂撫其國家，將準古典，以垂永制。

[1]劉暾：字長升，本書卷四五有傳。

昔周之選建明德以左右王室也，則周公爲太宰，康叔爲司寇，[1]聃季爲司空。[2]及召、芮、畢、毛諸國，皆入居公卿大夫之位，明股肱之任重，守地之位輕也，未聞古典以三事之重出之國者。[3]漢氏諸侯王位尊勢重，在丞相三公上。其入讚朝政者，乃有兼官，其出之國，亦不復假臺司虚名爲隆寵也。

[1]康叔：又稱衛康叔封、衛叔、衛侯。名封。周文王之子，武王之弟。原食采邑於康，周公東征後，被封在舊殷王畿之地，建立衛國。周公懼其年少，對之加以申告。成王時任司寇。

[2]聃季：又稱聃季載，姬姓，名載，周文王之幼子。成王時任司空，食采邑於聃。

[3]古典：殿本作“古昔”。

昔申無宇曰：“五大不在邊”，[1]先儒以爲貴寵公子公孫，累世正卿也。又曰：“五細不在庭”，[2]先儒以爲賤妨貴，少陵長，遠間親，新間舊，小加大也。不在庭，不在朝廷爲政也。又曰：“親不在外，羈不在内。今棄疾在外，鄭丹在内，君其少戒之。”[3]叔向有言：[4]“公室將卑，其枝葉先落。”公族，公室之本，而去之，諺所謂芘焉而縱尋斧柯者也。[5]

[1]五大不在邊：《左傳·昭公十一年》：“臣聞五大不在邊，五細不在庭。”孔穎達疏引賈逵云：“五大，謂太子、母弟、貴寵公子、公孫、累世正卿也。”

[2]五細：指出身賤、年輩小、關係遠、資歷淺、地位低的五類人。

[3]“親不在外”句：語出《左傳·昭公十一年》。

[4]叔向：春秋時晋國大夫，羊舌氏，名肸，又稱叔肸。因食邑於楊，又稱楊肸。晋悼公時任太子傅。太子即位，是爲晋平公，

叔向仍爲傅。

[5]芘焉而縱尋斧柯：芘，樹蔭。樹蔭從横太大時就需要斧子砍修了，比喻要强根固本。

今使齊王賢邪，則不宜以母弟之親尊，居魯衛之常職；不賢邪，不宜大啓土宇，表建東海也。古禮，三公無職，坐而論道，不聞以方任嬰之。惟周室大壞，宣王中興，四夷交侵，救急朝夕，然後命召穆公征淮夷。故其《詩》曰："徐方不回，王曰旋歸"，[1]宰相不得久在外也。今天下已定，六合爲家，將數延三事，[2]與論太平之基，而更出之，去王城二千里，違舊章矣。

[1]"徐方不回"句：語見《詩·大雅·常武》，意爲徐方已經臣服，軍隊就應該回朝了。

[2]三事：指三公。

旉草議，先以呈父純，純不禁。太常鄭默、博士祭酒曹志並過其事。[1]武帝以博士不答所問，答所不問，大怒，事下有司。尚書朱整、褚䂮等奏：[2]"旉等侵官離局，迷罔朝廷，崇飾惡言，假託無諱，請收旉等八人付廷尉科罪。"旉父純詣廷尉自首："旉以議草見示，愚淺聽之。"詔免純罪。

[1]博士祭酒：指國子博士和國子祭酒。曹志曾先後任國子博士和國子祭酒，故言。非指太學長官博士祭酒。

[2]朱整：西晋人，歷任尚書、尚書右僕射。　褚䂮：褚裒的

祖父，歷任尚書、都督揚州諸軍事、安東將軍等職。

廷尉劉頌又奏旉等大不敬，[1]棄市論，求平議。尚書又奏請報聽廷尉行刑。尚書夏侯駿謂朱整曰："國家乃欲誅諫臣！官立八座，[2]正爲此時，卿可共駁正之。"[3]整不從，駿怒起，曰："非所望也！"乃獨爲駁議。[4]左僕射魏舒、右僕射下邳王晃等從駿議。[5]奏留中七日，[6]乃詔曰："旉等備爲儒官，不念奉憲制，不指答所問，敢肆其誣罔之言，以干亂視聽。而旉是議主，應爲戮首。但旉及家人並自首，大信不可奪。秦秀、傅珍前者虚妄，幸而得免，復不以爲懼，當加罪戮，以彰凶慝。猶復不忍，皆丐其死命。秀、珍、旉等並除名。"

[1]劉頌：字子雅，本書卷四六有傳。

[2]八座：尚書八座，尚書省高級官員的合稱。東漢用以稱尚書令、僕射、六曹尚書。魏晋以後，用以稱尚書令、左右僕射、諸曹尚書。無論共有幾人，皆沿用八座之稱。

[3]駁正：駁，宋本作"駮"。

[4]獨爲駁議：駁，殿本作"駮"。

[5]左僕射：官名，即尚書左僕射，尚書省次官。輔助尚書令執行政務，參議大政，諫諍得失，監察糾彈百官。有時尚書省不置令，衹設左右僕射，此時左僕射居右僕射之上。三品。　魏舒：字陽元，本書卷四一有傳。　右僕射：官名，即尚書右僕射。尚書令副手，掌拆閲封緘奏章文書、參議政事、諫諍駁議、監察百官。位在左僕射之下。三品。　下邳王晃：司馬晃，字子明，本書卷三七有傳。　從駿議：駿，宋本作"駮"。

[6]留中：指將臣子上的奏章留置宫禁之中，不交辦。

後數歲，復起爲散騎侍郎。[1]終於國子祭酒。

［1］侍郎：宋本爲“常侍”。

秦秀

秦秀，字玄良，新興雲中人也。[1]父朗，[2]魏驍騎將軍。[3]秀少敦學行，以忠直知名。咸寧中，爲博士。

［1］新興：郡名，治所在九原縣（今山西省忻州市）。　雲中：縣名，治所在今内蒙古自治區托克托縣東北。

［2］朗：秦朗，曹魏新興雲中（今内蒙古自治區托克托縣東北）人，字元明。歷魏武帝、文帝、明帝而無尤。明帝時授以内官，爲驍騎將軍、給事中，常隨車駕出入，深受明帝寵愛。四方多賂遺之，富均公侯。

［3］驍騎將軍：官名，三國魏爲内軍將領，統營兵。兩晋與領軍、護軍、左右衛、游擊諸將軍合稱六軍，擔當宿衛之任，是護衛宫廷的主要將領。四品。

何曾卒，下禮官議謚。秀議曰：

故太宰何曾，雖階世族之胤，而少以高亮嚴肅，顯登王朝。事親有色養之名，在官奏科尹模，[1]此二者實得臣子事上之概。然資性驕奢，不循軌則。《詩》云：“節彼南山，惟石巖巖，赫赫師尹，人具爾瞻。”[2]言其德行高峻，動必以禮耳。丘明有言：“儉，德之恭；侈，惡之大也。”[3]大晋受命，勞謙隱約，曾受寵二代，顯赫累世。暨乎耳順之年，[4]身兼三公之位，食大國之租，荷保傅之貴，執司徒之均。二子皆金貂卿校，列於帝側。方之古人，責深負重，雖舉門盡死，猶不稱位。而乃驕奢過度，名被九域，行不履道，而享位非常。以古義言之，非惟失輔相之宜，違斷金之利也。穢皇代之美，壞人倫之教，生天下之醜，示後生之傚，莫大於此。自近世以來，宰臣輔相，未有受垢辱之聲，被有司之劾，父子塵累而蒙恩貸若曾者也。

[1]在官奏科尹模：嘉平中，何曾爲司隸校尉。撫軍校事尹模憑寵作威，奸利盈積，朝野畏憚，莫敢言者。何曾奏劾之，朝廷稱焉。事見何曾本傳。

[2]"節彼南山"句：語見《詩·小雅·節南山》。

[3]"儉，德之恭"句：語見《左傳·莊公二十四年》：二十四年春，刻其桷，皆非禮也。御孫諫曰："臣聞之：'儉，德之共也；侈，惡之大也。'先君有共德而君納諸大惡，無乃不可乎！"

[4]耳順：指六十歲。

周公吊二季之陵遲，哀大教之不行，於是作謚以紀其終。曾參奉之，[1]啓手歸全，易簀而没，[2]蓋明慎終，死而後已。齊之史氏，亂世陪臣耳，猶書君賊，[3]累死不懲。[4]况於皇代守典之官，敢畏强盛，而不盡禮。管子有言："禮義廉耻，是謂四維，四維不張，國乃滅亡。"宰相大臣，人之表儀，若生極其情，死又無貶，是則帝室無正刑也。王公貴人，復何畏哉！所謂四維，復何寄乎！謹按《謚法》："名與實爽曰繆，怙亂肆行曰醜。"曾之行已，皆與此同，宜謚繆醜公。

時雖不同秀議，而聞者懼焉。

[1]曾參：孔子弟子，字子輿。以孝著名。

[2]易簀（zé）而没：更换寢席然後去世。簀，古代一種貴重的竹席。典出《禮記·檀弓上》：曾子寢疾，病。弟子子春坐於床下，兒子曾元、曾申坐在床上脚的位置。童子説："華而睆，大夫之簀與？"曾子説："然，斯季孫之賜也，我未之能易也。元，起易簀。"按古時禮制，簀衹用於大夫，曾參未曾爲大夫，不當用，所以臨終時要曾元爲之更换。

[3]書君賊：事見《左傳·襄公二十五年》。齊國崔杼殺死齊國君主，太史書曰："崔杼弑其君。"崔子殺之。太史的後繼者繼續這樣記載而被殺的又有兩個人。後繼者又這樣記載，崔杼不敢再殺了。

[4]懲：原本作"徵"，宋本、殿本作"懲"，據宋本、殿本改。

秀性忌讒佞，疾之如仇，素輕鄙賈充，及伐吴之役，聞其爲大都督，[1]謂所親者曰："充文按小才，[2]乃居伐國大任，吾將哭以送師。"或止秀曰："昔蹇叔知秦軍必敗，[3]故哭送其子耳。今吴君無道，國有自亡之形，群率踐境，將不戰而潰。子之哭也，既爲不智，乃不赦之罪。"於是乃止。及孫皓降於王濬，[4]充未之知，方以吴未可平，抗表請班師。充表與告捷同至，朝野以充位居人上，智出人下，僉以秀爲知言。

[1]大都督：官名，高級軍事長官。三國初作爲加官於戰時臨

時設置，後逐漸成爲常設加官官職，地位極高。

[2]文案小才：案，原本、宋本、殿本作“按”，據中華本改。

[3]蹇叔：春秋時秦國大夫，秦穆公時爲百里奚所薦，任上大夫。穆公三十二年（前628）秦軍欲偷襲鄭國，蹇叔聽説後極力阻止，穆公不聽。當時蹇叔的兒子也在軍中，蹇叔哭著送别兒子，并預料到秦軍必在崤山爲晋軍所敗。

[4]王濬：字士治，本書卷四二有傳。

及充薨，秀議曰：“充舍宗族弗授，而以異姓爲後，悖禮溺情，以亂大倫。昔鄫養外孫莒公子爲後，《春秋》書：‘莒人滅鄫。’聖人豈不知外孫親邪！但以義推之，則無父子耳。又按詔書：‘自非功如太宰，始封無後如太宰，[1]所取必己自出如太宰，不得以爲比。’然則以外孫爲後，自非元功顯德，不之得也。天子之禮，蓋可然乎？絶父祖之血食，開朝廷之禍門。《謚法》‘昏亂紀度曰荒’，請謚荒公。”不從。

[1]始封無後如太宰：原本、宋本無“無”字，殿本有，據殿本、中華本校勘記補。

王濬有平吴之勛，而爲王渾所譖毁。[1]帝雖不從，無明賞罰，以濬爲輔國大將軍，[2]天下咸爲之怨。秀乃上言曰：“自大晋啓祚，輔國之號，率以舊恩。此爲王濬無功之時，受九列之顯位，立功之後更得寵人之辱號也。四海視之，孰不失望！蜀小吴大，平蜀之後，二將皆就加三事，今濬還而降等，天下安得不惑乎！吴之未亡也，雖以三祖之神武，猶躬受其屈。以孫皓之虚名，足以驚動諸夏，每一小出，雖聖心知其垂亡，然中國輒懷惶怖。當爾時，有能借天子百萬之衆，[3]平而有之，與國家結兄弟之交，臣恐朝野實皆甘之耳。今濬舉蜀漢之卒，數旬而平吴，雖舉吴人之財寶以與之，本非己分有焉，而遽與計校乎？”[4]

[1]王渾：字玄冲，本書卷四二有傳。

[2]輔國大將軍：官名，高級統帥。禄與特進同，二品。若開府則位與公同，進爲一品。

[3]有能借：殿本無“能”字。

[4]而遽與計校乎：遽，原本、殿本作“據”，宋本作“遽”，據宋本、中華本校勘記改。

後與劉暾等同議齊王攸事，忤旨，除名。尋復起爲博士。秀性婞直，[1]與物多忤。爲博士前後垂二十年，卒於官。

[1]婞直：婞，原本作“悻”，宋本、殿本作“婞”，據宋本、殿本改。

史臣曰：齊獻王以明德茂親，經邦論道，允釐庶績，式叙彝倫。武帝納奸諂之邪謀，懷始終之遠慮，[1]遂乃君兹青土，作牧東藩。遠邇驚嗟，朝野失望。曹志等服膺教義，方軌儒門，[2]蹇蹇匪躬，慺慺體國。[3]故能抗言鳳闕，忤犯龍鱗，身雖暫屈，道亦弘矣！庾氏世載清德，見稱於世，汝潁之多奇士，[4]斯焉取斯。謀甫素疾佞邪，而發因醉飽，投鼠忌器，豈易由言。竊人之財，猶謂之盜，子玄假譽攘善，將非盜乎！

[1]始終：殿本乙作“終始”。

[2]方軌儒門：擴大儒家的影響。

[3]慺慺：勤懇恭謹。

[4]汝：汝南郡，西晋治所在新息縣（今河南省息縣西南），東晋移治懸瓠城（今河南省汝南縣）。 潁：潁川郡，治所在許昌縣（今河南省許昌市東）。

贊曰：魏氏維城，濟北知名。潁川多士，峻亦飛英。長岑徇義，祭酒遺榮。謀甫三爵，酗醟斯作。[1]象既攘善，秀惟瘴惡。旉獻嘉謀，幾趨鼎鑊。

[1]酗醟（yòng）：酗酒無度，酒醉狂亂。

晋書　卷五一

列傳第二十一

皇甫謐 子方回　摯虞　束晳　王接

皇甫謐

皇甫謐，字士安，幼名静，安定朝那人，[1]漢太尉嵩之曾孫也。[2]出後叔父，徙居新安。[3]年二十，不好學，游蕩無度，或以爲癡。嘗得瓜果，輒進所後叔母任氏。任氏曰："《孝經》云：'三牲之養，猶爲不孝。'汝今年餘二十，目不存教，心不入道，無以慰我。"因嘆曰："昔孟母三徙以成仁，曾父烹豕以存教，[4]豈我居不擇鄰，[5]教有所闕，何爾魯鈍之甚也！修身篤學，自汝得之，於我何有！"因對之流涕。謐乃感激，就鄉人席坦受書，勤力不怠。居貧，躬自稼穡，帶經而農，遂博綜典籍百家之言。沉静寡欲，始有高尚之志，以著述爲務，自號玄晏先生。著《禮樂》《聖真》之論。後得風痹疾，猶手不輟卷。

[1]安定：郡名，治所在高平縣（今寧夏回族自治區固原市東南）。　朝那：縣名，治所在今寧夏回族自治區固原市東南。

[2]太尉：官名，曹操爲丞相後，太尉府屬官歸相府，晋時太尉雖爲八公之一、三公之首，實爲名譽宰相，多爲大臣加官。一品。　嵩：皇甫嵩，東漢安定朝那（今寧夏回族自治區固原市東南）人，字義真。皇甫規之侄。靈帝時任議郎、北地太守、左中郎將、左車騎將軍、冀州牧等職。後爲中常侍趙忠等誣陷，被貶職。後復爲左將軍，率董卓等擊破涼州王國義軍。

[3]新安：縣名，治所在今河南省澠池縣東。

[4]曾父烹豕以存教：典出《韓非子·外儲説左上》：曾子之妻之市，其子隨之而泣，其母曰："女還，顧反爲女殺彘。"妻適市來，曾子欲捕彘殺之，妻止之曰："特與嬰兒戲耳。"曾子曰："嬰兒非與戲也。嬰兒非有知也，待父母而學者也，聽父母之教，今子欺之，是教子欺也。母欺子，子而不信其母，非所以成教也。"遂烹彘也。

[5]居不擇鄰：擇，宋本作"卜"。

或勸謐修名廣交，謐以爲"非聖人孰能兼存出處，[1]居田里之中亦可以樂堯舜之道，何必崇接世利，事官鞅掌，[2]然後爲名乎"。作《玄守論》以答之，曰：

> 或謂謐曰："富貴人之所欲，貧賤人之所惡，何故委形待於窮而不變乎？[3]且道之所貴者，理世也；人之所美者，及時也。先生年邁齒變，饑寒不贍，轉死溝壑，其誰知乎？"

[1]出處：出仕和隱退。

[2]事官鞅掌：被官事攪擾得忙亂不堪。《詩·小雅·北山》："或栖遲偃仰，或王事鞅掌。"毛亨傳："鞅掌，失容也。"鄭玄箋：

“鞅猶何也，掌謂捧之也。負何捧持以趨走，言促遽也。”孔穎達疏：“傳以鞅掌爲煩勞之狀，故云失容。言事煩鞅掌然，不暇爲容儀也，今俗語以職煩爲鞅掌，其言出於此傳也。故鄭以鞅掌爲事煩之實，故言鞅猶荷也。”

[3]委形侍於窮：侍，宋本、殿本作“待”。

謐曰：“人之所至惜者，命也；道之所必全者，形也；性形所不可犯者，疾病也。若擾全道以損性命，安得去貧賤存所欲哉？吾聞食人之禄者懷人之憂，形强猶不堪，况吾之弱疾乎！[1]且貧者士之常，賤者道之實，處常得實，没齒不憂，孰與富貴擾神耗精者乎！又生爲人所不知，死爲人所不惜，至矣！喑聾之徒，天下之有道者也。夫一人死而天下號者，以爲損也；一人生而四海笑者，以爲益也。然則號笑非益死損生也，是以至道不損，至德不益。何哉？體足也。如回天下之念以追損生之禍，運四海之心以廣非益之病，豈道德之至乎！夫唯無損，則至堅矣；夫唯無益，則至厚矣。堅故終不損，厚故終不薄。苟能體堅厚之實，居不薄之真，立乎損益之外，游乎形骸之表，則我道全矣。”

遂不仕。耽玩典籍，忘寢與食，時人謂之“書淫”。或有箴其過篤，將損耗精神。謐曰：“朝聞道，夕死可矣，况命之修短分定懸天乎！”

[1]弱疾：疾，宋本作“病”。

叔父有子既冠，謐年四十喪所生後母，遂還本宗。

城陽太守梁柳，[1]謐從姑子也，當之官，[2]人勸謐餞之。謐曰："柳爲布衣時過吾，吾送迎不出門，食不過鹽菜，貧者不以酒肉爲禮。今作郡而送之，是貴城陽太守而賤梁柳，豈中古人之道，是非吾心所安也。"

[1]城陽：郡國名，治所在莒縣（今山東省莒縣）。　梁柳：西晋人，賈謐從姑子，歷任城門校尉、城陽太守、陽平太守、鎮西將軍等職。

[2]當之官：當赴官任。

時魏郡召上計掾，[1]舉孝廉；[2]景元初，相國辟，[3]皆不行。其後鄉親勸令應命，謐爲《釋勸論》以通志焉。其辭曰：

相國晋王辟余等三十七人，及泰始登禪，同命之士莫不畢至，皆拜騎都尉，[4]或賜爵關内侯，進奉朝請，[5]禮如侍臣。唯余疾困，不及國寵。宗人父兄及我寮類，咸以爲天下大慶，萬姓賴之，雖未成禮，不宜安寢，縱其疾篤，猶當致身。余惟古今明王之制，事無巨細，斷之以情，實力不堪，豈慢也哉！乃伏枕而嘆曰："夫進者，身之榮也；退者，命之實也。設余不疾，執高箕山，[6]尚當容之，况余實篤！故堯舜之世，士或收迹林澤，或過門不敢入。咎繇之徒兩遂其願者，[7]遇時也。故朝貴致功之臣，野美全志之士。彼獨何人哉！今聖帝龍興，配名前哲，仁道不遠，斯亦然乎！客或以常言見逼，或以逆世爲慮。余謂上有寬明之主，下必有聽意之人，[8]天網恢恢，至否一也，何尤於出處哉！”遂究賓主之論，以解難者，名曰《釋勸》。

[1]魏郡：治所在鄴縣（今河北省臨漳縣西南）。　上計掾：官名，爲縣郡國派赴上級機關或京師遞交計簿的屬吏。

[2]孝廉：漢代選拔人才的科目。

[3]相國：官名，春秋戰國時稱宰輔大臣爲相國，秦漢時稱爲丞相。魏晋南北朝時不常置，職權品秩略同於丞相但位又比丞相尊貴，非尋常人臣之職。

[4]騎都尉：官名，最高位領騎兵之武職，不領兵時爲侍衛武官。因親近皇帝，多以侍中兼任。與駙馬都尉、奉車都尉並爲三都尉。六品。

[5]奉朝請：原爲兩漢朝廷給與退休大臣、列侯、宗室、外戚等的一種政治優待。西晋時成爲加官名號。晋武帝以宗室、外戚爲奉車都尉、駙馬都尉、騎都尉，並授此號。

[6]執高箕山：以隱逸爲高尚。因許由曾隱逸在箕山之陽，故言。

[7]咎繇：即皋陶，相傳爲堯舜時人，生於曲阜，偃姓。被命爲管理刑獄的士，佐禹治水有功。

[8]下必有聽意之人：原本、宋本、殿本無“下”字，據中華本校勘記補。

客曰：“蓋聞天以懸象致明，[1]地以含通吐靈。[2]故黄鍾次序，[3]律吕分形。[4]是以春華發萼，夏繁其實，秋風逐暑，冬冰乃結。人道以之，應機乃發。三材連利，[5]明若符契。故士或同升於唐朝，[6]或先覺於有莘，[7]或通夢以感主，[8]或釋鈞於渭濱，[9]或叩角以干齊，[10]或解褐以相秦，[11]或冒謗以安鄭，[12]或乘駟以救屯，[13]或班荆以求友，[14]或借術於黄神。[15]故能電飛景拔，超次邁倫，騰高聲以奮遠，抗宇宙之清音。由此觀之，進德貴乎及時，何故屈此而不伸？今子以英茂之才，游精於六藝之府、散意於衆妙之門者，[16]有年矣。既遭皇禪之朝，又投禄利之際，委聖明之主，偶知己之會，時清道真，可以冲邁，此真吾生濯髮雲漢、鴻漸之秋也。[17]韜光逐藪，含章未曜，龍潛九泉，硜然執高，棄通道之遠由，守介人之局操，無乃乖於道之趣乎？

[1]懸象：指日月星辰。

[2]含通：包含萬物。

[3]黄鍾次序：打擊樂器排列有序。

[4]律吕：樂律。古人按音階高低分爲六律和六吕，合稱十二律。六律：黄鐘、大蔟、姑洗、蕤賓、夷則、無射；六吕：大吕、夾鐘、中吕、林鐘、南吕、應鐘。

[5]三材連利：天地人利害相連。

[6]唐朝：唐堯之世。

[7]先覺於有莘：指伊尹被商湯重用。《史記》卷三《殷本紀》："伊尹名阿衡。阿衡欲奸湯而無由，乃爲有莘氏媵臣，負鼎俎，以滋味説湯，致于王道。"媵臣，古代隨嫁的臣仆。

[8]通夢以感主：指傅説被武丁重用。《史記》卷三《殷本紀》：武丁夜夢得聖人，名曰説。群臣百官都不是夢中人，便命人在朝廷以外尋求，結果發現一個版築城墻的刑徒，與夢中所見一

樣，便舉以爲相，使殷國大治。

［9］釋釣於渭濱：指吕尚被周文王重用。《史記》卷三二《齊太公世家》：吕尚年老且貧，在渭水畔釣魚以等待明主發現。周文王將出獵，占卜，得知將得人才，乃出獵，果遇太公於渭之陽，與語大説，曰："自吾先君太公曰'當有聖人適周，周以興'。子真是邪？吾太公望子久矣。"故號之曰"太公望"，載與俱歸，立爲師。

［10］叩角以干齊：指寧戚被齊桓公所用之事。《新序·雜事五》："寧戚欲干齊桓公，窮困無以進，於是爲商旅，賃車以適齊，暮宿於郭門之外。桓公郊迎客，夜開門，辟賃車者，執火甚盛，從者甚衆。寧戚飯牛於車下，望桓公而悲，擊牛角，疾商歌。桓公聞之，撫其僕之手曰：'異哉！此歌者非常人也。'命後車載之。"

［11］解褐以相秦：指張儀相秦之事。張儀與蘇秦共就學於鬼谷先生。後蘇秦相趙，擔心秦國攻打，便設計激怒張儀，使之相秦。事見《史記》卷七〇《張儀列傳》。

［12］冒謗以安鄭：指潁考叔冒著指責鄭君過失的風險，使鄭國安定。《左傳·隱公元年》，鄭莊公挫敗弟弟共叔段後，又因母親姜氏偏愛共叔段而將其置於城潁，並發誓説："不及黄泉，無相見也。"潁考叔借獻禮之機暗諷鄭莊公不孝，又爲其出掘地相見的主意，使其母子和好如初。

［13］乘驪以救屯：春秋時秦國和晉國發生韓原之戰，晉惠公事先不聽慶鄭的勸告，堅持用鄭國獻的驪馬拉車，結果戰鬥中陷入泥潭不能自拔。他大聲呼救，慶鄭飛馬趕來，指責惠公不聽勸告自食惡果，又讓正在攻擊秦王的梁由、虢射去救惠公。結果喪失了俘獲秦王之機，惠公反而被俘。

［14］班荆以求友：事見《左傳·襄公二十六年》：楚國伍舉和聲子是好朋友，伍舉娶王子牟的女兒爲妻，王子牟獲罪逃亡，楚國人説伍舉護送他出逃。伍舉於是逃到鄭國，打算趁機再逃到晉國。聲子要去晉國，在鄭國郊外遇見伍舉，於是把草鋪在地上一起吃東西，談論返回楚國的事。

[15]借術於黄神：《抱樸子·内篇·登涉》："古之人入山者，皆佩黄神越章之印，其廣四寸，其字一百二十，以封泥著所住之四方各百步，則虎狼不敢近其内也。"

[16]游精於六藝之府：游，殿本作"研"。

[17]雲漢：天河。　鴻漸：高升。

且吾聞招搖昏迴則天位正，[1]五教班叙則人理定。[2]如今王命切至，委慮有司，上招迕主之累，下致駭衆之疑。達者貴同，何必獨異？群賢可從，何必守意？方今同命並臻，饑不待餐，振藻皇塗，咸秩天官。子獨栖遲衡門，[3]放形世表，遜遁丘園，不睨華好，惠不加人，行不合道，身嬰大疢，[4]性命難保。若其羲和促轡，[5]大火西頹，[6]臨川恨晚，將復何階！夫貴陰賤璧，聖所約也；顛倒衣裳，明所箴也。子其鑒先哲之洪範，[7]副聖朝之虚心，冲靈翼於雲路，浴天池以濯鱗，排閶闔，步玉岑，登紫闥，侍北辰，翻然景曜，雜沓英塵。輔唐虞之主，化堯舜之人，宣刑錯之政，配殷周之臣，銘功景鍾，參叙彝倫，[8]存則鼎食，亡爲貴臣，不亦茂哉！而忽金白之輝曜，[9]忘青紫之班瞵，辭容服之光粲，抱弊褐之終年，無乃勤乎！"

[1]招摇：星名。即北斗第七星摇光。亦借指北斗。　昏迴：在天門巡迴。"昏"同"閽"。　天位：帝位。

[2]五教：五常之教。指父義、母慈、兄友、弟恭、子孝五種倫理道德的教育。

[3]栖遲衡門：滯留在隱居之處。衡門，隱居的地方。

[4]身嬰大疢（chèn）：身染大病。

[5]羲和：古代傳説中的日神。《初學記》卷一引《淮南子·天文訓》："爰止羲和，爰息六螭，是謂懸車。"原注："日乘車，駕以六龍，羲和御之。"

[6]大火西頹：太陽西下。

[7]洪範：楷模。

[8]參叙彝倫：被朝廷銓選命官。

[9]金白：金，宋本作"全"。

主人笑而應之曰："吁！若賓可謂習外觀之暉暉，未睹幽人之仿佛也；[1]見俗人之不容，未喻聖皇之兼愛也；循方圓於規矩，未知大形之無外也。故曰，天玄而清，地静而寧，含羅萬類，旁薄群生，[2]寄身聖世，託道之靈。若夫春以陽散，冬以陰凝，泰液含光，[3]元氣混蒸，衆品仰化，誕制殊徵。故進者享天禄，處者安丘陵。是以寒暑相推，四宿代中，陰陽不治，運化無窮，自然分定，兩克厥中。二物俱靈，是謂大同；彼此無怨，是謂至通。

[1]仿佛：模糊不清。

[2]旁薄群生：廣被群生。

[3]泰液：即西漢武帝時所建泰液池。《史記·孝武本紀》："其北治大池，漸臺高二十餘丈，名曰泰液池。"

若乃衰周之末，貴詐賤誠，牽於權力，以利要榮。故蘇子出而六主合，[1]張儀入而横勢成，[2]廉頗存而趙重，[3]樂毅去而燕輕，[4]公叔没而魏敗，[5]孫臏刖而齊寧，[6]蠡種親而越霸，[7]屈子疏而楚傾。[8]是以君無常籍，臣無定名，損義放誠，一虚一盈。故馮以彈劍感主，[9]女有反賜之説，[10]項奮拔山之力，[11]蒯陳鼎足之勢，[12]東郭劫於田榮，[13]顏闔耻於見逼。[14]斯皆棄禮喪真，苟榮朝夕之急者也，豈道化之本與？

[1]蘇子：蘇秦，戰國時洛陽（今河南省洛陽市東）人，字季子。與張儀同就學鬼谷子，後游説諸侯。後爲燕王親信，到齊國進行反間，使齊國頻繁對外戰争，造成“弱燕敵强齊”之勢。後任齊相，又與趙奉陽君李兑共同約燕、齊、韓、趙、魏五國合縱攻秦。被趙國封爲武安君。

[2]張儀：戰國時衛國人，魏貴族後裔。曾就學於鬼谷子。先游説於楚國，后入秦，秦惠文王以爲客卿，後任之爲相。獻連横之策，使秦拔三川之地，西併巴蜀，北收上郡，南取漢中。因功封五邑，號武信君。

[3]廉頗：戰國時趙將，以勇氣聞於諸侯。趙惠文王時爲將伐齊，大破齊軍，拜爲上卿。趙孝成王時與樂乘率軍伐燕，迫使燕割地請和。後與樂乘不和，奔魏居大梁，後入楚。

[4]樂毅：戰國時靈壽（今河北省靈壽縣西北）人，魏將樂羊後代，燕昭王時入燕，帥聯軍大敗齊國，攻下齊國城邑七十多座。後因燕惠王中反間計，樂毅遂離開燕國入趙國。

[5]公叔：公叔痤，戰國魏相。曾向魏惠王推薦商鞅，魏惠王不納。公叔痤死，商鞅入秦，幫助秦國變法强國。魏國多次被秦國打敗，乃使使割河西之地獻於秦以和。而魏遂去安邑，徙都大梁。惠王曰：“寡人恨不用公叔座之言也。”

[6]孫臏：戰國齊國阿（今山東省陽穀縣東北）人，孫武之

後。與龐涓同學，後龐涓受任於魏國，恐怕孫臏賢於己，乃將其騙至魏國，又處之以刖刑。因齊國使臣相救，孫臏得以到達齊國，受到齊威王重用。

［7］蠡種：范蠡和文種。范蠡，春秋末楚國宛（今河南省南陽市）人，字少伯，在楚國時與宛令文種爲友，後與文種一起入越國。吴越相争，越國失敗。兩國媾和後，范蠡隨越王入吴爲人質三年。越王返國後，發憤圖强，最後反手將吴國滅掉。功成之後，范蠡離開越國，泛海至齊國，稱鴟夷子皮，又到陶，改稱陶朱公，以經商成爲巨富。文種，春秋時楚國郢城（今湖北省荆州市紀南城）人，字少禽，一作子禽。與范蠡入越，共事越王勾踐，任大夫。越國被吴國擊破，退守會稽，文種獻計向吴國請和，得免亡國。越國復仇后，范蠡勸文種功成身退，文種不聽。後勾踐聽信讒言，令文種自殺。

［8］屈子：屈原，戰國時楚人，名平，字原。又名正則，字靈均。楚國貴族，任左徒、三閭大夫。爲人正道直行，對内主張明法度，任賢能；對外主張聯齊抗秦。因上官大夫讒言，被楚懷王疏遠。後被流放江南，因國都失守，無力回天，投汨羅江而死。

［9］馮以彈劍感主：馮，馮諼。事見《戰國策·齊策四》："齊人有馮諼者，貧乏不能自存，使人屬孟嘗君，願寄食門下。孟嘗君曰：'客何好？'曰：'客無好也。'曰：'客何能？'曰：'客無能也。'孟嘗君笑而受之曰：'諾。'左右以君賤之也，食以草具。居有頃，倚柱彈其劍，歌曰：'長鋏歸來乎！食無魚。'左右以告。孟嘗君曰：'食之，比門下之客。'居有頃，復彈其鋏，歌曰：'長鋏歸來乎！出無車。'左右皆笑之，以告。孟嘗君曰：'爲之駕，比門下之車客。'於是乘其車，揭其劍，過其友曰：'孟嘗君客我。'後有頃，復彈其劍鋏，歌曰：'長鋏歸來乎！無以爲家。'左右皆惡之，以爲貪而不知足。孟嘗君問：'馮公有親乎？'對曰：'有老母。'孟嘗君使人給其食用，無使乏。於是馮諼不復歌。"

［10］女有反賜之説：《禮記·内則》："子婦無私貨，無私畜，

無私器，不敢私假，不敢私與。婦或賜之飲食、衣服、布帛、佩帨、茝蘭，則受而獻諸舅姑。舅姑受之則喜，如新受賜。若反賜之，則辭；不得命，如更受賜，藏以待乏。婦若有私親兄弟，將與之，則必復請其故賜，而後與之。”

[11]項奮拔山之力：《史記》卷七《項羽本紀》：項羽長八尺餘，力能舉鼎，才氣過人，被圍垓下時作詩曰：“力拔山兮氣蓋世，時不利兮騅不逝。騅不逝兮可奈何，虞兮虞兮奈若何！”

[12]蒯陳鼎足之勢：蒯，蒯徹，秦末范陽（今河北省定興縣南）人。楚漢戰争中，勸韓信説：“足下爲漢則漢勝，與楚則楚勝。誠能聽臣之計，莫若兩利而俱存之，參分天下，鼎足而居，其勢莫敢先動。夫以足下之賢聖，有甲兵之衆，據强齊，從燕趙，出空虚之地而制其後，因民之欲，西鄉爲百姓請命，則天下風走而響應矣，孰敢不聽！割大弱强，以立諸侯，諸侯已立，天下服聽而歸德於齊。案齊之故，有膠泗之地，懷諸侯以德，深拱揖讓，則天下之君王相率而朝於齊矣。蓋聞天與弗取，反受其咎；時至不行，反受其殃。願足下孰慮之。”

[13]東郭劫於田榮：《漢書》卷四五《蒯伍江息夫傳》：“齊王田榮怨項羽，謀舉兵畔之，劫齊士，不與者死。齊處士東郭先生、梁石君在劫中，强從。及田榮敗，二人醜之，相與入深山隱居。”

[14]顔闔耻於見逼：《淮南子·齊俗訓》：“顔闔，魯君欲相之，而不肯，使人以幣先焉，鑿培而遁之。爲天下顯武。”

若乃聖帝之創化也，參德乎二皇，[1]齊風乎虞夏，欲温温而和暢，[2]不欲察察而明切也；[3]欲混混若玄流，[4]不欲蕩蕩而名發也；[5]欲索索而條解，[6]不欲契契而繩結也；[7]欲芒芒而無垠際，不欲區區而分别也；欲暗然而日章，[8]不欲示白若冰雪也；欲醇醇而任德，不欲瑣瑣而執法也。是以見機者以動成，好遁者無所迫。故曰，一明一昧，得道之概；一弛一張，合禮之方；一浮一沉，兼得其真。故上有勞謙之愛，下有不名之臣；朝有聘賢之禮，野有遁竄之人。是以支伯以幽疾距唐，[9]李老寄迹於西鄰，[10]顏氏安陋以成名，原思娱道於至貧，[11]榮期以三樂感尼父，[12]黔婁定謚於布衾，[13]干木偃息以存魏，[14]荆萊志邁於江岑，[15]君平因蓍以道著，[16]四皓潜德於洛濱，[17]鄭真躬耕以致譽，[18]幼安發令乎今人。[19]皆持難奪之節，執不回之意，遭拔俗之主，全彼人之志。故有獨定之計者，不借謀於衆人；守不動之安者，不假慮於群賓。故能棄外親之華，通内道之真，去顯顯之明路，入昧昧之埃塵，宛轉萬情之形表，排託虚寂以寄身，居無事之宅，交釋利之人。輕若鴻毛，重若泥沉，損之不得，測之愈深。真吾徒之師表，余迫疾而不能及者也。子議吾失宿而駭衆，吾亦怪子較論而不折中也。

[1]參德乎二皇：二，殿本作“三”。

[2]温温而和暢：温柔和諧順暢。

[3]察察而明切：明察而深切。

[4]混混若玄流：像深泉一樣看不清。

[5]蕩蕩而名發：恣縱放蕩而出名。

[6]索索：解繩子的聲音。

[7]契契而繩結：憂愁不解。

[8]欲暗然而日章：日，宋本、殿本作“内”。

［9］支伯以幽疾距唐：事見《莊子·讓王》："舜讓天下於子州支伯。子州支伯曰：'予适有幽憂之病，方且治之，未暇治天下也。'"

［10］李老寄迹於西鄰：《史記》卷六三《老子韓非列傳》集解引《列仙傳》：老子西游，關令尹"喜先見其氣，知真人當過，候物色而迹之，果得老子。老子亦知其奇，爲著書。與老子俱之流沙之西，服巨勝實，莫知其所終。亦著書九篇，名《關令子》"。

［11］原思娛道於至貧：原憲在極端貧困時也保持快樂。原思，即孔子弟子原憲，字思。

［12］榮期以三樂感尼父：事見《説苑·雜言》：孔子見榮啓期，衣鹿皮裘，鼓瑟而歌。孔子問曰："先生何樂也？"對曰："吾樂甚多：天生萬物，唯人爲貴，吾既已得爲人，是一樂也。人以男爲貴，吾既已得爲男，是爲二樂也。人生不免襁褓，吾年已九十五，是三樂也。夫貧者，士之常也；死者，民之終也。處常待終，當何憂乎？"

［13］黔婁定謚於布衾：事見《列女傳·魯黔婁妻》：黔婁死，曾子與門人往吊之。見黔婁尸體在窗下，枕墼席稾，緼袍不表，覆以布被。由於被子太小，覆頭則足見，覆足則頭見。曾子説："斜引其被，則斂矣。"黔婁妻説："斜而有餘，不如正而不足也。先生以不斜之故，能至於此。生時不邪，死而邪之，非先生意也。"曾子哭著問曰："嗟乎！先生之終也，何以爲謚？"其妻曰："以康爲謚。"曾子曰："先生在時，食不充口，衣不蓋形。死則手足不斂，旁無酒肉。生不得其美，死不得其榮，何樂於此而謚爲康乎？"其妻曰："昔先生君嘗欲授之政，以爲國相，辭而不爲，是有餘貴也。君嘗賜之粟三十鍾，先生辭而不受，是有餘富也。彼先生者，甘天下之淡味，安天下之卑位，不戚戚於貧賤，不忻忻於富貴，求仁而得仁，求義而得義。其謚爲康，不亦宜乎？"

［14］干木偃息以存魏：事見《吕氏春秋·期賢篇》：魏文侯請段干木出仕相國，段干木不肯，於是魏文侯乃致禄百萬並時常去看

他。於是國人皆喜，相與誦之曰："吾君好正，段干木之敬。吾君好忠，段干木之隆。"不久，秦國興兵欲攻魏，司馬唐諫秦君曰："段干木，賢者也，而魏禮之，天下莫不聞，無乃不可加兵乎？"秦君以爲然，乃按兵輟，不敢攻之。

[15]荆萊志邁於江岑：事見《列女傳·楚老萊妻》：萊子逃世，耕於蒙山之陽。有人對楚王説老萊是個賢士。楚王親至老萊之門，請其出仕。老萊答應了。楚王走以後，老萊妻説："妾聞之：可食以酒肉者，可隨以鞭捶；可授以官禄者，可隨以鈇鉞。今先生食人酒肉，授人官禄，爲人所制也，能免於患乎？妾不能爲人所制。"便扔下老萊而去。老萊醒悟，隨妻子至江南而居之。

[16]君平因蓍以道著：事見《漢書》卷七二《王貢兩龔鮑傳》：蜀有嚴君平，卜筮於成都市，以爲"卜筮者賤業，而可以惠衆人。有邪惡非正之問，則依蓍龜爲言利害。與人子言依於孝，與人弟言依於順，與人臣言依於忠，各因勢導之以善"。日閱數人，得百錢足自養，則閉肆下簾而授老子。博覽無不通，依老子、嚴周之指著書十餘萬言。

[17]四皓：即商山四皓：東園公、綺里季、夏黄公、角里先生。皆爲秦末漢初隱士，曾幫助劉邦太子鞏固地位。

[18]鄭真躬耕以致譽：鄭真即鄭子真。事見《漢書》卷七二《王貢兩龔鮑傳》："其後谷口有鄭子真，蜀有嚴君平，皆修身自保，非其服弗服，非其食弗食。成帝時，元舅大將軍王鳳以禮聘子真，子真遂不詘而終。"

[19]幼安：即管寧，三國時北海朱虚（今山東省臨朐縣東南）人，字幼安。早年游學四方，後避亂遼東三十餘年。曹魏建立後，文帝徵之爲太中大夫，明帝時任其爲光禄勛，皆固辭不受。

夫才不周用，衆所斥也；寢疾彌年，朝所棄也。是以胥克之廢，[1]丘明列焉；伯牛有疾，[2]孔子斯嘆。若黄帝創制於九經，[3]岐伯剖腹以蠲腸，[4]扁鵲造虢而尸起，[5]文摯徇命於齊王，[6]醫和顯術於秦晋，[7]倉公發秘於漢皇，[8]華佗存精於獨識，[9]仲景垂妙於定方。[10]徒恨生不逢乎若人，故乞命訴乎明王。求絶編於天籙，[11]亮我躬之辛苦，冀微誠之降霜，故俟罪而窮處。"

[1]胥克之廢：事見《左傳·宣公八年》："晋胥克有蠱疾，郤缺爲政。秋，廢胥克。使趙朔佐下軍。"

[2]伯牛有疾：事見《論語·雍也》："伯牛有疾，子問之，自牖執其手，曰：'亡之，命矣夫！斯人也而有斯疾也！斯人也而有斯疾也！'"

[3]黄帝創制於九經：皇甫謐《鍼灸甲乙經序》："按《七略·藝文志》：《黄帝内經》十八卷，今有《鍼經》九卷、《素問》九卷，二九十八卷，即内經也。"

[4]岐伯剖腹以蠲腸：岐伯，相傳爲黄帝時的名醫，剖腹蠲腸之事不詳。

[5]扁鵲造虢而尸起：事見《史記》卷一〇五《扁鵲倉公列傳》：扁鵲過虢，虢太子死。"扁鵲乃使弟子子陽厲鍼砥石，以取外三陽五會。有間，太子蘇，乃使子豹爲五分之熨，以八減之劑和煮之，以更熨兩脅下。太子起坐，更適陰陽，但服湯二旬而復故。故天下盡以扁鵲爲能生死人。扁鵲曰：'越人非能生死人也，此自當生者。越人能使之起耳。'"

[6]文摯徇命於齊王：《吕氏春秋·仲冬季》："齊王疾痏，使人之宋迎文摯。文摯至，視王之疾，謂太子曰：'王之疾必可已也。雖然，王之疾已，則必殺摯也。'太子曰：'何故？'文摯對曰：'非怒王則疾不可治，怒王則摯必死。'太子頓首强請曰：'苟已王之疾，臣與臣之母以死争之於王，王必幸臣與臣之母，願先生之勿患

也。’文摯曰：‘諾。請以死爲王。’與太子期，而將往不當者三，齊王固已怒矣。文摯至，不解屨登床，履王衣，問王之疾，王怒而不與言。文摯因出辭以重怒王，王叱而起，疾乃遂已。王大怒不説，將生烹文摯。太子與王后急爭之而不能得，果以鼎生烹文摯。”

[7]醫和顯術於秦晋：事見《左傳·昭公元年》：晋侯求醫於秦。秦伯使醫和視之。醫和説晋侯之病不可治了，因爲過度近女色。所謂：“近女室，疾如蠱。非鬼非食，惑以喪志。良臣將死，天命不佑。”醫和出來，告訴趙孟晋平公的病情。趙孟問良臣對誰而言，醫和回答説指趙孟自己，趙孟輔佐晋國，到現在八年了，晋國没有動亂，諸侯朝聘没有缺失，可説是良臣了。如今國君由於没有節制而生病，趙孟不能加以制止，所以才這樣説。趙孟問什麽叫作蠱，醫和回答蠱是過度沉迷和惑亂所産生的根源。在文字上，皿上有蟲叫作蠱。穀物中的飛蟲也叫作蠱。在《周易》中，女人迷惑男人，大風吹落山木叫作蠱。這都屬於同類。趙孟説稱醫和是個好醫生，便贈送給他禮物，送他回國。

[8]倉公發秘於漢皇：《史記》卷一〇五《扁鵲倉公列傳》：“太倉公者，齊太倉長，臨菑人也，姓淳于氏，名意。少而喜醫方術。高后八年，更受師同郡元里公乘陽慶。慶年七十餘，無子，使意盡去其故方，更悉以禁方予之，傳黄帝、扁鵲之脉書，五色診病，知人死生，决嫌疑，定可治，及藥論，甚精。受之三年，爲人治病，决死生多驗。”

[9]華佗：東漢沛國譙（今安徽省亳州市）人，一名旉，字元化。通醫術，擅長内、外、婦、兒、針灸各科。其發明的“麻沸散”，用以給病人施行外科手術，用酒服之，即醉無知覺。或剖腹，或破背，切除腹臟疾穢，然後縫合敷藥，月餘可愈。後曹操召爲侍醫，被殺。佗，宋本作“他”。

[10]仲景：東漢南郡涅陽（今河南省南陽市）人，名機。少時從本郡張伯祖學醫，刻苦鑽研，終於有成。其任長沙太守時，由於瘟疫流行，即辭官行醫救人。其救治病人無數，有“醫聖”之

稱。其所著的《傷寒雜病論》原書已佚，經後人整理爲《傷寒論》《金匱要略》兩部流傳下來。

[11]絶編：古時書籍爲竹簡，用皮繩編在一起。絶編，即把皮繩翻斷。形容反復閱讀。　天籙：即天禄閣，西漢宫中藏書閣名。漢高祖時創建，在未央宫内。籙，中華本作“録”，原本、宋本、殿本作“籙”。

其後武帝頻下詔敦逼不已，謐上疏自稱草莽臣曰：“臣以尪弊，[1]迷於道趣，因疾抽簪，散髮林皐，人綱不閑，鳥獸爲群。陛下披榛采蘭，[2]并收蒿艾。是以皋陶振褐，[3]不仁者遠。臣惟頑蒙，備食晋粟，猶識唐人擊壤之樂，[4]宜赴京城，稱壽闕外。而小人無良，致灾速禍，久嬰篤疾，軀半不仁，右脚偏小，十有九載。又服寒食藥，違錯節度，辛苦荼毒，于今七年。隆冬裸袒食冰，當暑煩悶，加以咳逆，或若温瘧，[5]或類傷寒，浮氣流腫，四肢酸重。於今困劣，救命呼噏，[6]父兄見出，妻息長訣。[7]仰迫天威，扶輿就道，所苦加焉，[8]不任進路，委身待罪，伏枕嘆息。臣聞《韶》《衛》不並奏，[9]《雅》《鄭》不兼御，[10]故郤子入周，禍延王叔；[11]虞丘稱賢，樊姬掩口。[12]君子小人，禮不同器，况臣糠䴵，糅之彫胡？庸夫錦衣，不稱其服也。竊聞同命之士，咸以畢到，唯臣疾疢，抱釁床蓐，雖貪明時，懼斃命路隅。設臣不疾，已遭堯舜之世，執志箕山，猶當容之。臣聞上有明聖之主，下有輸實之臣；上有在寬之政，下有委情之人。唯陛下留神垂恕，更旌瓌俊，索隱於傅巖，[13]收釣於渭濱，無令泥滓，久濁清流。”謐辭切言至，遂見聽許。

[1]尪（wāng）弊：衰病疲困。

[2]披榛采蘭：撥開荆棘采摘蘭草。喻不辭辛苦發現人才。

[3]皋陶：又作咎繇，相傳爲堯舜時人，生於曲阜，偃姓。被舜命爲管理刑獄之官。陶，宋本作“繇”。

[4]擊壤：古代游戲。《藝文類聚·帝王部》引皇甫謐《帝王世紀》：“（帝堯之世）天下大和，百姓無事，有五十老人擊壤於道。”

[5]温瘧：瘧疾。

[6]救命呼噏：救命於呼吸之間。

[7]妻息長訣：妻兒已亡。

[8]所苦加焉：中華本校勘記：“《册府》七七八‘焉’作‘篤’。”

[9]《韶》《衛》：古代的兩種音樂。韶樂爲治世之音，衛樂是亂世之音。

[10]《雅》《鄭》：雅樂和鄭聲。雅樂是治世之音，鄭聲是亂世之音。

[11]“故郤子入周”句：郤子，郤至，晋國大夫。晋楚鄢陵之戰，郤至對晋軍取勝起了關鍵作用。其功引起正卿欒書的嫉恨，誣蔑郤至陰謀廢晋厲公另立厲公侄子公孫周。爲了證明自己所言不虚，他讓厲公派郤至到周朝廷報告鄢陵之戰戰果，又讓公孫周去見郤至。這個場面又被厲公所派監視郤至的人看到，所以厲公相信了欒書的話。

[12]“虞丘稱賢”句：《列女傳·楚莊樊姬》：“莊王即位，好狩獵。樊姬諫，不止，乃不食禽獸之肉，王改過，勤於政事。王嘗听朝罷晏，姬下殿迎曰：‘何罷晏也，得無饑倦乎？’王曰：‘與賢者語，不知饑倦也。’姬曰：‘王之所謂賢者何也？’曰：‘虞邱子

也。’姬掩口而笑，王曰：‘姬之所笑何也？’曰：‘虞邱子賢則賢矣，未忠也。’王曰：‘何謂也？’”對曰：“今虞邱子相楚十餘年，所薦非子弟，則族昆弟，未聞進賢退不肖，是蔽君而塞賢路。知賢不進，是不忠；不知其賢，是不智也。妾之所笑，不亦可乎！”

[13]傅巖：亦作傅險，古地名，相傳商代賢士傅説爲奴隸時版築於此，故稱。

歲餘，又舉賢良方正，[1]並不起。自表就帝借書，帝送一車書與之。謐雖羸疾，而披閲不怠。初服寒食散，而性與之忤，每委頓不倫，嘗悲恚，叩刃欲自殺，叔母諫之而止。

[1]賢良方正：舉薦選拔人才的科目，始於西漢文帝時。

濟陰太守蜀人文立，[1]表以命士有贄爲煩，[2]請絶其禮幣，詔從之。謐聞而嘆曰：“亡國之大夫不可與圖存，而以革歷代之制，其可乎！夫‘束帛戔戔’，[3]《易》之明義，玄纁之贄，自古之舊也。故孔子稱夙夜强學以待問，席上之珍以待聘。士於是乎三揖乃進，明致之難也；一讓而退，明去之易也。若殷湯之於伊尹，[4]文王之於太公，[5]或身即莘野，或就載以歸，唯恐禮之不重，豈吝其煩費哉！且一禮不備，貞女耻之，況命士乎！孔子曰：‘賜也，爾愛其羊，我愛其禮。”[6]棄之如何？政之失賢，於此乎在矣。”

[1]文立：字廣休，本書卷九一有傳。

[2]贄：初見時的禮物。

[3]束帛戔戔：語出《易·賁卦》。意爲如施飾以金銀珠寶，則樸素之質就會喪失。

[4]伊尹：輔佐商湯及其後代外丙、仲壬、太甲的賢臣。

[5]太公：又稱太公望、吕望、吕尚、尚父。西周開國大臣，姜姓，吕氏，字子牙。助文王興國，佐武王滅商。

[6]“賜也”句：語出《論語·八佾》。

咸寧初，又詔曰：“男子皇甫謐沉静履素，守學好古，與流俗異趣，其以謐爲太子中庶子。”[1]謐固辭篤疾。帝初雖不奪其志，尋復發詔徵爲議郎，[2]又召補著作郎。[3]司隸校尉劉毅請爲功曹，[4]並不應。著論爲葬送之制，名曰《篤終》，曰：

玄晏先生以爲存亡天地之定制，[5]人理之必至也。故禮，六十而制壽，[6]至于九十，各有等差，防終以素，豈流俗之多忌者哉！吾年雖未制壽，然嬰疢彌紀，仍遭喪難，神氣損劣，困頓數矣。常懼夭隕不期，慮終無素，是以略陳至懷。

[1]太子中庶子：官名，太子侍從，掌侍從、奏事、諫議等。五品。

[2]議郎：官名，西漢始置。魏晋品秩雖低，名義清高。七品。

[3]著作郎：官名，三國時爲著作局長官，隸屬中書省。西晋時著作局别自置省，長官仍爲著作郎，改隸屬秘書省。西晋後亦稱大著作郎、大著作、著作，掌國史及起居注的修撰。兩晋南北朝時爲清要之官，多由有名望的文學之士擔任，也用司空、侍中、尚書等官典領。職閑位重，南朝時多爲貴族起家官。六品。

[4]司隸校尉：官名，三國魏時先治弘農，後治河南，轄司州

所屬河南、河東、河内、弘農、平陽五郡。掌監察京師，糾察京都百官。西晋沿置。三品。　劉毅：字仲雄，本書卷四五有傳。　功曹：官名，即功曹史。郡縣屬官，職掌人事，參與郡縣政務。兩晋時，不開府將軍、太子二傅、特進、郡縣皆置。

[5]存亡天地之定制：地，原本、殿本作“下”，宋本作“地”，據宋本改。殿本乙“存亡”爲“亡存”。

[6]六十而制壽：《禮記·王制》：“六十歲制，七十時制，八十月制，九十日脩。”孔穎達疏：“六十歲制者，明老而預爲送終之具也。”

夫人之所貪者，生也；所惡者，死也。雖貪，不得越期；雖惡，不可逃遁。人之死也，精歇形散，魂無不之，故氣屬于天；寄命終盡，窮體反真，故尸藏于地。是以神不存體，則與氣升降；尸不久寄，與地合形。形神不隔，天地之性也；尸與土并，反真之理也。今生不能保七尺之軀，死何故隔一棺之土？然則衣衾所以穢尸，棺槨所以隔真。故桓司馬石槨不如速朽；[1]季孫璵璠比之暴骸；[2]文公厚葬，《春秋》以爲華元不臣；[3]楊王孫親土，《漢書》以爲賢於秦始皇。[4]如令魂必有知，則人鬼異制，黄泉之親，死多於生，必將備其器物，用待亡者。今若以存況終，非即靈之意也。如其無知，則空奪生用，損之無益，而啓奸心，是招露形之禍，增亡者之毒也。

[1]桓司馬：桓魋，春秋末宋國人，任司馬，故稱。孔子經過宋國時，欲殺孔子未果。初爲宋景公所寵，後因恃寵驕盈爲景公猜

忌。曾自爲石椁，三年而不成。孔子説：“若是其靡也，死不如速朽之愈也。”

［2］季孫璵璠比之暴骸：《孔子家語·曲禮子貢問》：“季平子卒，將以君之璵璠斂，贈以珠玉。孔子初爲中都宰，聞之，歷級而救焉，曰：‘送而以寶玉，是猶曝屍於中原也，其示民以奸利之端，而有害於死者，安用之？且孝子不順情以危親，忠臣不兆奸以陷君。’乃止。”

［3］“文公厚葬”句：《左傳·成公二年》：“八月，宋文公卒。始厚葬，用蜃炭，益車馬，始用殉。重器備，椁有四阿，棺有翰檜。”君子謂：“華元、樂舉，於是乎不臣。”

［4］“楊王孫親土”句：楊王孫，西漢武帝時人。《漢書》卷六七《楊王孫傳》：“楊王孫者，孝武時人也。學黄老之術，家業千金，厚自奉養生，亡所不致。及病且終，先令其子，曰：‘吾欲贏葬，以反吾真，必亡易吾意。死則爲布囊盛尸，入地七尺，既下，從足引脱其囊，以身親土。’”班固贊曰：“觀楊王孫之志，賢於秦始皇遠矣。”

夫葬者，藏也；藏也者，欲人之不得見也。而大爲棺椁，備贈存物，無異於埋金路隅而書表於上也。雖甚愚之人，必將笑之。豐財厚葬以啓奸心，或剖破棺椁，或牽曳形骸，或剥臂捋金環，或捫腸求珠玉。焚如之形，[1]不痛於是？自古及今，未有不死之人，又無不發之墓也。故張釋之曰：[2]“使其中有欲，雖固南山猶有隙；使其中無欲，雖無石椁，又何戚焉！”斯言達矣，吾之師也。夫贈終加厚，非厚死也，生者自爲也。遂生意於無益，棄死者之所屬，知者所不行也。《易》稱：“古之葬者，衣之以薪，葬之中野，不封不樹。”是以死得歸真，亡不損生。

[1]焚如之形：中華本校勘記：“《通志》一二四上、《册府》九〇七‘形’作‘刑’。”

[2]張釋之：西漢南陽堵陽（今河南省方城縣東）人，字季。文帝時以貲爲騎郎。後補謁者，任謁者僕射，遷公車令。因以事劾奏太子，受文帝重視，拜爲太中大夫，又任廷尉。以用法持平著稱。

故吾欲朝死夕葬，夕死朝葬，不設棺槨，不加纏斂，不修沐浴，不造新服，殯唅之物，一皆絶之。吾本欲露形入阬，以身親土，或恐人情染俗來久，頓革理難，今故觕爲之制。[1]奢不石槨，儉不露形。氣絶之後，便即時服，幅巾故衣，以籧篨裹尸，麻約二頭，置尸床上。擇不毛之地，穿坑深十尺，長一丈五尺，廣六尺，坑訖，舉床就坑，去床下尸。平生之物，皆無自隨，唯賫《孝經》一卷，示不忘孝道。籧篨之外，便以親土。土與地平，還其故草，使生其上，無種樹木、削除，使生迹無處，自求不知。不見可欲，則奸不生心，終始無怵惕，千載不慮患。形骸與后土同體，魂爽與元氣合靈，真篤愛之至也。若亡有前後，不得移祔。[2]祔葬自周公來，非古制也。舜葬蒼梧，[3]二妃不從，以爲一定，何必周禮。無問師工，無信卜筮，無拘俗言，無張神坐，無十五日朝夕上食。禮不墓祭，但月朔於家設席以祭，百日而止。臨必昏明，[4]不得以夜。制服常居，不得墓次。夫古不崇墓，智也。今之封樹，愚也。若不從此，是戮尸地下，死而重傷。魂而有靈，則冤悲没世，長爲恨鬼。王孫之子，可以爲誡。死誓難違，幸無改焉！

而竟不仕。太康三年卒，時年六十八。子童靈、方回等遵其遺命。

[1]觕（cū）爲之制：定下粗略的制度。觕，粗略。《後漢書·律曆志中》："法有細觕，以生兩科，其歸一也。"

[2]移祔：遷移棺柩附葬於新死者。

[3]蒼梧：地區名。《史記》卷一《五帝本紀》：舜"南巡狩，崩於蒼梧之野"。其地當在今湖南省九嶷山以南，廣西壯族自治區賀江、桂江、鬱江區域。

[4]昏明：黄昏和清晨。

謐所著詩賦、誄頌、論難甚多，又撰《帝王世紀》《年曆》，《高士》《逸士》《列女》等傳，《玄晏春秋》，並重於世。門人摯虞、張軌、牛綜、席純，[1]皆爲晋名臣。

[1]張軌：字士彦，本書卷八六有傳。

方回，少遵父操，兼有文才。永嘉初，博士徵，不起。避亂荆州，[1]閉户閑居，未嘗入城府。蠶而後衣，耕而後食，先人後己，尊賢愛物，南土人士咸崇敬之。

刺史陶侃禮之甚厚。[2]侃每造之，著素士服，望門輒下而進。王敦遣從弟廙代侃，[3]遷侃爲廣州。侃將詣敦，方回諫曰："吾聞敵國滅，功臣亡。足下新破杜弢，[4]功莫與二，欲無危，其可得乎！"侃不從而行。敦果欲殺侃，賴周訪獲免。[5]廙既至荆州，大失物情，百姓叛廙迎杜弢。[6]廙大行誅戮以立威，以方回爲侃所敬，責其不來詣己，乃收而斬之。荆土華夷，莫不流涕。

[1]荆州：三國時曹魏治所在新野縣（今河南省新野縣），孫吴治所在江陵縣（今湖北省江陵縣），西晋統一後治所在江陵縣（今湖北省江陵縣）。

[2]陶侃：字士行，本書卷六六有傳。

[3]王敦：字處仲，本書卷九八有傳。　廙：王廙，字世將，本書卷七六有傳。

[4]杜弢：字景文，本書卷一〇〇有傳。

[5]周訪：字士達，本書卷五八有傳。

[6]"廙既至荆州"至"百姓叛廙迎杜弢"：據本書卷六六《陶侃傳》、卷七六《王廙傳》、卷一〇〇《杜曾傳》，荆州將吏拒王廙，乃在廙未到荆州之前，且所迎者爲杜曾，而非杜弢。

摯虞

摯虞，字仲洽，京兆長安人也。[1]父模，魏太僕卿。[2]虞少事皇甫謐，才學通博，著述不倦。郡檄主簿。[3]

[1]京兆：郡名，治所在長安縣（今陝西省西安市西北）。

[2]太僕卿：官名，對太僕的尊稱。掌皇帝車馬、田獵、兵器

及全國牧業。三品。宋本無“太”字。

[3]郡檄主簿：郡徵爲主簿。郡主簿，郡守屬官，典領文書籍簿，省録衆事，職權甚重。

虞嘗以死生有命，富貴在天。天之所祐者義也，[1]人之所助者信也；履信思順，所以延福；違此而行，所以速禍。然道長世短，禍福舛錯，怵迫之徒，不知所守，蕩而積憤，[2]或迷或放。故借之以身，假之以事，先陳處世不遇之難，遂棄彝倫，[3]輕舉遠游，以極常人罔惑之情，而後引之以正，反之以義，推神明之應於視聽之表，崇否泰之運於智力之外，[4]以明天任命之不可違，故作《思游賦》。其辭曰：

有軒轅之遐胄兮，氏仲壬之洪裔。[5]敷華穎於末葉兮，晞靈根於上世。[6]準乾坤以斡度兮，[7]儀陰陽以定制。匪時運其焉行兮，乘太虚而遥曳。戴朗月之高冠兮，綴太白之明璜。[8]製文霓以爲衣兮，襲采雲以爲裳。要華電之煜爚兮，[9]珮玉衡之琳琅。明景日以鑒形兮，信焕曜而重光。

[1]天之所祐者義也：中華本校勘記：“《通志》一二四上‘義’作‘順’。據下‘履信思順’句，作‘順’蓋是。”

[2]積憤：積，宋本作“貢”。

[3]遂棄彝倫：放棄仕途。

[4]否泰：《易》的兩个卦名。泰即万物通泰；否即不交閉塞。後常以指世事的盛衰、命運的順逆。

[5]氏仲壬：即太任，亦稱大任，王季之妻，周文王之母，是商朝末期摯任氏的二女兒，又稱摯仲任氏。　洪裔：遠世後裔。

［6］晞靈根於上世：繼承上世的美德和品質。

［7］準乾坤以斡度：遵循天地運行的規律。斡度，天地運轉所形成的歲星所經歷的宿度。斡，原本、殿本作“幹”，宋本作“斡”，據宋本改。

［8］太白：金星。　明璜：閃亮的玉石。

［9］華電之煜爚：閃電般的光華燦爛。

至美詭好於凡觀兮，修稀合而靡呈。[1]燕石緹襲以華國兮，和璞遥棄於南荆。[2]夏像韜塵于市北兮，[3]瓶罍抗方於兩楹。[4]鸞皇耿介而偏栖兮，蘭桂背時而獨榮。闞寒暑以練真兮，豈改容而爽情。

［1］“至美詭好於凡觀”句：凡人眼光不識異常美好的東西，卓越的人因與衆不同而不能進階。

［2］“燕石緹襲以華國”句：詞句意爲貌似美玉的石頭被珍藏起來，真正的玉石却被拋棄。燕石，燕山所産的一种類似玉的石頭。《山海經·北山經》：“北百二十里，曰燕山，多嬰石。”郭璞注：“言石似玉，有符彩嬰帶，所謂燕石者。”緹襲，用赤色繒把物品重重包裹起來，意爲鄭重珍藏。和璞，和氏璧。《韓非子·和氏》：“楚人和氏得玉璞楚山中，奉而獻之厲王。厲王使玉人相之，玉人曰：‘石也。’王以和爲誑，而刖其左足。及厲王薨，武王即位，和又奉其璞而獻之武王。武王使玉人相之，又曰：‘石也’，王又以和爲誑，而刖其右足。武王薨，文王即位，和乃抱其璞而哭於楚山之下，三日三夜，泣盡而繼之以血。王聞之，使人問其故，曰：‘天下之刖者多矣，子奚哭之悲也？’和曰：‘吾非悲刖也，悲夫寶玉而題之以石，貞士而名之以誑，此吾所以悲也。’王乃使玉人理其璞而得寶焉，遂命曰和氏之璧。”

［3］夏像韜塵於市北：五彩的塑像被埋没在市廛的塵土中。

[4]瓶罍抗方於兩楹：祭祀用的禮器却在門楹之内。

感昆吾之易越兮，[1]懷暉光之速暮。羡一稔而三春兮，尚含英以容豫。[2]悼曜靈之靡暇兮，限天晷之有度。聆鳴蜩之號節兮，恐隕葉于凝露。[3]希前軌而增騖兮，眷後塵而旋顧。往者倏忽而不逮兮，來者冥昧而未著。二儀泊焉其無央兮，[4]四節環轉而靡窮。星鳥逝而時反兮，夕景潛而且融。景三后之在天兮，[5]嘆聖哲之永終。諒道修而命微兮，孰舍盈而戢冲。[6]握隋珠與蕙若兮，[7]時莫悦而未遑。彼未遑其何恤兮，懼獨美之有傷。蹇委深而投奥兮，[8]庶芬藻之不彰。芳處幽而彌馨兮，寶在夜而愈光。逼區内之迫脅兮，思攄翼乎八荒。[9]望雲階之崇壯兮，願輕舉而高翔。

[1]感：原本、殿本作“惑”，宋本作“感”，據宋本改。　昆吾：古丘名。傳説太陽正午所經之處。《淮南子·天文訓》：“日出於暘穀，是謂晏食。至於衡陽，是謂隅中。至於昆吾，是謂正中。”高誘注：“昆吾邱在南方。”

[2]尚含英以容豫：以含苞之容参與三春之内。

[3]凝露：露，宋本作“靈”。

[4]二儀泊焉其無央：天地淡泊而無涯。

[5]景三后：景，原本、宋本作“旻”，殿本作“景”，據殿本、中華本校勘記改。

[6]舍盈而戢冲：拋棄滿盈而選擇止虚。

[7]隋珠：隋侯之珠。《搜神記》：“隋縣溠水側，有斷蛇邱。隋侯出行，見大蛇被傷，中斷，疑其靈異，使人以藥封之，蛇乃能

走，因號其處斷蛇邱。歲余，蛇銜明珠以報之。珠盈徑寸，純白，而夜有光，明如月之照，可以燭室。故謂之隋侯珠，亦曰靈蛇珠，又曰明月珠。”喻珍貴的物品。　蕙若：兩種香草，蕙草與杜若。

[8]蹇委深而投奥：不順俗流而投身幽深隱秘之處。

[9]攄翼乎八荒：舒展雙翼飛向極遠地方。

造庖犧以問象兮，[1]辨吉繇於姬文。[2]將遠游於太初兮，鑒形魄之未分。四靈儼而爲衛兮，[3]六氣紛以成群。[4]驂白獸於商風兮，御蒼龍於景雲。簡廝徒於靈囿兮，[5]從馮夷而問津。[6]召陵陽於游溪兮，[7]旌王子於柏人。[8]前祝融以掌燧兮，[9]殿玄冥以掩塵。形影影而遂遐兮，氣亹亹而愈新。挹玉膏於萊嵎兮，[10]掇芝英於瀛濱。揖太昊以假憩兮，聽賦政於三春。洪範翕而復張兮，[11]百卉隕而更震。[12]睇玉女之紛影兮，執懿筐於扶木。覽玄象之韡曅兮，[13]仍騰躍乎陽谷。[14]吸朝霞以療饑兮，降廩泉而濯足。[15]將縱轡以逍遥兮，恨東極之路促。詔纖阿而右迴兮，[16]觀朱明之赫戲。[17]莅群神於夏庭兮，[18]迴蒼梧而結知。[19]纚焦明以承旗兮，[20]驵天馬而高馳。讒羲和於丹丘兮，誚倒景之亂儀。尋凱風而南暨兮，[21]謝太陽於炎離。[22]戚溽暑之陶鬱兮，余安能乎留斯！聞碧雞之長晨兮，[23]吾將往乎西游。奥浮鷁於弱水兮，[24]泊舳艫兮中流。[25]苟精粹之攸存兮，誠沉羽以泛舟。軼望舒以陵厲兮，[26]羌神漂而氣浮。訊碩老於金室兮，[27]采舊聞於前修。譏淪陰於危山兮，問王母於椒丘。觀玄烏之參趾兮，[28]會根壹之神筭。擾毚兔於月窟兮，[29]詰姮娥於蓐收。[30]爰攬轡而旋驅兮，訪北叟之倚伏。[31]乘增冰而遂濟兮，凌固陰之所滀。探龜蛇於幽穴兮，瞰罔養之潛育。哂倏忽之躁狂兮，喪中黃於耳目，[32]偭燭龍而游衍兮，[33]窮大明於北陸。[34]

[1]造：開始。　庖犧：又作伏羲、伏戲、伏犧、包羲、犧皇、宓犧等。即太昊，或稱黃熊氏。神話中的人類始祖，八卦創始人。　問象：問八卦之象。

[2]吉繇：吉祥的卜辭。　姬文：周文王。

[3]四靈：《三輔黃圖》卷三："蒼龍、白虎、朱雀、玄武，天之四靈，以正四方。"

[4]六氣：《莊子·在宥》："天氣不和，地氣鬱結，六氣不調，四時不節。"成玄英疏："陰、陽、風、雨、晦、明，此六氣也。"

[5]簡厮徒於靈圉：在衆仙人中挑選隨從。

[6]馮夷：河伯，黃河水神。《莊子·大宗師》："馮夷得之，以游大川。"成玄英疏："姓馮名夷，弘農華陰潼鄉堤首里人也。服八石，得山仙。大川，黃河也。天帝錫馮夷爲河伯，故游處盟津大川之中也。"

[7]陵陽：即陵陽子明。古代傳説中的仙人。《列仙傳·陵陽子明》："陵陽子明者，銍鄉人也。好釣魚於旋谿，釣得白龍，子明懼，解鈎，拜而放之。後得白魚，腹中有書，教子明服食之法，子明遂上黃山，采五石脂，沸水而服之。三年，龍來迎去。止陵陽山上，百餘年，山去地千餘丈，大呼下人，令上山半，告言：'溪中子安當來問子明釣車在否？'後二十餘年，子安死，人取葬石。山下有黃鶴來栖其冢邊樹上，鳴呼子安云。"

[8]旌王子：王子喬。《列仙傳·王子喬》："王子喬者，周靈王太子晋也。好吹笙作鳳凰鳴。游伊洛之間，道士浮邱公接以上嵩高

山。三十餘年後，求之於山上，見桓良，曰：‘告我家，七月七日待我於緱氏山巔。’至時，果乘白鶴駐山頭。望之不得到，舉手謝時人，數日而去。亦立祠於緱氏山下，及嵩山首焉。”　柏人：縣名，治所在今河北省隆堯縣西北。

［9］祝融：夏官，火神，主南方。

［10］玉膏：修仙所服仙藥。《博物志》：“名山大川，孔穴相納，和氣所出，則生石脂、玉膏，食之不死。神龍靈龜行於穴中矣。”　萊嵎：萊山險峻之處。

［11］洪範：自然大法。

［12］震：殿本作“振”。

［13］玄象：天象。玄，宋本作“懸”。　韡韡：光明美盛貌。

［14］陽谷：即暘谷。古代神話傳説中日出的地方。陽，宋本作“湯”。

［15］廩泉：寒泉。“廩”通“凛”。

［16］詔纖阿：古神話中御月運行之女神。《史記》卷一一七《司馬相如列傳》：“陽子驂乘，纖阿爲御。”司馬貞索隱引服虔云：“纖阿爲月御。或曰美女姣好貌。”又引樂産曰：“纖阿，山名，有女子處其巖，月歷巖度，躍入月中，因名月御也。”

［17］朱明：太陽。《楚辭·招魂》：“朱明承夜兮，時不可以淹。”王逸注：“朱明，日也。”　赫戲：光明美盛貌。

［18］夏庭：華夏王庭。

［19］蒼梧：梧，宋本作“桐”。

［20］纚焦明：焦，宋本作“鷦”。

［21］凱風而南暨：夏風南至。

［22］謝太陽於炎離：太陽去而炎熱消。

［23］碧雞：傳説中的神物。《漢書》卷二五《郊祀志下》：“或言益州有金馬、碧雞之神，可醮祭而致，於是遣諫大夫王褒使持節而求之。”

［24］鶬：水鳥名。比鷺大，善高飛。　弱水：古代神話傳説中

稱險惡難渡的河海。

［25］兮：原本、殿本作“于”，宋本作“兮”，據宋本改。

［26］望舒：爲月亮駕車的神。

［27］訊碩老於金室：在宫中請教三老五更於治道。

［28］玄烏：赤烏，三足烏。《尚書大傳》卷二：“武王伐紂，觀兵於孟津，有火流於王屋，化爲赤烏，三足。”

［29］毚（chán）兔：狡兔，大兔。此指月中之兔。

［30］姮娥：神話中的月中女神。《淮南子·覽冥訓》：“羿請不死之藥於西王母，姮娥竊以奔月。”高誘注：“姮娥，羿妻。羿請不死之藥於西王母，未及服之，姮娥盗食之，得仙，奔入月中，爲月精也。” 蓐收：古代傳説中的西方神名，司秋。

［31］北叟：塞翁。《淮南子·人間訓》：“夫禍福之轉而相生，其變難見也。近塞上之人，有善術者，馬無故亡而入胡，人皆吊之。其父曰：‘此何遽不爲福乎？’居數月，其馬將駿馬而歸，人皆賀之。其父曰：‘此何遽不爲禍乎？’家富良馬，其子好騎，墮而折其髀，人皆吊之。其父曰：‘此何遽不爲福乎？’居一年，胡人大入塞，丁壯者引弦而戰，近塞之人，死者十九，此獨以跛之故，父子相保。故福之爲禍，禍之爲福，化不可極，深不可測也。”后因以“塞翁失馬”比喻禍福相倚。

［32］喪中黄於耳目：失去了親信中的勇士。 中黄：亦稱中黄伯，古勇士名，泛指勇士。

［33］燭龍：《山海經·大荒北經》：“西北海之外，赤水之北，有章尾山。有神，人面蛇身而赤，身長千里，直目正乘，其瞑乃晦，其視乃明，不食不寢不息，風雨是謁。是燭九陰，是謂燭龍。”

［34］窮：盡。 大明：指日月。 北陸：北方。

攀招摇而上躋兮，忽蹈廓而凌虚。登閶闔而遺眷兮，[1]顯玄黄於地輿。召黔雷以先導兮，覲天帝於清都。觀渾儀以寓目兮，拊造化之大鑪。爰辨惑於上皇兮，稽吉凶之元符。唐則天而民咨兮，[2]癸亂常而感虞。[3]孔揮涕於西狩兮，[4]臧考祥於婁句。[5]跖肆暴而保乂兮，[6]顔履仁而夙徂。[7]何否泰之靡所兮，眩榮辱之不圖？運可期兮不可思，道可知兮不可爲。求之者勞兮欲之者惑，信天任命兮理乃自得。

[1]閶闔：天門。　遺眷：顧望。

[2]唐則天：唐堯效法上天。

[3]癸：夏桀，名履癸。以暴虐荒淫著名。後商湯起兵伐桀，敗之於鳴條，流放南巢，死在那里。

[4]孔揮涕於西狩：《孔子家語·辯物》：叔孫氏的車士采薪，於大野获麟。叔孫以爲不祥，棄之於郭外，派人告訴孔子："有麕而角者，何也？"孔子往觀之，曰："麟也。胡爲來哉？胡爲來哉？"反袂拭面，涕泣沾衿。子貢問曰："夫子何泣爾？"孔子曰："麟之至，爲明王也。出非其時而見害，吾是以傷焉。"

[5]"臧考祥於婁"句：《左傳·昭公二十五年》：臧昭伯到晋國去，臧會偷了他的寶龜僂句，占卜應該誠實還是虚假，結果是虚假大吉。所以臧會三番五次不對臧昭伯説其妻子與同母弟弟的實情。結果臧會逢凶化吉。他感慨僂句没有騙他。

[6]跖：盗跖，亦作盗蹠，古代人名。《史記》卷六一《伯夷列傳》："盗蹠日殺不辜，肝人之肉，暴戾恣睢。"　保乂：保艾，保以終老。

[7]顔：孔子弟子，名回，字子淵，亦稱顔淵。早卒。

且也四位爲匠，[1]乾巛爲均。[2]散而爲物，結而爲人。陽降陰升，一替一興。流而爲川，滯而爲陵。禍不可攘，福不可徵。其否兮有豫，其泰兮有數。成形兮未察，靈像兮已固。承明訓以發蒙兮，審性命之靡求。將澄神而守一兮，奚飄飄而遐游！

[1]四位：上述孔子、臧會、盜跖、顏回。　爲匠：爲陶匠。
[2]乾巛：乾坤。　爲均：爲陶鈞。制陶的器械。

斐陳辭以告退兮，[1]主悖惘而永嘆。[2]惟升降之不仍兮，咏別易而會難。願大饗以致好兮，盍息駕於一餐。會司儀於有始兮，延嘉賓於九乾。陳鈞天之廣樂兮，[3]展萬舞之至歡。枉矢鑠其在手兮，狼弧翾其斯彎。[4]睨翟犬於帝側兮，[5]殪熊羆於靈軒。[6]

[1]斐：翩然，輕快。
[2]悖惘：昏瞶。
[3]陳鈞天之廣樂：演奏天上的音樂。
[4]狼弧翾其斯彎：射狼之弓張開。
[5]睨翟犬於帝側：皇帝身旁的獵犬尋視獵物。
[6]殪：殺死。

爾乃清道夙蹕，載輪修祖。班命授號，轙軔整旅。兆司鬱以届路兮，[1]萬靈森而陳庭。[2]豐隆軒其警衆兮，鈎陳帥以屬兵。堪輿竦而進時兮，[3]文昌肅以司行。[4]抗蚩尤之修旃兮，[5]建雄虹之采旌。乘雲車電鞭之扶輿委移兮，駕應龍青虬之容裔陸離。俯游光逸景倏爍徽霍兮，仰流旌垂旄猋攸𢡃纚。[6]前湛湛而攝進兮，後傑傑而方馳。[7]且啓行於重陽兮，奄税駕乎少儀。[8]跨列缺兮闚乾巛，揮玉闕兮出天門。涉漢津兮望崑崙，經赤霄兮臨玄根。觀品物兮終復魂，形已消兮氣猶存。眺懸舟之離離兮，懷舊都之藹藹。仍繁榮而督引兮，將遄降而速邁。[9]華雲依霏而翼衡兮，日月炫晃而映蓋。蹈烟熅兮辭天衢，心闓曷兮識故居。路遂遒兮情欣欣，[10]奄忽歸兮反常閭。修中和兮崇彝倫，大道繇兮味琴書。樂自然兮識窮達，澹無思兮心恒娱。

[1]司鬱：即鬱人，古官名。《周禮·春官·鬱人》："鬱人掌裸器，凡祭祀賓客之裸事，和鬱鬯以實彝而陳之。"　屆路：上路。

[2]萬靈森而陳庭：衆神森森列於庭中。

[3]堪輿竦而進時：天地運轉時光流逝。

[4]文昌：星座名。共六星：上將、次將、貴相、司命、司中、司禄。

[5]蚩尤：即蚩尤旗，彗星名。古代以爲此星出，主有征伐之事。《吕氏春秋·明理》："有其狀若衆植華以長，黄上白下，其名蚩尤之旗。"本書卷一二《天文志中》：妖星"六曰蚩尤旗，類彗而後曲，象旗"。

[6]猋：同"炎"。　𢡃纚：宋本作"襳纚"，羽毛豐盛貌。

[7]傑傑：仰首貌。

[8]税駕：脱駕，解下拉車的馬。

[9]將遄降而速邁：快速下降大步前行。

[10]遒：終，盡。　欣欣：喜悦。

舉賢良，與夏侯湛等十七人策爲下第，[1]拜中郎。[2]武帝詔曰："省諸賢良答策，雖所言殊塗，皆明於王義，有益政道。欲詳覽其對，究觀賢士大夫用心。"因詔諸賢良方正直言，會東堂策問，[3]曰："頃日食正陽，水旱爲災，將何所修，以變大眚？[4]及法令有不宜於今，爲公私所患苦者，皆何事？凡平世在於得才，得才者亦借耳目以聽察。若有文武器能有益於時務而未見申叙者，各舉其人。及有負俗謗議，宜先洗濯者，亦各言之。"虞對曰："臣聞古之聖明，原始以要終，體本以正末。故憂法度之不當，而不憂人物之失所；憂人物之失所，[5]而不憂灾害之流行。誠以法得於此，則物理於彼；人和於下，則灾消於上。其有日月之眚，水旱之灾，則反聽内視，求其所由，遠觀諸物，近驗諸身。耳目聽察，豈或有蔽其聰明者乎？動心出令，豈或有傾其常正者乎？大官大職，豈或有授非其人者乎？賞罰黜陟，[6]豈或有不得其所者乎？河濱山巖，豈或有懷道釣築而未感於夢兆者乎？[7]方外遐裔，豈或有命世傑出而未蒙膏澤者乎？推此類也，以求其故，詢事考言，以盡其實，則天人之情可得而見，咎徵之至可得而救也。若推之於物則無忤，求之於身則無尤，萬物理順，内外咸宜，祝史正辭，言不負誠，而日月錯行，夭癘不戒，[8]此則陰陽之事，非吉凶所在也。期運度數，自然之分，固非人事所能供御，其亦振廩散滯，貶食省用而已矣。是故誠遇期運，則雖陶唐、殷湯有所不變；苟非期運，則宋衛之君、諸侯之相，猶能有感。唯陛下審其所由，以盡其理，[9]則天下幸甚。臣生長蓽門，[10]不逮異物，雖有賢才，所未接識，不敢瞽言妄舉，無以疇答聖問。”擢爲太子舍人，[11]除聞喜令。[12]

[1]夏侯湛：字孝若，本書卷五五有傳。

[2]中郎：官名，屬郎官。原來分屬五官、左、右中郎將，魏晉有時不置三署，但仍置中郎，無固定職掌，作爲儲備人才。八品。

[3]東堂：太極殿的東堂。

[4]大眚：大災。

[5]憂人物之失所：原本、宋本無此句，殿本有，據殿本補。

[6]黜陟：人才的進退，官吏的升降。黜，貶降、罷退。陟，提拔、升遷。

[7]懷道釣築：指姜尚和傅説。姜尚曾釣魚在渭水，傅説曾做過版築城墻的刑徒，故言。

[8]夭癘：因遭疾疫而早死。

[9]以盡其理：宋本無“理”字。

[10]蓽門：用竹荆編織的門，指貧寒之家。

[11]太子舍人：官名，掌行書令、表啓等。初隸太子太傅、太子少傅，後隸太子詹事。七品。

[12]聞喜：縣名，治所在今山西省聞喜縣東北。

時天子留心政道，[1]又吴寇新平，天下乂安，上《太康頌》以美晉德。其辭曰：

於休上古，人之資始。四隩咸宅，萬國同軌。有漢不競，喪亂靡紀。畿服外叛，侯衛内圮。[2]天難既降，時惟鞠凶。龍戰獸争，分裂遐邦。備僭岷蜀，度逆海東。權乃緣間，割據三江。明明上帝，臨下有赫。乃宣皇威，致天之辟。奮武遼隧，[3]罪人斯獲。撫定朝鮮，[4]奄征韓貊。[5]文既應期，席卷梁益。[6]元憝委命，[7]九夷重譯。[8]邛、冉、哀牢，[9]是焉底績。

[1]政道：政，原本、殿本作"正"，宋本作"政"，據宋本改。

[2]侯衛内圮：護衛中央朝廷的諸侯毀壞國家於内。

[3]遼隧：古縣名，治所在今遼寧省海城市一帶。

[4]朝鮮：縣名，治所在朝城（今遼寧省義縣北）。

[5]韓：指馬韓、辰韓、弁韓，本書卷九七有傳。　貊：北方古國名。《詩·大雅·韓奕》："王錫韓侯，其追其貊，奄受北國，因以其伯。"毛亨傳："追貊，戎狄國也。"《山海經·海内西經》："貊國在漢水東北，地近於燕，滅之。"郭璞注："今扶餘國，即濊貊故地，在長城北，去玄菟千里，出名馬、赤玉、貂皮，大珠如酸棗也。"

[6]梁：梁州，三國曹魏治所在沔陽縣（今陝西省勉縣東），西晉移治南鄭縣（今陝西省漢中市東）。　益：州名，治所在成都縣（今四川省成都市）。

[7]元憝：首惡，元凶。

[8]重譯：輾轉翻譯。

[9]邛、冉、哀牢：均爲古代西南地區少數民族。

我皇之登，二國既平。靡適不懷，以育群生。吴乃負固，放命南冥。[1]聲教未暨，弗及王靈。皇震其威，赫如雷霆。截彼江沔，荆舒以清。邈矣聖皇，參乾兩離。陶化以正，取亂以奇。耀武六旬，輿徒不疲。飲至數實，[2]干旄無虧。洋洋四海，率禮和樂。穆穆宮廟，歌雍咏鑠。光天之下，莫匪帝略。窮髮反景，承正受朔。龍馬騤騤，風于華陽。弓矢櫜服，干戈戢藏。嚴嚴南金，業業餘皇。雄劍班朝，造舟爲梁。聖明有造，實代天工。天地不違，黎元時邕。三務斯協，[3]用底厥庸。[4]既遠其迹，將明其踪。喬山惟岳，望帝之封。猗歟聖帝，胡不封哉！

以母憂解職。久之，召補尚書郎。[5]

[1]放命：逆命，違命。

[2]飲至：征伐凱旋所舉行的慶功禮典。

[3]三務：春夏秋三季的農務。

[4]用底厥庸：這些都是我皇治理的功勞。

[5]尚書郎：官名。東漢之制，取孝廉中之有才能者入尚書臺，在皇帝左右處理政務，初入臺稱守尚書郎中，滿一年稱尚書郎，滿三年稱侍郎。魏晋以後尚書各曹有侍郎、郎中等官，綜理職務，通稱爲尚書郎。六品。

將作大匠陳勰掘地得古尺，[1]尚書奏：[2]“今尺長於古尺，宜以古爲正。”潘岳以爲習用已久，[3]不宜復改。虞駿曰：“昔聖人有以見天下之賾而擬其形容，象物制器，以存時用。故參天兩地，以正算數之紀；依律計分，以定長短之度。其作之也有則，故用之也有徵。考步兩儀，則天地無所隱其情；準正三辰，則懸象無所容其謬；施之金石，則音韵和諧；措之規矩，則器用合宜。一本不差而萬物皆正，及其差也，事皆反是。今尺長於古尺幾於半寸，樂府用之，律吕不合；史官用之，曆象失占；醫署用之，孔穴乖錯。此三者，度量之所由生，得失之所取徵，皆絓閡而不得通，[4]故宜改今而從古也。唐虞之制，同律度量衡，仲尼之訓，[5]謹權審度。今兩尺並用，不可謂之同；知失而行，不可謂之謹。不同不謹，是謂謬法，非所以軌物垂則，示人之極。凡物有多而易改，亦有少而難變，亦有改而致煩，有變而之簡。度量是人所常用，而長短非人所戀惜，是多而易改者也。正失於得，反邪於正，一時之變，永世無二，是變而之簡者也。憲章成式，不失舊物，季末苟合之制，異端雜亂之用，當以時釐改，貞夫一者也。臣以爲宜如所奏。”又表論封禪，見《禮志》。[6]

[1]將作大匠：官名，掌領徒隸修建宫室、宗廟、陵墓及其他土木工程。　陳勰：魏晋時人，特有才用，明解軍令。爲司馬昭所重，委任使典兵事。滅蜀後，令勰受諸葛亮圍陣用兵倚伏之法，又甲乙校標幟之制，勰悉暗練之，遂以勰爲殿中典兵中郎將，遷將軍。西晋建立後，任都水使者、將作大匠。

[2]尚書：官名，東漢尚書臺六曹各置尚書，秩六百石。魏晋出爲朝官，分掌尚書省諸曹，品秩提高。三品。

[3]潘岳：字安仁，本書卷五五有傳。

[4]絓閡：障礙，牽制。

[5]仲尼之訓：訓，宋本作“計”。

[6]本書《禮志》所載上表論封禪者，有衛瓘、山濤、衛舒、劉寔、張華等，並無摯虞。

虞以漢末喪亂，譜傳多亡失，雖其子孫不能言其先祖，撰《族姓昭穆》十卷，上疏進之，以爲足以備物致用，廣多聞之益。以定品違法，爲司徒所劾，[1]詔原之。

[1]司徒：官名，西漢哀帝元壽二年（前1）改丞相爲大司徒，東漢光武帝時改名爲司徒，東漢末又改爲丞相。三國魏恢復三公制，改丞相爲司徒，管理民政。兩晋沿制，爲八公之一，在太尉之下、司空之上。與丞相通職，一般不並置，爲名譽宰相。一品。

時太廟初建，詔普增位一等。後以主者承詔失旨，改除之。虞上表曰："臣聞昔之聖明，不愛千乘之國而惜桐葉之信，[1]所以重至尊之命而達於萬國之誠也。前《乙巳赦書》，遠稱先帝遺惠餘澤，普增位一等，以酬四海欣戴之心。驛書班下，被于遠近，莫不鳥騰魚躍，喜蒙德澤。今一旦更以主者思文不審，收既往之詔，奪已澍之施，臣之愚心竊以爲不可。"詔從之。

[1]桐葉之信：典出《史記》卷三九《晋世家》：周成王時，周公平定了作亂的唐人。成王與叔虞戲，削桐葉爲珪以與叔虞，言將唐地封給叔虞。史佚因請擇日立叔虞。成王曰："吾與之戲耳。"史佚曰："天子無戲言。言則史書之，禮成之，樂歌之。"於是遂封叔虞於唐。唐在黄河、汾河之東，方百里，故稱呼封地主人爲唐叔虞。

元康中，遷吴王友。時荀顗撰《新禮》，[1]使虞討論得失而後施行。元皇后崩，[2]杜預奏：[3]"諒闇之制，[4]乃自上古，是以高宗無服喪之文，而唯文稱不言。漢文限三十六日。魏氏以降，既虞爲節。[5]皇太子與國爲體，理宜釋服，卒哭便除。”虞答預書曰：“唐稱遏密，殷云諒闇，各舉事以爲名，非既葬有殊降。周室以來，謂之喪服。喪服者，以服表喪。今帝者一日萬機，太子監撫之重，以宜奪禮，葬訖除服，變制通理，垂典將來，何必附之於古，使老儒致争哉！”皇太孫尚薨，有司奏：“御服齊衰期。”詔令博士議。虞曰：“太子生，舉以成人之禮，則殤理除矣。太孫亦體君傳重，由位成而服全，非以年也。”從之。虞又議玉輅、兩社事，見《輿服志》。

[1]荀顗：字景倩，本書卷三九有傳。

[2]元皇后：晋武帝皇后楊艷，字瓊芝，本書卷三一有傳。

[3]杜預：字元凱，本書卷三四有傳。

[4]諒闇：皇帝居喪。

[5]既虞：虞，虞祭，既葬而祭。

後歷秘書監、衛尉卿，[1]從惠帝幸長安。及東軍來迎，百官奔散，遂流離鄠杜之間，[2]轉入南山中，糧絶饑甚，拾橡實而食之。後得還洛，歷光禄勛、太常卿。[3]時懷帝親郊。自元康以來，不親郊祀，禮儀弛廢。虞考正舊典，法物粲然。及洛京荒亂，盗竊從横，人饑相食。虞素清貧，遂以餒卒。

[1]秘書監：官名，秘書省長官，掌管藝文圖籍、課試署吏，統著作局，掌國史修撰並管理中外三閣圖書。三品。　衛尉卿：官

名，對衛尉的尊稱。掌宫廷警衛，兼管武庫、冶鑄，領江北冶令三十九員、南北東西諸督冶掾。三品。

[2]鄠：縣名，治所在今陜西省西安市鄠邑區北。　杜：春秋時國名。故址在今陜西省西安市東南。《竹書紀年》卷下："冬十月，王師滅唐，遷其民於杜。"

[3]光禄勛：官名，侍從皇帝左右，掌宫廷宿衛。西晋時兼掌原屬少府的一部分宫廷供御事務。三品。　太常卿：官名，對太常的尊稱。太常，漢代稱奉常，本掌禮樂宗廟、社稷祭祀，魏晋時此職掌歸尚書裁定，太常成爲閑職。三品。

虞撰《文章志》四卷，注解《三輔决録》，又撰古文章，類聚區分爲三十卷，名曰《流别集》，各爲之論，辭理愜當，爲世所重。

虞善觀玄象，嘗謂友人曰："今天下方亂，避難之國，其唯涼土乎！"性愛士人，有表薦者，恒爲其辭。東平太叔廣樞機清辯，[1]廣談，虞不能對；虞筆，廣不能答；更相嗤笑，紛然於世云。

[1]東平：郡國名，治所在須昌縣（今山東省東平縣西北）。

束晳

束晳，字廣微，陽平元城人，[1]漢太子太傅疎廣之後也。[2]王莽末，廣曾孫孟達避難，自東海徙居沙鹿山南，因去疎之足，[3]遂改姓焉。祖混，隴西太守。[4]父龕，馮翊太守，[5]並有名譽。

[1]陽平：郡名，治所在元城縣（今河北省大名縣東北）。

[2]太子太傅：官名，與太子少傅並稱二傅，三國時並攝東宫事務，與尚書、東曹並掌太子、諸侯官署選舉。西晋時下設丞、功曹、主簿等屬官。三品。　疎廣：西漢東海蘭陵（今山東省蘭陵縣）人，字仲翁。宣帝時先後任太子少傅、太傅。任職五年，與其侄俱告病辭官還鄉。親屬勸其爲子孫置産業，疎廣認爲這衹能使子孫懶惰，不從。

[3]因去疎之足：中華本校勘記："《説文》，'疏'從'疋'得聲，《元和姓纂》引《晋書》'足'作'疋'，可從。'疎'又'疏'之異體，當時俗書'疎'字作'踈'，故生'去足'之説。"

[4]隴西：郡名，治所原在狄道縣（今甘肅省臨洮縣），曹魏時徙治襄武縣（今甘肅省隴西縣東南）。

[5]馮翊：郡名，三國魏以左馮翊改置，治所在臨晋縣（今陝西省大荔縣）。

皙博學多聞，與兄璆俱知名。少游國學，[1]或問博士曹志曰：[2]"當今好學者誰乎？"志曰："陽平束廣微好學不倦，人莫及也。"還鄉里，察孝廉，舉茂才，[3]皆不就。璆娶石鑒從女，[4]棄之，鑒以爲憾，諷州郡公府不得辟，故皙等久不得調。

[1]國學：即國子學。中央立最高儒學學府，隸屬太常，設國子祭酒、博士、助教。收納貴族子弟。

[2]博士：此爲國子博士，學官，教授儒學。六品。　曹志：字允恭，本書卷五〇有傳。

[3]茂才：即秀才，西漢時開始與孝廉並爲舉士的科名，東漢時避光武帝諱改稱"茂才"。

[4]石鑒：字林伯，本書卷四四有傳。

太康中，郡界大旱，晳爲邑人請雨，三日而雨注，衆謂晳誠感，[1]爲作歌曰："東先生，通神明，請天三日甘雨零。我黍以育，我稷以生。何以疇之？報東長生。"晳與衛恒厚善，[2]聞恒遇禍，自本郡赴喪。

[1]衆謂：謂，原本、殿本作"爲"，宋本作"謂"，據宋本改。

[2]衛恒：字巨山，本書卷三六有傳。

嘗爲《勸農》及《餅》諸賦，[1]文頗鄙俗，時人薄之。而性沉退，不慕榮利，作《玄居釋》以擬《客難》，其辭曰：

東晳閑居，[2]門人並侍。方下帷深譚，隱几而咍，[3]含毫散藻，考撰同異，在側者進而問之曰："蓋聞道尚變通，達者無窮。世亂則救其紛，時泰則扶其隆。振天維以贊百務，熙帝載而鼓皇風。生則率土樂其存，死則宇内哀其終。是以君子屈己伸道，不耻干時。[4]上國有不索何獲之言，《周易》著躍以求進之辭。莘老負金鉉以陳烹割之説，[5]齊客當康衢而咏《白水》之詩。[6]今先生耽道修藝，嶷然山峙，潛朗通微，洽覽深識，夜兼忘寐之勤，晝騁鑽玄之思，曠年累稔，不墮其志。鱗翼成而愈伏，術業優而不試。乃欲闔櫝辭價，泥蟠深處，永戢琳琅之耀，匿首窮魚之渚，當唐年而慕長沮，[7]邦有道而反寧武。[8]識彼迷此，愚竊不取。

[1]及《麩》諸賦：中華本校勘記："《斠注》：《書鈔》一四四引束晳《湯餅賦》凡十條，疑此處脱'湯'字。"

[2]束晳：宋本作"束子"。

[3]隱几而咍（hāi）：靠着床几笑。几，原本、宋本、殿本作"機"，據中華本改。

[4]不耻干時：干，原本、宋本作"于"，殿本作"干"，據殿本改。

[5]莘老負金鉉以陳烹割之説：事見《史記》卷三《殷本紀》："伊尹名阿衡。阿衡欲干湯而無由，乃爲有莘氏媵臣，負鼎俎，以滋味説湯，致于王道。"金鉉，舉鼎用具。貫穿鼎上兩耳的横杆。金屬製，用以提鼎。《易·鼎》："鼎黄耳，金鉉，利貞。"朱熹本義："金，堅剛之物；鉉，貫耳以舉鼎者。"

[6]齊客當康衢而咏《白水》之詩：事見《列女傳·齊管妾婧》："寧戚欲見齊桓公，道無從，乃爲人僕，將車宿齊東門之外。桓公因出，寧戚擊牛角而商歌，甚悲，桓公異之，使管仲迎之，寧戚稱曰：'浩浩乎白水。'"管仲不知寧戚所説何意，日夜所思不得其解。管仲妾知道后，對管仲説："人已語君矣，君不知識邪？古有《白水》之詩。詩不云乎：'浩浩白水，儵儵之魚。君來召我，我將安居？國家未定，從我焉如？'此寧戚之欲得仕國家也。"管仲大悦，以報桓公。

[7]唐年：唐堯的時代。　長沮：春秋時的隱士。

[8]寧武：寧武子，春秋時人。《論語·公冶長》：子曰："寧武子，邦有道則智；邦無道則愚。其智可及也，其愚不可及也。"何晏引馬融注説，寧武子，衛大夫，名寧俞。武，是其謚號。

若乃士以援登，進必待求，附勢之黨横擢，則林藪之彦不抽，丹墀步紈袴之童，[1]東野遺白顛之叟。[2]盍亦因子都而事博陸，[3]憑鷁首以涉洪流，[4]

蹈翠雲以駭逸龍，振光耀以驚沉鰌。[5]徒屈蟠於坎井，眄天路而不游，學既積而身困，夫何爲乎秘丘。

[1]丹墀：指宫殿的赤色臺階或赤色地面。

[2]東野：郊野。　白顛之叟：白髮老翁。

[3]子都：即馮子都。漢樂府詩《羽林郎》中的美女名。漢辛延年《羽林郎》詩："昔有霍家姝，姓馮名子都。"　博陸：指霍光。

[4]鷁首：指船。古代船頭通常畫鷁鳥。

[5]沉鰌：沉在水底的泥鰍。

且歲不我與，時若奔駟，有來無反，難得易失。先生不知盱豫之譏悔遲，[1]而忘夫朋盍之義務疾，[2]亦豈能登海湄而抑東流之水，[3]臨虞泉而招西歸之日？[4]徒以曲畏爲梏，儒學自桎，囚大道於環堵，苦形骸於蓬室。豈若托身權戚，憑勢假力，擇栖芳林，飛不待翼，夕宿七娥之房，朝享五鼎之食，匡三正則太階平，[5]贊五教而玉繩直。孰若茹藿餐蔬，終身自匿哉！"

[1]盱豫："《易·豫》：六三，盱豫，悔；遲，有悔。"《象》曰："盱豫有悔，位不當也。"

[2]朋盍：《易·豫》："九四，由豫，大有得。勿疑，朋盍簪。"王弼注："盍，合也。簪，疾也。"

[3]海湄：海邊。

[4]臨虞：即虞淵，傳説爲日没處。《淮南子·天文訓》："日至

於虞淵，是謂黄昏。”

[5]三正：天、地、人之正道。

束子曰：“居！吾將導爾以君子之道，諭爾以出處之事。爾其明受余訊，謹聽余志。

昔元一既啓，兩儀肇立，離光夜隱，望舒晝戢，羽族翔林，蟨蛁赴濕，[1]物從性之所安，士樂志之所執，或背豐榮以巖栖，或排蘭闥而求入，在野者龍逸，在朝者鳳集。雖其軌迹不同，而道無貴賤，必安其業，交不相羡，稷契奮庸以宣道，[2]巢由洗耳以避禪，[3]同垂不朽之稱，俱入賢者之流。參名比譽，誰劣誰優？何必貪與二八爲群，[4]而耻爲七人之疇乎！[5]且道睽而通，士不同趣，吾竊綴處者之末行，未敢聞子之高喻，將忽蒲輪而不眄，[6]夫何權戚之云附哉！[7]

[1]蟨（jué）：孑孓。　蛁（diāo）：蟬。

[2]奮庸：謂努力建立功業。《尚書·舜典》：“諮四岳，有能奮庸熙帝之載。”孔安國傳：“奮，起；庸，功；載，事也。訪群臣有能起發其功，廣堯之事者。”

[3]巢由洗耳：巢由，指巢父和許由。許由，姓許，名由，字仲武，潁川陽城人。隱於箕山，依山而食，就河而飲。堯知其賢，讓以帝位。許由聞之，乃臨河洗耳。巢父飲犢，牽而避之，曰：“惡吾水也。”

[4]二八：即八元、八愷。八元，上古傳説中的八个才子。《左傳·文公十八年》：“高辛氏有才子八人：伯奮、仲堪、叔獻、季仲、伯虎、仲熊、叔豹、季貍，忠肅共懿，宣慈惠和，天下之民

謂之‘八元’。”八愷，《左傳·文公十八年》：“昔高陽氏有才子八人：蒼舒、隤敳、檮戭、大臨、尨降、庭堅、仲容、叔達，齊聖廣淵，明允篤誠，天下之民謂之‘八愷’。”

[5]七人：七位人臣。《文選·陸機〈五等論〉》：“在周之衰，難興王室，放命者七臣，干位者三子。”李善注：“七臣：蔿國、邊伯、詹父、子禽、祝跪及頹叔桃子、賓起。”

[6]蒲輪：用蒲草裹車輪，以防止車子顛簸。此爲延請人才的禮遇。

[7]權戚：戚，宋本作“威”。

昔周漢中衰，時難自託，福兆既開，患端亦作，朝游巍峨之宫，夕墜峥嶸之壑，晝笑夜嘆，晨華暮落，忠不足以衛己，禍不可以預度，是士諱登朝而競赴林薄。[1]或毁名自污，或不食其禄，比從政於匣笥之龜，[2]譬官者於郊廟之犢，[3]公孫泣涕而辭相，[4]楊雄抗論於赤族。[5]

[1]是士諱登朝：中華本校勘記：“‘是’，《册府》七七〇作‘是以’，按文義，當從之。”　林薄：草木交錯叢生。喻隱居。

[2]匣笥之龜：典出《莊子·秋水》：莊子釣於濮水，楚王使大夫二人請其出仕。莊子持竿不顧，曰：“吾聞楚有神龜，死已三千歲矣，王巾笥而藏之廟堂之上。此龜者，寧其死爲留骨而貴乎？寧其生而曳尾於塗中乎？”

[3]譬官者於郊廟之犢：事見《史記》卷六三《老子韓非列傳》：楚威王聞莊周賢，使使厚幣迎之，許以爲相。莊周笑謂楚使者曰：“千金，重利；卿相，尊位也。子獨不見郊祭之犧牛乎？養食之數歲，衣以文綉，以入大廟。當是之時，雖欲爲孤豚，豈可得乎？子亟去，無污我。我寧游戲污瀆之中自快，無爲有國者所羈，

終身不仕，以快吾志焉。”

[4]公孫：公孫弘，西漢淄川薛（今山東省滕州市南）人，字季，一字次卿。元光五年（前130）以賢良對策擢爲第一，拜博士，待詔金馬門。深得武帝賞識，一歲中官至左内史，又遷御史大夫。後爲丞相，封平津侯。公孫辭相，語見《史記》卷五八《公孫弘傳》："後淮南、衡山謀反，治黨與方急，弘病甚，自以爲無功而封侯，居宰相位，宜佐明主填撫國家，使人由臣子之道。今諸侯有畔逆之計，此大臣奉職不稱也。恐病死無以塞責。”乃上書辭相，以求善終。

[5]楊雄：即揚雄，西漢蜀郡成都（今四川省成都市）人，字子雲。好學深思，博覽群書。成帝時爲侍郎，給事黄門。新莽時轉爲大夫，校書天禄閣。其所作《解嘲》有云："客徒欲朱丹吾轂，不知一跌將赤吾族也。”

今大晋熙隆，六合寧静。[1]蜂蠆止毒，[2]熊羆輟猛，五刑勿用，八紘備整，[3]主無驕肆之怒，臣無氂纓之請，[4]上下相安，率禮從道。朝養觸邪之獸，[5]庭有指佞之草，[6]禍戮可以忠逃，寵禄可以順保。

[1]六合：天地四方，指天下。

[2]蜂蠆：蜂和蠆。都是有毒刺的螫蟲。

[3]八紘：八方極遠之地。《淮南子·墬形訓》："九州之外，乃有八殥"，"八殥之外，而有八紘，亦方千里”。高誘注："紘，維也。維落天地而爲之表，故曰紘也。”

[4]氂纓之請：氂纓，以毛做成的帽帶。古時大臣犯罪時用之，以示自請罪譴。

[5]觸邪之獸：即獬豸，傳説中的異獸。一角，能辨曲直，見

人相鬥，則以角觸邪惡無理者。古人視爲祥物。楊孚《異物志》："東北荒中有獸，名獬豸，一角，性忠，見人鬥則觸不直者，聞人論則咋不正者。"

[6]指佞之草：傳説中的神草。張華《博物志》："堯時有屈軼草，生於庭。佞人入朝，則屈而指之。一名指佞草。"

且夫進無險懼，而惟寂之務者，率其性也。兩可俱是，而舍彼趣此者，從其志也。蓋無爲可以解天下之紛，澹泊可以救國家之急，當位者事有所窮，陳策者言有不入，翟璜不能回西鄰之寇，[1]平勃不能正如意之立，[2]干木卧而秦師退，四皓起而戚姬泣。[3]夫如是何舍何執，何去何就？謂山岑之林爲芳，谷底之莽爲臭。守分任性，惟天所授，鳥不假甲於龜，魚不假足於獸，何必笑孤竹之貧而羡齊景之富！[4]耻布衣以肆志，寧文裘而拖綉。且能約其躬，則儋石之蓄以豐；苟肆其欲，則海陵之積不足；存道德者，則匹夫之身可榮；忘大倫者，則萬乘之主猶辱。將研六籍以訓世，守寂泊以鎮俗，偶鄭老於海隅，[5]匹嚴叟於僻蜀。[6]且世以太虚爲輿，玄壚爲肆，神游莫競之林，心存無營之室，榮利不擾其覺，殷憂不干其寐，捐夸者之所貪，收躁務之所棄，薙聖籍之荒蕪，[7]總群言之一至。[8]全素履於丘園，背纓緌而長逸，[9]請子課吾業於千載，無聽吾言於今日也。"

張華見而奇之。石鑒卒，王戎乃辟璆。[10]華召皙爲掾，[11]又爲司空、下邳王晃所辟。[12]華爲司空，復以爲賊曹屬。[13]

[1]翟璜：亦名翟觸，生卒年不詳，戰國初期魏國國相，輔佐魏文侯，爵至上卿。他曾薦吴起而西河之外寧，薦西門豹爲鄴令而魏無趙患，進北門而使魏無齊憂，薦樂羊而中山拔，薦李悝而魏大治。　回西鄰：使秦國屈服。秦國在魏國之西，故言。

[2]平勃：陳平和周勃。陳平，秦末陽武（今河南省原陽縣東南）人，少治黄老之術。秦末天下大亂，先後侍魏王咎、項羽，後歸劉邦。歷任都尉、亞將、護軍中尉，爲劉邦重要謀士，屢出奇計。漢朝建立後封户牖侯和曲逆侯。惠帝時歷任郎中令、左右丞相。吕后死，又與周勃等人誅除諸吕，迎立文帝。周勃，秦末泗水沛縣豐邑（今江蘇省豐縣）人。隨劉邦起兵，爲劉邦功臣。西漢建立後封絳侯，歷任太尉、相國。　正如意之立：糾正劉邦立如意爲太子的做法。如意，戚姬之子。劉邦寵愛戚姬，想廢太子另立如意，陳平周勃束手無策，還是張良獻計請來四皓，劉邦纔作罷。如意被封爲趙王，後被吕后鴆殺。

[3]四皓起而戚姬泣：事見《漢書》卷四〇《張良傳》：劉邦欲立戚姬子如意爲太子，但他發現四皓已經輔佐太子，便召戚夫人對他説："我欲易之，彼四人爲之輔，羽翼已成，難動矣。"戚夫人歔欷流涕。

[4]孤竹：亦作觚竹，商時諸侯國。商末時，孤竹國君有二子，伯夷和叔齊。二人互相謙讓繼承君位的權力，結果一起跑到周國。　齊景：齊景公，春秋時齊國國君，名杵臼，齊靈公之子。公元前547至前490年在位。好治宫室，聚狗馬，厚賦重刑，致民逃離公室。

[5]鄭老：鄭玄，東漢北海高密（今山東省高密市西南）人，字康成。著名經學家。師事古文經學家馬融，兼通今古經文，破兩家門户，遍注群經，自成一家之言。　海隅：古代十藪之一。《爾

雅・釋地》："齊有海隅。"邢昺疏："此營州藪也。"

[6]嚴叟：嚴君平。《漢書》卷七二《王貢兩龔鮑傳》：蜀有嚴君平，爲人修身自保，非其服弗服，非其食弗食。成帝時，君平卜筮於成都市，裁日閱數人，得百錢足自養，則閉肆下簾而授《老子》。

[7]薙（tì）：删除，删削。

[8]總群言之一至：中華本校勘記："《册府》七七〇'至'作'致'，疑是。"

[9]背纓緌：纓緌，冠帶和冠飾。背纓緌指棄官位。

[10]王戎：字濬冲，本書卷四三有傳。

[11]掾：張華任職時開府，此指張華府屬官。

[12]司空：官名，魏晋南北朝爲名譽宰相，多爲大臣加官。晋八公之一，位在三公之末。一品。　下邳王晃：司馬晃，字子明，本書卷三七有傳。

[13]賊曹屬：官名，屬賊曹。賊曹爲大將軍府或公府所屬諸曹之一，主處理盜賊事。

時欲廣農，皙上議曰：

伏見詔書，以倉廩不實，關右饑窮，[1]欲大興田農，以蕃嘉穀，此誠有虞戒大禹盡力之謂。然農穰可致，所由者三：一曰天時不償，[2]二曰地利無失，三曰人力咸用。若必春無霡霂之潤，秋繁滂沱之患，水旱失中，雩禳有請。[3]雖使羲和平秩，后稷親農，理疆甽於原隰，勤薦蓘於中田，猶不足以致倉庾盈億之積也。然地利可以計生，人力可以課致，詔書之旨，亦將欲盡此理乎？

[1]關右：即關西，泛指故函谷關或今潼關以西地區。
[2]天時不僣（qiān）：不違天時。
[3]雩禳：祭祀雨神。

今天下千城，人多游食，廢業占空，無田課之實。[1]較計九州，數過萬計。可申嚴此防，令監司精察，一人失課，負及郡縣，此人力之可致也。

[1]田課：田賦。

又州司十郡，土狹人繁，三魏尤甚，[1]而猪羊馬牧，布其境内，宜悉破廢，以供無業。業少之人，雖頗割徙，在者猶多，田諸菀牧，不樂曠野，貪在人間。故謂北土不宜畜牧，此誠不然。案古今之語，以爲馬之所生，實在冀北，大賈牂羊，[2]取之清渤，[3]放豕之歌，起於鉅鹿，[4]是其效也。可悉徙諸牧，以充其地，使馬牛猪羊齕草於空虛之田，游食之人受業於賦給之賜，此地利之可致者也。昔騑駓在坰，史克所以頌魯僖；[5]却馬務田，老氏所以稱有道，[6]豈利之所以會哉？又如汲郡之吴澤，[7]良田數千頃，濘水停洿，[8]人不墾植。聞其國人，皆謂通泄之功不足爲難，舄鹵成原，[9]其利甚重。而豪强大族，惜其魚捕之饒，構説官長，終於不破。此亦谷口之謠，[10]載在史篇。謂宜復下郡縣，以詳當今之計。荆、揚、兖、豫，[11]污泥之土，渠塢之宜，必多此類，最是不待天時而豐年可獲者也。以其雲雨生於畚臿，多稌生於決泄，[12]不必望朝隮而黄潦臻，[13]禜山川而霖雨息。[14]是故兩周争東西之流，史起惜漳渠之浸，[15]明地利之重也。宜詔四州刺史，使謹按以聞。

[1]三魏：即古代魏郡地區。西漢置魏郡，後來魏郡分置東西部都尉，故有“三魏”之稱。曹魏黄初以後，又指魏郡（治所在鄴縣，今河北省臨漳縣西）、陽平郡（治所在元城縣，今河北省大名縣東北）、廣平郡（治所在曲梁侯國，今河北省邯鄲市永年區東南）。

[2]大賈：大商人。　牂羊：母羊。

[3]清：清河郡，治所在清河縣（今山東省臨清市東北）。渤：渤海郡，西漢置，治所在浮陽縣（今河北省滄州市東南舊滄州），西晋治所在南皮縣（今河北省南皮縣東北）。

[4]鉅鹿：郡名，治所在巨鹿縣（今河北省平鄉縣西南）。

[5]“騅駓在坰”句：《詩·魯頌·駉》：“駉駉牡馬，在坰之野。薄言駉者，有騅有駓，有騂有騏，以車伾伾。思無期，思馬斯才。”毛亨傳：“駉，頌僖公也。僖公能遵伯禽之法，儉以足用，寬以愛民，務農重谷，牧於坰野，魯人尊之。於是季孫行父請命於周，而史克作是頌。”史克，魯國史官。魯僖，魯僖公，春秋時魯國國君，名申，魯莊公少子，公元前659至前627年在位。魯國慶父之亂後，被季友從邾國迎回來即位。

[6]“却馬務田”句：老子《道德經》：“天下有道，却走馬以糞。”糞，以糞肥田。意謂不用兵甲，却走馬治農田。

[7]汲郡：西晋始置，治所在汲縣（今河南衛輝市西南）。吴澤：即吴澤陂，又名三橋陂、太白陂。位於今河南省獲嘉縣西南。

[8]濘水停洿：淹没田地。

[9]舄鹵成原：把水排出去恢復田地。

[10]谷口之謡：語出《漢書》卷二九《溝洫志》："太始二年，趙中大夫白公復奏穿渠。引涇水，首起谷口，尾入櫟陽，注渭中，袤二百里，溉田四千五百餘頃，因名曰白渠。民得其饒，歌之曰：'田於何所？池陽、谷口。鄭國在前，白渠起後。舉臿爲雲，决渠爲雨。涇水一石，其泥數斗。且溉且糞，長我禾黍。衣食京師，億萬之口。'"

[11]揚：揚州，三國魏、吴各置揚州，魏治所在壽春縣（今安徽省壽縣），吴治所在建業縣（今江蘇省南京市）。西晋統一後復合，治所在建鄴縣（今江蘇省南京市）。　兖：兖州，魏晋時期治所在廩丘縣（今山東省鄆城縣西北），晋惠帝末，兖州闔境淪没於石勒。東晋元帝僑置兖州，治京口（今江蘇省鎮江市）。　豫：豫州，曹魏時治所在安城縣（今河南省正陽縣東北），西晋移治陳縣（今河南省周口市淮陽區）。

[12]稌（tú）：稻穀，粳稻。

[13]朝隮：早晨的虹。　黄潦臻：黄潦到來。

[14]禜（yǒng）：古代禳灾之祭。爲禳風雨、雪霜、水旱、癘疫而祭日月星辰、山川之神。《周禮·地官·黨正》："春秋祭禜，亦如之。"鄭玄注："禜，謂雩禜水旱之神。蓋亦爲壇位，如祭社稷云。"禜，宋本作"榮"。

[15]史起：戰國時魏國人。魏襄王時爲鄴令，開渠引漳水以灌鄴田。渠成，民得其利，歌之曰："鄴有賢令兮爲史公，决漳水兮灌鄴旁，終古舄鹵兮生稻粱。"語見《漢書》卷二九《溝血志》。

又昔魏氏徙三郡人在陽平頓丘界，[1]今者繁盛，合五六千家。二郡田地逼狹，謂可徙還西州，以充邊土，賜其十年之復，以慰重遷之情。一舉兩得，外實内寬，增廣窮人之業，以闢西郊之田，此又農事之大益也。

[1]頓丘：縣名，治所在今河南省浚縣北。

轉佐著作郎，[1]撰《晋書·帝紀》、十《志》。遷轉博士，著作如故。

[1]佐著作郎：官名，三國時隸屬中書省，西晋時改隸秘書省，協助著作郎修撰國史及起居注，整理秘書省所藏典籍。七品。

初，太康二年，[1]汲郡人不準盗發魏襄王墓，[2]或言安釐王冢，[3]得竹書數十車。其《紀年》十三篇，記夏以來至周幽王爲犬戎所滅，以事接之，三家分，[4]仍述魏事至安釐王之二十年。蓋魏國之史書，大略與《春秋》皆多相應。其中經傳大異，則云夏年多殷；益干啓位，[5]啓殺之；太甲殺伊尹；[6]文丁殺季歷；[7]自周受命，至穆王百年，非穆王壽百歲也；幽王既亡，[8]有共伯和者攝行天子事，非二相共和也。其《易經》二篇，與《周易》上下經同。《易繇陰陽卦》二篇，與《周易》略同，《繇辭》則異。《卦下易經》一篇，似《説卦》而異。《公孫段》二篇，[9]公孫段與邵陟論《易》。[10]《國語》三篇，言楚晋事。《名》三篇，似《禮記》，又似《爾雅》《論語》。《師春》一篇，書《左傳》諸卜筮，“師春”似是造書者姓名也。《瑣語》十一篇，諸國卜夢妖怪相書也。《梁丘藏》一篇，先叙魏之世數，次言丘藏金玉事。《繳書》二篇，論弋射法。《生封》

一篇，帝王所封。《大曆》二篇，鄒子談天類也。[11]《穆天子傳》五篇，言周穆王游行四海，見帝臺、西王母。《圖詩》一篇，畫贊之屬也。又雜書十九篇：《周食田法》《周書》《論楚事》《周穆王美人盛姬死事》。大凡七十五篇，七篇簡書折壞，不識名題。冢中又得銅劍一枚，長二尺五寸。漆書皆科斗字。初發冢者燒策照取寶物，及官收之，多燼簡斷札，文既殘缺，不復詮次。武帝以其書付秘書校綴次第，尋考指歸，而以今文寫之。皙在著作，得觀竹書，隨疑分釋，皆有義證。遷尚書郎。

[1]太康二年：本書卷三《武帝紀》記咸寧五年（279）冬十月，"得竹簡小篆古書"。卷三六《衛恒傳》作"太康元年"。據紀之中華本校勘記引雷學淇《竹書紀年考證》："竹書發於咸寧五年十月，《帝紀》之説，録其實也。就官收以後上於帝京時言，故曰太康元年，《束晳傳》云二年，或命官校理之歲也。"

[2]魏襄王：戰國時魏國國君，魏惠王之子，姬姓，名嗣。公元前 318 至前 296 年在位。

[3]安釐王：戰國時魏國國君，名圉，魏昭王子。公元前 276 至前 243 年在位。

[4]"得竹書數十車"至"三家分"：宋本闕此段文字。三家分，中華本校勘記："何焯批云，'分'下當有'晋'字，殆當日諱而去之。"

[5]益：伯益，又柏益、伯翳、化益、大費。相傳爲少昊後裔，嬴姓，封於費，又稱費侯。舜時爲掌山澤之官，佐禹治水有功。禹即位後，爲禹繼承人。　啓：夏啓，夏王，禹之子，與益争王。即位後有扈氏不服，啓征服之。是改變禪讓制開啓家天下的第一人。

[6]太甲：商王，名至，湯之孫，太丁之子。在王位時，不遵湯法，亂德，被伊尹囚禁於桐宫。

[7]文丁：商王，名托，武乙之子。　季歷：又稱王季、公季，周先王，古公亶父之幼子，文王之父。商王文丁任其爲牧師，爲西方諸侯之長。後爲文丁所殺，一説因勤勞國事而死。

[8]幽王既亡：中華本校勘記："李校：'幽王'當作'厲王'。"幽王，周幽王，名宫涅，周宣王之子。西周最後一個國王，寵愛褒姒，廢太子申侯，立褒姒子伯服爲太子。申侯聯合犬戎將其推翻。

[9]二篇：二，宋本作"上"。

[10]公孫段：春秋時儒家人物，八派之一的領袖。孔子之後，儒分爲八：顔氏傳《詩》爲道，爲諷諫之儒；孟氏傳《書》爲道，爲疏通致遠之儒；漆雕氏傳《禮》爲道，爲恭儉莊敬之儒；仲良氏傳《樂》爲道，以和陰陽爲移風易俗之儒；樂正氏傳《春秋》爲道，爲屬辭比事之儒；公孫氏傳《易》爲道，爲潔静精微之儒。

[11]鄒子：鄒衍，戰國時齊國人，稍晚於孟子。爲陰陽家代表人物，好談天文，時人稱之爲"談天衍"。

武帝嘗問摯虞三日曲水之義，虞對曰："漢章帝時，平原徐肇以三月初生三女，[1]至三日俱亡，村人以爲怪，乃招携之水濱洗祓，[2]遂因水以泛觴，其義起此。"帝曰："必如所談，便非好事。"晳進曰："虞小生，[3]不足以知，臣請言之。昔周公成洛邑，因流水以泛酒，故逸詩云'羽觴隨波'。又秦昭王以三日置酒河曲，見金人奉水心之劍，曰：'令君制有西夏。'乃霸諸侯，因此立爲曲水。二漢相緣，皆爲盛集。"帝大悦，賜晳金五十斤。

［1］平原：郡國名，治所在平原縣（今山東省平原縣西南）。

［2］洗袚：古代沐浴齋戒以求除災得福的祭祀活動。袚，宋本作“祆”。

［3］小生：晚生。

時有人於嵩高山下得竹簡一枚，[1]上兩行科斗書，傳以相示，莫有知者。司空張華以問皙，皙曰：“此漢明帝顯節陵中策文也。”檢驗果然，時人伏其博識。

［1］嵩高山：今河南省登封市北的嵩山，古名嵩高。《史記》卷二八《封禪書》：“昔三代之居，皆在河洛之間，故嵩高爲中岳，而四岳各如其方。”

趙王倫爲相國，[1]請爲記室。[2]皙辭疾罷歸，教授門徒。年四十卒，元城市里爲之廢業，門生故人立碑墓側。

［1］趙王倫：司馬倫，字子彝，本書卷五九有傳。

［2］記室：官名，記室令史、記室督、記室參軍、中記室參軍等官職的省稱。

皙才學博通，[1]所著《三魏人士傳》、《七代通記》、《晉書》紀志，遇亂亡失。其《五經通論》《發蒙記》《補亡詩》，文集數十篇，行於世云。

［1］才學博通：宋本無“才”字。

王接

王接，字祖游，河東猗氏人，[1]漢京兆尹尊十世孫也。[2]父蔚，世修儒史之學。魏中領軍曹羲作《至公論》，[3]蔚善之，而著《至機論》，辭義甚美。官至夏陽侯相。

[1]河東：郡名，治所在安邑縣（今山西省夏縣西北禹王城）。猗氏：縣名，治所在今山西省猗縣南鐵匠營村。

[2]京兆尹：官名，京畿地方行政長官，職掌如郡守，但地位高於郡守。三品。　尊：王尊，西漢涿郡高陽（今河北省高陽縣東）人，字子贛。初爲郡小吏，元帝時任安定太守，後坐事免職。復起爲護羌將軍又轉爲校尉。成帝時任司隸校尉。後左遷高陵令。以後又歷任諫大夫、徐州刺史、東郡太守等。

[3]中領軍：官名，東漢建安中曹操改領軍置。與中護軍皆典禁兵，屬丞相府。三品。　曹羲：曹爽之弟。與曹爽一起被殺。

接幼喪父，哀毁過禮，鄉親皆嘆曰："王氏有子哉！"渤海劉原爲河東太守，[1]好奇，以旌才爲務。同郡馮收試經爲郎，七十餘，薦接於原曰："夫騂騮不總轡，[2]則非造父之肆；[3]明月不流光，則非隋侯之掌。[4]伏惟明府苞黄中之德，[5]耀重離之明，[6]求賢與能，小無遺錯，是以鄙老思獻所知。竊見處士王接，岐嶷雋異，[7]十三而孤，居喪盡禮，學過目而知，義觸類而長，斯玉鏡之妙味，[8]經世之徽猷也。[9]不患玄黎之不啓，[10]竊樂春英之及時。"原即禮命，接不受。原乃呼見曰："君欲慕肥遁之高邪？"[11]對曰："接薄祜，[12]少孤而無兄弟，母老疾篤，故無心爲吏。”及母終，柴毀骨立，居墓次積年。備覽衆書，多出異義。性簡率，不修俗操，鄉里大族多不能善之，唯裴頠雅知焉。[13]平陽太守柳瀶、散騎侍郎裴遐、尚書僕射鄧攸皆與接友善。[14]後爲郡主簿，迎太守温宇，宇奇之，轉功曹史。[15]州辟部平陽從事。時泰山羊亮爲平陽太守，[16]薦之於司隸校尉王堪，[17]出補都官從事。[18]

[1]劉原：劉，宋本作“瀏”。

[2]騂騮：駿馬。　總轡：控制繮繩。

[3]造父：《史記》卷四三《趙世家》：造父幸於周穆王，取八匹駿馬獻穆王。穆王使造父駕車，西巡狩，見西王母，樂之忘歸。後徐偃王反，穆王日馳千里馬，攻徐偃王，大破之。

[4]隋侯之掌：即隋侯之珠。比喻珍貴的物品。

[5]黄中：美好的内在品德。語見《易・坤・文言》：“君子黄中通理，正位居體，美在其中，而暢於四支，發於事業，美之至也。”

[6]重離：太陽。《易・離》：“明兩作離，大人以繼明照於四方。”孔穎達疏：“明兩作離者，離爲日，日爲明。”

[7]岐嶷：聰慧。《詩・大雅・生民》：“誕實匍匐，克岐克嶷。”　雋異：宋本作“俊異”。

[8]斯玉鏡之妙味：鏡，宋本作“鉉”。

[9]徽猷：美善之道。《詩・小雅・角弓》：“君子有徽猷，小人與屬。”毛亨傳：“徽，美也。”鄭玄箋：“猷，道也。君子有美道以得聲譽，則小人亦樂與之而自連屬焉。”

[10]玄黎：美玉。

[11]肥遁：隱退。《易・遁》：“上九，肥遁，無不利。”孔穎達疏：“《子夏傳》曰：‘肥，饒裕也。’四、五雖在於外，皆在内有

應，猶有反顧之心。惟上九最在外極，無應於内，心無疑顧，是遁之最優，故曰肥遁。”

［12］薄祜：薄福。祜，原本、宋本作“祐”，殿本作“祜”，據殿本改。

［13］裴頠：字逸民，本書卷三五有傳。

［14］平陽：郡名，治所在平陽縣（今山西省臨汾市西南）。　散騎侍郎：官名，三國魏置。隸屬散騎省，侍從皇帝左右，顧問應對、諫諍拾遺，與散騎常侍、侍中等共平尚書奏事。五品。　裴遐：裴綽子，善言玄理。嘗與河南郭象談論，一坐嗟服。東海王司馬越引爲主簿，後爲司馬越子司馬毗所害。　尚書僕射：官名，秦漢爲尚書令副貳，東漢建安四年（199）分置左、右，爲尚書省次官。三品。　鄧攸：字伯道，本書卷九〇有傳。

［15］功曹史：官名，晋朝不開府將軍、太子二傅、特進、郡縣皆置的屬官，掌吏員賞罰任免事宜。

［16］泰山：郡名，治所在奉高縣（今山東省泰安市東）。

［17］王堪：西晋東平（今山東省東平縣西北）人，歷任司隸校尉、尚書令、車騎將軍，後爲石勒所殺。

［18］都官從事：官名，司隸校尉的屬官，舉奏彈劾不法官員。

永寧初，舉秀才。友人滎陽潘滔遺接書曰：[1]“摯虞、卞玄仁並謂足下應和鼎味，可無以應秀才行。”接報書曰：“今世道交喪，將遂剥亂，[2]而識智之士鉗口韜筆，禍敗日深，如火之燎原，其可救乎？非榮斯行，欲極陳所見，冀有覺悟耳。”是歲，三王義舉，惠帝復阼，以國有大慶，天下秀孝一皆不試，接以爲恨。除中郎，補征虜將軍司馬。[3]

［1］滎陽：郡名，治所在滎陽縣（今河南省滎陽市東北）。

潘滔：西晉滎陽（今河南省滎陽市東北）人，任散騎侍郎、黄門郎、司馬越長史、司馬。時稱越府有三才：潘滔大才、劉輿長才、裴邈清才。

[2]剥：《易》卦名。全卦六爻，僅一條陽爻在上，而五條陰爻在下，陰气盛，陽气衰，象徵小人得勢，君子不利。後謂時運不利爲剥。

[3]征虜將軍：既是武官名，也作爲高級文職官員的加官。三品。　司馬：官名，府署高級幕僚。掌參讚軍務、管理府内武職，位僅次於長史。魏晉南北朝時王府、公府、軍府、邊郡均置。此爲征虜將軍府司馬，七品。

蕩陰之役，[1]侍中嵇紹爲亂兵所害，[2]接議曰："夫謀人之軍，軍敗則死之；謀人之國，國危則亡之，古之道也。蕩陰之役，百官奔北，唯嵇紹守職以遇不道，可謂臣矣，又可稱痛矣。今山東方欲大舉，宜明高節，以號令天下。依《春秋》褒三累之義，[3]加紹致命之賞，則遐邇向風，莫敢不肅矣。"朝廷從之。

[1]蕩陰：縣名，治所在今河南省湯陰縣。

[2]侍中：官名，東漢建安中與給事黄門侍郎出入禁中，省尚書事。曹魏時爲門下之侍中省長官，常侍衛皇帝左右，掌顧問應對、諫諍糾察、平議奏事、駁奏異議等，權力甚重。三品。　嵇紹：字延祖，本書卷八九有傳。

[3]褒三累：褒揚三個从君而死的忠臣。《公羊傳·僖公十年》："及者何？累也。弒君多矣，捨此無累者乎？曰：有，孔父、仇牧皆累也。"注："累，累從君而死。齊人語也。"

河間王顒欲遷駕長安，[1]與關東乖異，以接成都王佐，難之，表轉臨汾公相國。及東海王越率諸侯討顒，[2]尚書令王堪統行臺，[3]上請接補尚書殿中郎，[4]未至而卒，年三十九。

[1]河間王顒：司馬顒，字文載，本書卷五九有傳。

[2]東海王越：司馬越，字元超，本書卷五九有傳。

[3]尚書令：官名，秦漢時爲尚書署長官。秩位雖低，權力甚重。魏晋時沿置，爲尚書省長官，綜理全國政務，參議大政，爲高級政務長官。三品。　行臺：臺省在外者。將帥出征時隨其所駐之地設立的代表中央的政務機構。

[4]尚書殿中郎：官名，殿中侍衛武官。

接學雖博通，特精《禮》《傳》。常謂《左氏》辭義贍富，自是一家書，不主爲經發。《公羊》附經立傳，經所不書，傳不妄起，於文爲儉，通經爲長。任城何休訓釋甚詳，[1]而黜周王魯，大體乖硋，且志通《公羊》而往往還爲《公羊》疾病。[2]接乃更注《公羊春秋》，多有新義。時秘書丞衛恒考正汲冢書，[3]未訖而遭難。佐著作郎束晳述而成之，事多證異義。時東萊太守陳留王庭堅難之，[4]亦有證據。晳又釋難，而庭堅已亡。散騎侍郎潘滔謂接曰："卿才學理議，[5]足解二子之紛，可試論之。"接遂詳其得失。摯虞、謝衡皆博物多聞，咸以爲允當。又撰《列女後傳》七十二人，雜論議、詩賦、碑頌、駁難十餘萬言，喪亂盡失。

[1]任城：封國名，治所在任城縣（今山東省微山縣西北）。

何休：東漢任城樊（今山東省濟寧市兗州區）人，字邵公，東漢末遇黨錮之禍遭禁錮。黨禁解，任司徒、議郎、諫議大夫等職。精研《六經》，今文經學家。

[2]往往還爲《公羊》：宋本無此六字。

[3]秘書丞：官名，秘書監次官。負責典籍圖書的管理和整理，爲清要之官，多由士族高門擔任。六品。　衛恒：字巨山，本書卷三六有傳。

[4]東萊：郡國名，治所在掖縣（今山東省萊州市）。　陳留：郡國名，治所在小黄縣（今河南省開封市東）。

[5]才學理議：議，宋本作"義"。

長子愆期，流寓江南，緣父本意，更注《公羊》，又集《列女後傳》云。

史臣曰：皇甫謐素履幽貞，閑居養疾，留情筆削，敦悦丘墳，軒冕未足爲榮，貧賤不以爲耻，確乎不拔，斯固有晋之高人者歟！洎乎《篤終》立論，薄葬昭儉，既戒奢於季氏，[1]亦無取於王孫，[2]可謂達存亡之機矣。摯虞、束皙等並詳覽載籍，多識舊章，奏議可觀，文詞雅贍，可謂博聞之士也。或攝官延閣，裁成言事之書；或莅政秩宗，參定禋郊之禮。虞既厄於從理，皙乃年位不充，天之報施，何其爽也！王接才調秀出，見賞知音，惜其夭枉，未申驥足，嗟夫！[3]

[1]季氏：指季平子，即季孫意如，春秋時期魯國大夫，季桓子之父。死後想用國君送給他的寶玉陪葬。

[2]王孫：即楊王孫。西漢武帝時人。學黄老之術，家業千金，

厚自奉養生，無所不至。死前令其子將其裸葬。

[3]嗟夫：宋本作“美夫”。

贊曰：士安好逸，栖心蓬蓽。屬意文雅，忘懷榮秩。遺制可稱，養生乖術。摯虞博聞，廣微絶群。財成禮度，刊緝遺文。魏篇式序，漢册斯分。祖游後出，亦播清芬。

晋書　卷五二

列傳第二十二

郤詵　阮种　華譚 袁甫[1]

郤詵

郤詵，字廣基，濟陰單父人也。[2]父晞，尚書左丞。[3]詵博學多才，瓌偉倜儻，[4]不拘細行，州郡禮命並不應。

[1]原本卷首目録將“袁甫”作大字正傳人名，據原本總目録及中華本目録、正文改爲“華譚”下小字附傳人名。

[2]濟陰：郡名，治所在定陶縣（今山東省菏澤市定陶區）。單父：縣名，治所在今山東省單縣南。

[3]尚書左丞：官名，尚書省佐官，位次尚書，居尚書右丞上。與右丞共掌尚書都省庶務，率諸都令史監督稽核諸尚書曹、郎曹政務。左丞又掌督録近道文書章奏，監察糾彈尚書令、僕射、尚書等文武百官，號稱“監司”，權勢甚重。六品。

[4]瓌偉倜儻：魁偉卓異。

泰始中，詔天下舉賢良直言之士，太守文立舉詵應選。[1]

[1]文立：字廣休，本書卷九一有傳。

詔曰："蓋太上以德撫時，易簡無文。至于三代，禮樂大備，制度彌繁。文質之變，其理何由？虞夏之際，聖明繼踵，[1]而損益不同。周道既衰，仲尼猶曰從周。因革之宜，又何殊也？聖王既没，遺制猶存，霸者迭興而翼輔之，王道之缺，其無補乎？何陵遲之不反也？[2]豈霸德之淺歟？期運不可致歟？且夷吾之智，[3]而功止於霸，何哉？夫昔人之爲政，革亂亡之弊，建不刊之統，[4]移風易俗，刑措不用，豈非化之盛歟？何修而嚮兹？朕獲承祖宗之休烈，于兹七載，而人未服訓，政道罔述。以古况今，何不相逮之遠也？[5]雖明之弗及，猶思與群賢慮之，將何以辨所聞之疑昧，獲至論於讜言乎？加自頃戎狄内侵，灾害屢作，邊甿流離，徵夫苦役，豈政刑之謬，將有司非其任與？各悉乃心，究而論之。上明古制，下切當今。朕之失德，所宜振補。其正議無隱，將敬聽之。"

[1]繼踵：繼，宋本、殿本作"係"。

[2]陵遲：衰落、衰敗。

[3]夷吾：即管仲，春秋初潁上（今安徽省潁水之濱）人，名夷吾。齊桓公時任卿相，進行一系列改革，使齊國國力大增，齊桓公成爲春秋五霸之首。

[4]不刊：不可磨滅。

[5]不相逮：不相及，趕不上。

詵對曰：

伏惟陛下以聖德君臨，猶垂意於博采，故招賢正之士，而臣等薄陋，不足以降大問也。是以竊有自疑之心，雖致身於闕庭，亦僶俯矣。[1]伏讀聖策，乃知下問之旨篤焉。

[1]僶（mǐn）俯：勉强。

臣聞上古推賢讓位，教同德一，故易簡而人化；三代世及，季末相承，故文繁而後整。虞夏之相因，而損益不同，非帝王之道異，救弊之路殊也。周當二代之流，承彫僞之極，盡禮樂之致，窮制度之理，其文詳備，仲尼因時宜而曰從周，非殊論也。臣聞聖王之化先禮樂，五霸之興勤政刑。禮樂之化深，政刑之用淺。勤之則可以小安，墮之則遂陵遲。所由之路本近，故所補之功不侔也。[1]而齊桓失之葵丘，[2]夷吾淪于小器，功止於霸，不亦宜乎！

[1]不侔：不相等。

[2]齊桓：齊桓公，春秋時齊國國君，名小白，僖公之子，襄公之弟。公元前685至前643年在位。爲公子時因國家内亂出走至莒，襄公死後被迎回立爲國君。在位時任用管仲，改革内政，國力

漸强。九合諸侯，尊王攘夷，成爲春秋五霸之首。　葵丘：葵丘邑，地名，在今河南省民權縣東北。

策曰："建不刊之統，移風易俗，天下洽和，[1]何修而嚮兹？"臣以爲莫大於擇人而官之也。今之典刑，匪無一統，宰牧之才，優劣異績，或以之興，或以之替，此蓋人能弘政，非政弘人也。舍人務政，雖勤何益？臣竊觀乎古今，而考其美惡：古人相與求賢，今人相與求爵。古之官人，君責之於上，臣舉之於下，得其人有賞，失其人有罰，安得不求賢乎！今之官者，父兄營之，親戚助之，有人事則通，無人事則塞，安得不求爵乎！賢苟求達，達在修道，窮在失義，故静以待之也。爵苟可求，得在進取，失在後時，故動以要之也。動則争競，争競則朋黨，朋黨則誣謟，[2]誣謟則臧否失實，[3]真僞相冒，主聽用惑，奸之所會也。静則貞固，[4]貞固則正直，正直則信讓，信讓則推賢，推賢不伐，相下無曆，主聽用察，德之所趣也。故能使之静，雖曰高枕而人自正；不能禁動，雖復夙夜，俗不一也。且人無愚智，咸慕名宦，[5]莫不飾正於外，藏邪於内，故邪正之人難得而知也。任得其正，則衆正益至；若得其邪，則衆邪亦集。物繁其類，誰能止之！故亡國失世者，[6]未嘗不爲衆邪所積也。方其初作，必始於微，微而不絶，其終乃著。天地不能頓爲寒暑，人主亦不能頓爲隆替；故寒暑漸於春秋，隆替起於得失。當今之世，宦者無關梁，邪門啓矣；朝廷不責賢，正路塞矣。得失之源，何以甚此！所謂責賢，使之相舉也；所謂關梁，[7]使之相保也。賢不舉則有咎，保不信則有罰。[8]故古者諸侯必貢士，不貢者削，貢而不適亦削。夫士者，難知也；不適者，薄過也。不得不責，强其所不知也；罰其所不適，深其薄過，非恕也。且天子於諸侯，有不純臣之義，斯責之矣。施刑之道，[9]寧縱不濫之矣。今皆反是，何也？夫賢者天地之紀，品物之宗，其急之矣，[10]故寧濫以得之，無縱以失之也。今則不然，世之悠悠者，各自取辨耳。故其材行並不可必，於公則政事紛亂，於私則污穢狼籍。自頃長吏特多此累，有亡命而被購懸者矣，有縛束而絞戮者矣。貪鄙竊位，不知誰升之者？獸兕出檻，不知誰可咎者？網漏吞舟，[11]何以過此！人之於利，如蹈水火焉。前人雖敗，後人復起，如彼此無已，誰止之者？風流日競，誰憂之者？雖今聖思勞於夙夜，所使爲政，恒得此屬，欲聖世化美俗平，亦俟河之清耳。若欲善之，宜創舉賢之典，峻關梁之防。其制既立，則人慎其舉而不苟，則賢者可知。知賢而試，則官得其人矣。官得其人，則事得其序；事得其序，則物得其宜；物得其宜，則生生豐植，人用資給，和樂興焉。是故寡過而遠刑，知耻以近禮，此所以建不刊之統，[12]移風易俗，刑措而不用也。

[1]天下洽和：宋本、殿本“天”上有“使”字。

[2]誣調：誣陷誹謗。調，宋本作“罔”。

[3]臧否：品評，褒貶。

[4]貞固：堅定不移地守持正道。

[5]咸慕名宦：宦，原本、殿本作“官”，宋本作“宦”，據宋本改。

[6]亡國失世：亡國，原本、殿本乙作“國亡”，宋本作“亡國”，據宋本改。

[7]關梁：負保舉推薦之責。

[8]則有罰：則，宋本作“亦”。

[9]施刑之道：刑，中華本作“行”，原本、宋本、殿本作“刑”。

[10]其急之矣：矣，宋本作“也”。

[11]網漏吞舟：使大魚漏網。吞舟，即吞舟之魚。

[12]不刊之統：刊，宋本作“利”。

策曰：“自頃夷狄内侵，灾眚屢降，[1]將所任非其人乎？何由而至此？”臣聞蠻夷猾夏，則皋陶作士，[2]此欲善其末，則先其本也。夫任賢則政惠，使能則刑恕。政惠則下仰其施，刑恕則人懷其勇。施以殖其財，勇以結其心。故人居則資贍而知方，動則親上而志勇。苟思其利而除其害，以生道利之者，雖死不貳；以逸道勞之者，雖勤不怨。故其命可授，其力可竭，以戰則克，以攻則拔。是以善者慕德而安服，惡者畏懼而削迹。止戈而武，義實在文，唯任賢然後無患耳。若夫水旱之灾，自然理也。故古者三十年耕必有十年之儲，堯湯遭之而人不困，有備故也。自頃風雨雖頗不時，考之萬國，或境土相接，而豐約不同；或頃畝相連，而成敗異流，固非天之必害於人，人實不能均其勞苦。[3]失之於人，而求之於天，則有司惰職而不勸，[4]百姓殆業而咎時，非所以定人志，致豐年也。宜勤人事而已。

[1]灾眚：灾殃禍患。

[2]皋陶：又作咎繇，相傳爲堯舜時人，生於曲阜，偃姓。被舜命爲管理刑獄之官。　作士：任士師。士師，亦作士史。古代執掌禁令刑獄的官。

[3]均其勞苦：苦，宋本作“若”。

[4]惰職：惰，原本作“隋”，宋本、殿本作“惰”，據宋本、殿本改。

臣誠愚鄙不足以奉對聖朝，猶進之于廷者，將使取諸其懷而獻之乎，臣懼不足也。若收不知言以致知言，臣則可矣，是以辭鄙不隱也。

以對策上第，拜議郎。[1]母憂去職。

[1]議郎：官名，西漢始置。魏晋時品秩雖低，名義清高。七品。

誅母病，苦無車，及亡，不欲車載柩，家貧無以市馬，乃於所住堂北壁外假葬，開户，朝夕拜哭。養雞種蒜，竭其方術。喪過三年，得馬八匹，輿柩至家，[1]負土成墳。未畢，召爲征東參軍。[2]徙尚書郎，[3]轉車騎從事中郎。[4]

[1]柩：宋本作“棺”。

[2]征東參軍：官名，征東將軍府佐官。參軍，亦作參軍事，謂參謀軍事。兩晋公府、軍府皆置。

[3]尚書郎：官名。東漢之制，取孝廉中之有才能者入尚書臺，在皇帝左右處理政務，初入臺稱守尚書郎中，滿一年稱尚書郎，滿三年稱侍郎。魏晋以後尚書各曹有侍郎、郎中等官，綜理職務，通稱爲尚書郎。六品。

[4]從事中郎：官名，東漢時爲大將軍屬官，地位較高。三國時爲將軍府或公府屬官。六品。此爲車騎將軍府從事中郎。

吏部尚書崔洪薦詵爲左丞。[1]及在職，嘗以事劾洪，洪怨詵，詵以公正距之，語在《洪傳》。洪聞而慚服。

[1]吏部尚書：官名，三國魏時爲尚書省吏部曹長官，位居列曹尚書之上。三品。　崔洪：字良伯，本書卷四五有傳。

累遷雍州刺史。[1]武帝於東堂會送，[2]問詵曰："卿自以爲何如？"詵對曰："臣舉賢良對策，爲天下第一，猶桂林之一枝，崑山之片玉。"帝笑。侍中奏免詵官，[3]帝曰："吾與之戲耳，不足怪也。"[4]詵在任威嚴明斷，甚得四方聲譽。卒於官。子延登爲州別駕。[5]

[1]雍州：治所在姑臧縣（今甘肅省武威市）。東漢建安十八年（213）移治長安（今陝西省西安市西北）。

[2]東堂：太極殿東堂。

[3]侍中：官名，東漢建安中與給事黄門侍郎出入禁中，省尚書事。曹魏時爲門下之侍中省長官，常侍衛皇帝左右，掌顧問應對、諫諍糾察、平議奏事、駁奏異議等，權力甚重。三品。

[4]不足怪也：宋本作“不足爾”。

[5]别駕：官名，别駕從事、别駕從事史省稱。州部佐官，因從刺史行部，别乘傳車，故稱。位居州吏之右。

阮种

阮种，字德猷，陳留尉氏人，[1]漢侍中胥卿八世孫也。弱冠有殊操，[2]爲嵇康所重。[3]康著《養生論》，所稱阮生，即种也。察孝廉，[4]爲公府掾。

[1]陳留：郡國名，治所在小黄縣（今河南省開封市東）。尉氏：縣名，治所在今河南省尉氏縣。

[2]弱冠：指男子二十歲時。《禮記·曲禮上》：“二十曰弱，冠。”年少爲弱，待至二十，即爲成年，舉行冠禮。

[3]嵇康：字叔夜，本書卷四九有傳。

[4]孝廉：漢代選拔人才的科目。

是時西虜内侵，灾眚屢見，百姓饑饉，詔三公、卿尹、常伯、牧守各舉賢良方正直言之士。[1]於是太保何曾舉种賢良。[2]

[1]三公：宋本作“王公”。

[2]太保：官名，史上屢次廢置，三國魏末年復置。晋爲八公之一，位上公，在太宰、太傅之下。安置元老重臣，無職掌。一品。太，殿本作“大”。　何曾：字穎考，本書卷三三有傳。　賢

良：選舉科目，始於漢代。

策曰："在昔哲王，承天之序，光宅宇宙，咸用規矩乾坤，惠康品類，[1]休風流衍，彌于千載。朕應踐洪運統位，七載於今矣。惟德弗嗣，不明于政，宵興惕厲，未燭厥猷。[2]子大夫韞韇道術，[3]儼然而進，朕甚嘉焉。其各悉乃心，以闡喻朕志，深陳王道之本，勿有所隱，朕虚心以覽焉。"种對曰："夫天地設位，聖人成能，王道至深，所以行化至遠。故能開物成務，[4]而功業不匱，近無不聽，遠無不服，德逮群生，澤被區宇，聲施無窮，而典垂百代。故《經》曰：'聖人久於其道，而天下化成。'[5]宜師踪往代，襲迹三五，[6]矯世更俗，以從人望。令率士遷義，[7]下知所適，播醇美之化，杜邪枉之路，斯誠群黎之所欣想盛德而幸望休風也。"

[1]惠康品類：恩澤萬物。

[2]未燭厥猷：没明白其中的道理。

[3]韞（yùn）韇（dú）：懷藏。

[4]開物成務：指通曉萬物的道理並按這道理行事而得到成功。語出《易·繫辭上》："夫《易》，開物成務，冒天下之道，如斯而已者也。"孔穎達疏："言《易》能開通萬物之志，成就天下之務。"意爲通曉事物之理從而取得成功。

[5]"聖人久於其道"句：語見《易·衡·彖辭》。

[6]三五：三皇五帝。

[7]令率士遷義：士，原本、宋本、殿本作"土"，據中華本改。

又問政刑不宣，禮樂不立。對曰："政刑之宣，故由乎禮樂之用。昔之明王，唯此之務，所以防遏暴慢，感動心術，制節生靈，而陶化萬姓也。[1]禮以體德，樂以咏功，樂本於和，而禮師於敬矣。"

[1]萬姓：姓，宋本、殿本作"性"。

又問戎蠻猾夏。對曰："戎蠻猾夏，侵敗王略，雖古盛世，猶有此虞。故《詩》稱'獫狁孔熾'，[1]《書》嘆'蠻夷帥服'。[2]自魏氏以來，夷虜内附，鮮有桀悍侵漁之患。由是邊守遂怠，鄣塞不設。而令醜虜内居，與百姓雜處，邊吏擾習，人又忘戰。受方任者，又非其材，或以狙詐，侵侮邊夷；或干賞啖利，[3]妄加討戮。夫以微羈而御悍馬，又乃操以煩策，其不制者，固其理也。是以群醜蕩駭，緣間而動。雖三州覆敗，[4]牧守不反，此非胡虜之甚勁，蓋用之者過也。臣聞王者之伐，有征無戰，懷遠以德，不聞以兵。夫兵凶器，而戰危事也。兵興則傷農，衆集則費積；農傷則人匱，積費則國虚。昔漢武之世，承文帝之業，資海内之富，役其材臣，以甘心匈奴，競戰勝之功，貪攻取之利，良將勁卒，屈於沙漠，勝敗相若，[5]克不過當，夭百姓之命，填餓狼之口。及其以衆制寡，令匈奴遠迹，收功祁連，飲馬瀚海，天下之耗，已過太半矣。夫虚中國以事夷狄，誠非計之得者也。是以盗賊蜂起，山東不振。暨宣元之時，趙充國征西零，[6]馮奉世征南羌，[7]皆兵不血刃，摧抑强暴，擒其首惡，此則折衝厭難，勝敗相辨，中世之明效也。”

[1]獫狁：古代北方少數民族名，即後來的匈奴。 孔熾：猖獗，囂張。

[2]蠻夷帥服：語見《尚書·舜典》。

[3]干賞啖利：貪圖賞賜之利。

[4]三州：周一良先生認爲，據《武帝本紀》、卷五七《胡奮附胡烈傳》及《通鑑》卷七九，當時衹有秦州和凉州，因此，“三州”當作“二州”。(參見周一良《魏晉南北朝史札記》，中華書局1985年版)

[5]相若：相比較。

[6]趙充國：西漢隴西上邽（今甘肅省天水市）人，字翁叔。武帝時爲騎士，以善騎射補羽林。從李廣利擊匈奴有功，遷車騎將軍長史。昭帝時歷任水衡都尉、後將軍、衛尉等職。

[7]馮奉世：西漢上黨潞（今山西省黎城縣西南）人，字子明。武帝末以良家子選爲郎。歷昭帝、宣帝、元帝三朝，歷任光禄大夫、水衡都尉、執金吾、右將軍典屬國、光禄勛、左將軍。宣帝時建功西域。

又問咎徵作見。對曰：“陰陽否泰，[1]六沴之灾，[2]則人主修政以禦之，思患而防之，建皇極之首，詳庶徵之用。《詩》曰：‘敬之敬之，天惟顯思’，[3]天聰明自我人聰明，是以人主祖承天命，日慎一日也。故能應受多福而永世克祚，此先王之所以退灾消眚也。”

[1]否泰：《易》的兩个卦名。泰即万物通泰；否即不交閉塞。

后常以指世事的盛衰、命運的順逆。

[2]六沴之灾：因六气不和而產生的灾異。沴，气不和而相傷。

[3]“敬之敬之”句：語出《詩·周頌·敬之》。

又問經化之務。[1]對曰：“夫王道之本，經國之務，必先之以禮義，而致人於廉耻。禮義立，則君子軌道而讓於善；廉耻立，則小人謹行而不淫於制度。賞以勸其能，威以懲其廢。此先王所以保乂定功，[2]化洽黎元，而勛業長世也。故上有克讓之風，則下有不争之俗；朝有矜節之士，則野無貪冒之人。夫廉耻之於政，猶樹藝之有豐壤，良歲之有膏澤，其生物必油然茂矣。若廉耻不存，而惟刑是御，則風俗彫弊，人失其性，錐刀之末，皆有争心，雖峻刑嚴辟，猶不勝矣。其於政也，如農者之殖磽野，[3]旱年之望豐穡，必不幾矣。此三代所以享德長久，風醇俗美，皆數百年保天之禄。而秦二世而弊者，蓋其所由之塗殊也。”

[1]經化：治理教化。

[2]保乂定功：建立使國家安定太平之功業。

[3]磽（qiāo）野：板結瘠薄的土地。

又問：“將使武成七德，[1]文濟九功，[2]何路而臻于兹？[3]凡厥庶事，曷後曷先？”對曰：“夫文武經德，所以成功丕業，咸熙庶績者，莫先於選建明哲，授方任能。令才當其官而功稱其職，則萬機咸理，[4]庶寮不曠。《書》曰：‘天工人其代之。’[5]然則繼天理物，寧國安家，非賢無以成也。夫賢才之畜於國，由良工之須利器，巧匠之待繩墨也。器用利，則斵削易而材不病；繩墨設，則曲直正而衆形得矣。是以人主必勤求賢，而佚以任之也。賢臣之於主，進則忠國愛人，退則砥節潔志，營職不干私義，出心必由公塗，明度量以呈其能，審經制以效其功。[6]此昔之聖王所以恭己南面而化於陶鈞之上者，以其所任之賢與所賢之信也。方今海内之士皆傾望休光，希心紫極，[7]唯明主之所趣舍。若開四聰之聽，廣疇咨之求，抽群英，延俊乂，考工授職，呈能制官，朝無素餐之士，如此化流罔極，樹功不朽矣。"

[1]七德：指七种品德。分爲文七德和武七德。文七德爲：尊貴、明賢、庸勛、長老、愛親、禮新、親舊。武七德爲：禁暴、戢兵、保大、定功、安民、和衆、豐財。

[2]九功：《左傳・文公七年》："六府、三事，謂之九功。水、火、金、木、土、穀，謂之六府。正德、利用、厚生，謂之三事。"

[3]何路而臻於兹：什麽途徑可以達到？

[4]萬機：機，殿本作"幾"。

[5]天工人其代之：語見《尚書・皋陶謨》。

[6]審經制：詳究治國制度。

[7]希心紫極：寄希望於帝王。紫極，帝王宫殿，此指帝王。

時种與郤詵及東平王康俱居上第，[1]即除尚書郎。然毁譽之徒，或言對者因緣假託，帝乃更延群士，庭以問之。詔曰："前者對策，各指答所問，[2]未盡子大夫所欲言，故復延見，其具陳所懷。又比年連有水旱灾眚，雖戰戰兢兢，未能究天人之理，當何修以應其變？人遇水旱饑饉者，何以救之？中間多事，未得寧静，思以省息煩務，令百姓不失其所。若人有所患苦者，[3]有宜損益，使公私兩濟者，委曲陳之。又政在得人，而知之至難，唯有因人視聽耳。若有文武隱逸之士，各舉所知，雖幽賤負俗，勿有所限。故虚心思聞事實，勿務華辭，莫有所諱也。”

[1]東平：郡國名，治所在須昌縣（今山東省東平縣西北）。
[2]各指答所問：指，宋本作“旨”。
[3]若人有所患苦者：苦者，宋本作“若事”。

种對曰：“伏惟陛下以聖哲玄覽，降恤黎蒸，將濟元元，同之三代，旁求俊乂，以輔至化，此誠堯舜之用心也。臣猥以頑魯之質，應清明之舉，前者對策，不足以疇塞聖詔，所陳不究，臣誠蒙昧，所以爲罪。臣聞天生蒸庶，[1]樹君以司牧之，人君道洽，則彝倫攸序，[2]五福來備。若政有愆失，刑理頗僻，則庶徵不應，而淫亢爲灾。此則天人之理，而興廢之由也。昔之聖王，政道備而制先具，軌人以務，致之於本，是以雖有水旱之眚，而無饑饉之患也。自頃陰陽隔并，水旱爲灾，亦猶期運之致。[3]不然，則亦有司之不帥，不能宣承聖德，以贊揚大化，故和氣未降而人事未叙也。[4]方今百姓凋弊，公私無儲，誠在於休役静人，勸嗇務分，此其救也。人之所患，由於役煩網密而信道未孚也。[5]役煩則百姓失業，網密則下背其誠，信道未孚則人無固志。此則損益之至務，安危之大端也。傳曰：‘始與善，善進，則不善蔑由至。’[6]孔子曰：‘視其所以，觀其所由，人焉廋哉！’若夫文武隱逸之士，幽賤負俗之才，故非愚臣之所能識。謹竭愚以對。”

[1]蒸庶：百姓。

[2]彝倫攸序：倫常有序。序，原本、宋本、殿本皆作“叙”，據中華本改。

[3]亦猶期運之致：猶，殿本作“由”。

[4]未叙：未，宋本作“不”。

[5]信道未孚：誠信之道没有實現。

[6]蔑由至：没有途徑到來。

策奏，帝親覽焉，又擢爲第一。轉中書郎。[1]進止有方，正己率下，朝廷咸憚其威容。每爲駁議，事皆施用，遂爲楷則。

[1]中書郎：官名，隸屬中書令。掌草擬詔書、外出執行重要使命等。亦作爲中書通事郎、中書侍郎的省稱。五品。

遷平原相。[1]時襄邑衛京自南陽太守遷于河内，[2]與种俱拜，帝望而嘆曰：“二千石皆若此，朕何憂乎！”种爲政簡惠，百姓稱之，卒於郡。

[1]平原：郡國名，治所在平原縣（今山東省平原縣西南）。　相：官名，郡國相，也稱内史。五品。

[2]襄邑：縣名，治所在今河南省睢縣。　南陽：郡名，治所在宛縣（今河南省南陽市）。　河内：郡名，治所在野王縣（今河

南省沁陽市）。

华譚

華譚，字令思，廣陵人也。[1]祖融，吴左將軍、録尚書事。[2]父諝，吴黄門郎。[3]譚期歲而孤，[4]母年十八，便守節鞠養，勤勞備至。及長，好學不倦，爽慧有口辯，[5]爲鄰里所重。揚州刺史周浚引爲從事史，[6]愛其才器，待以賓友之禮。

[1]廣陵：三國時治淮陰縣（今江蘇省淮安市淮陰區西南甘羅城），東晋移治廣陵縣（今江蘇省揚州市西北蜀岡上）。

[2]左將軍：官名，漢代爲重號將軍，與前、後、右將軍並爲上卿。魏晋時爲常設官職，權位較兩漢漸低，僅爲武官名號，略高於一般雜號將軍，不典禁兵。三品。　録尚書事：官名，初爲職銜名，重臣加此名義始得總知國事，綜理政務，成爲真宰相。魏晋多以公卿權重者居之，總領尚書省政務，凡重號將軍、刺史皆得命曹授用，位在三公之上。

[3]黄門郎：官名，黄門侍郎或給事黄門侍郎的省稱。五品。

[4]期歲：一周歲。

[5]有口辯：辯，原本、宋本作“辨”，殿本作“辯”，據殿本改。

[6]揚州：三國魏、吴各置揚州，魏治所在壽春縣（今安徽省壽縣），吴治所在建業縣（今江蘇省南京市）。西晋統一後復合，治所在建鄴縣（今江蘇省南京市）。　周浚：字開林，本書卷六一有傳。　從事史：官名，州部屬吏。東漢稱從事史，以後稱從事，由州部長官自己選拔任命。

太康中，刺史嵇紹舉譚秀才，[1]將行，别駕陳總餞之，因問曰："思賢之主以求才爲務，進取之士以功名爲先，何仲舒不仕武帝之朝，[2]賈誼失分漢文之時？[3]此吴晋之滯論，可辨此理而後别。"譚曰："夫聖人在上，物無不理，百揆之職，[4]非賢弗居。[5]故山林無匿景，衡門不栖遲。[6]至承統之王，或是中才，或復凡人，居聖人之器，處兆庶之上，是以其教日頽，風俗漸弊。又中才之君，所資者偏，物以類感，必於其黨，黨言雖非，彼以爲是。以所授有顔冉之賢，[7]所用有廊廟之器，居官者日冀元凱之功，[8]在上者日庶堯舜之義，彼豈知其政漸毁哉！朝雖有求賢之名，而無知才之實。言雖當，彼以爲誣；策雖奇，彼以爲妄。誣則毁己之言入，妄則不忠之責生。豈故爲哉？淺明不見深理，近才不睹遠體也。是以言不用，計不施，恐死亡之不暇，何論功名之立哉！故上官昵而屈原放，[9]宰嚭寵而伍員戮，[10]豈不哀哉！若仲舒抑於孝武，賈誼失於漢文，蓋復是其輕者耳。故白起有云：[11]'非得賢之難，用之難。非用之難，信之難。'得賢而不能用，用而不能信，功業豈可得而成哉！"

[1]嵇紹：字延祖，本書卷八九有傳。

[2]仲舒：董仲舒，西漢廣川（今河北省景縣西南廣川鎮）人，少治《春秋》。景帝時任博士，武帝時任江都王相、中大夫。提出罷黜百家獨尊儒術，被武帝采納。主治《公羊春秋》學，宣傳天人感應。　不仕武帝之朝：仕，宋本作"叙"。

[3]賈誼：西漢洛陽（今河南省洛陽市）人。文帝時爲博士，後遷至太中大夫。建議改正朔、定官名、興禮樂、削藩王。因大臣

周勃、灌嬰等譖毁，被貶爲長沙王太傅。

[4]百揆：各種政務。

[5]弗：宋本、殿本作“不”。

[6]衡門：隱居的地方。

[7]顔：顔回，孔子弟子，名回，字子淵，亦稱顔淵。早卒。冉：冉有，春秋末魯國人，姓冉，名求，字子有，亦稱冉求。孔子弟子，以善從政著稱。

[8]元凱：即八元、八愷。八元：上古傳説中的八个才子。《左傳·文公十八年》：“高辛氏有才子八人：伯奮、仲堪、叔獻、季仲、伯虎、仲熊、叔豹、季貍，忠肅共懿，宣慈惠和，天下之民謂之‘八元’。”八愷，《左傳·文公十八年》：“昔高陽氏有才子八人：蒼舒、隤敳、檮戭、大臨、尨降、庭堅、仲容、叔達，齊聖廣淵，明允篤誠，天下之民謂之‘八愷’。”泛指賢臣、才士。

[9]上官：上官大夫，戰國楚人，因嫉妒屈原，向楚懷王進讒言，使屈原被疏遠。頃襄王即位後，又受令尹子蘭指使，誣害屈原。　屈原：戰國時楚人，名平，字原。又名正則，字靈均。楚國貴族，任左徒、三閭大夫。爲人正道直行，對内主張明法度，任賢能；對外主張聯齊抗秦。因上官大夫讒言，被楚懷王疏遠。後被流放江南，因國都失守，無力回天，投汨羅江而死。

[10]宰嚭：春秋時吴國人，任太宰。性貪，吴越之戰，接受越國的賄賂，勸吴王不要滅掉越國。結果越國得以休養生息，反過手來將吴國滅掉。越王滅吴后，認爲宰嚭不忠，將其殺掉。　伍員：春秋時人，名員，字子胥，楚國大夫伍奢之次子，伍尚之弟。楚平王七年（前522）因費無忌迫害而出走吴國，助闔閭奪取王位，被任爲行人。屢立戰功，封於申，又稱申胥。吴王夫差時，因勸諫吴王而被疏遠，最後自殺而死。

[11]白起：戰國郿（今陝西省眉縣東渭河北岸）人，一稱公孫起。戰國名將，歷任秦國左庶長、左更、國尉、大良造。先後攻韓國新城，破韓魏聯軍於伊闕，攻破楚都郢城，大破趙軍於長平，

坑殺降卒四十餘萬。後因與范睢有隙，被免爲士伍，自殺。

譚至洛陽，武帝親策之，曰："今四海一統，萬里同風，天下有道，莫斯之盛。然北有未羈之虜，西有醜施之氐，[1]故謀夫未得高枕，邊人未獲晏然，將何以長弭斯患，混清六合？"[2]對曰："臣聞聖人之臨天下也，祖乾綱以流化，順谷風以興仁，[3]兼三才以御物，[4]開四聰以招賢。[5]故勞謙日昃，[6]務在擇才，宣明巖穴，[7]垂光隱滯。俊乂龍躍，帝道以光；清德鳳翔，王化克舉。是以皋陶見舉，不仁者遠；陸賈重漢，[8]遠夷折節。今聖朝德音發於帷幄，清風翔乎無外。戎旗南指，江漢席卷；[9]干戈西征，羌蠻慕化。誠闢四門之秋，[10]興禮教之日也。故髦俊聞聲而響赴，殊才望險而雲集。虛高館以俟賢，設重爵以待士，急善過於饑渴，用人疾於應響，杜佞諂之門，廢鄭聲之樂，[11]混清六合，實由乎此。雖西北有未羈之寇，殊漠有不朝之虜，征之則勞師，得之則無益，故班固云：'有其地不可耕而食，得其人不可臣而畜，來則懲而禦之，去則備而守之。'蓋安邊之術也。"

[1]氐：古代生活在西北地區的少數民族。黄烈先生《中國古代民族研究》（人民出版社 1987 年版）對氐人的源流有詳細考證。

[2]六合：天下。

[3]谷風：東風。

[4]三才：指天地人。

[5]四聰：遠聽四方。《尚書·舜典》："明四目，達四聰。"孔

穎達疏："達四方之聰，使爲己遠聽四方也。"

[6]勞謙日昃：終日勤勞謙恭。

[7]巖穴：隱士居住之地。

[8]陸賈：西漢楚人，從劉邦平定天下，以善辯聞名，常周旋於各諸侯國。曾出使南越，招撫趙佗。受高祖劉邦之命著書十二篇，論述存亡之訓，號《新語》。

[9]江漢：江，宋本作"沔"。

[10]四門：明堂四面之門。《尚書·舜典》："賓于四門，四門穆穆。"

[11]鄭聲：古代被斥爲淫聲。

又策曰："吴蜀恃險，今既蕩平。蜀人服化，無攜貳之心；而吴人趑雎，[1]屢作妖寇。豈蜀人敦樸，易可化誘；吴人輕鋭，難安易動乎？今將欲綏静新附，何以爲先？"對曰："臣聞漢末分崩，英雄鼎峙，蜀棲岷隴，吴據江表。至大晋龍興，應期受命，文皇運籌，安樂順軌；聖上潛謀，歸命向化。蜀染化日久，風教遂成；吴始初附，未改其化，非爲蜀人敦慤而吴人易動也。然殊俗遠境，風土不同，吴阻長江，舊俗輕悍。所安之計，當先籌其人士，使雲翔閶闔，[2]進其賢才，待以異禮；明選牧伯，致以威風；輕其賦斂，將順咸悦，可以永保無窮，長爲人臣者也。"

[1]趑（zī）雎（jū）：猶恣睢。狂妄、凶暴，放縱肆擾。雎，原本、宋本、殿本作"睢"，據中華本改。

[2]閶闔：天門。

又策曰："聖人稱如有王者，必世而後仁。今天成地平，大化無外，雖匈奴未羈，羌氐驕黠，將修文德以綏之，舞干戚以來之，[1]故兵戈載戢，武夫寢息。如此，已可消鋒刃爲田器，[2]罷尚方武庫之用未邪？"對曰："夫唐堯歷載，頌聲乃作；文武相承，禮樂大同。清一八紘，[3]綏盪無外，萬國順軌，海内斐然。雖復被髮之鄉，徒跣之國，皆習章甫而入朝，[4]要衣裳以磬折。[5]夫大舜之德，猶有三苗之征；以周之伐，[6]玁狁爲寇。雖有文德，又須武備。備預不虞，古之善教；安不忘危，聖人常誡。無爲罷武庫之常職，鑠鋒刃爲田器。自可倒戢干戈，苞以獸皮，將帥之士，使爲諸侯，於散樂休風，未爲不泰也。"

[1]干戚：盾與斧。

[2]田器：田，宋本、殿本作"佃"。本卷下文"鑠鋒刃爲田器"同。

[3]八紘：八方極遠之地。《淮南子·墬形訓》："九州之外，乃有八殥"，"八殥之外，而有八紘，亦方千里"。高誘注："紘，維也。維落天地而爲之表，故曰紘也。"

[4]章甫：殷商之冠。《禮記·儒行》："丘少居魯，衣逢掖之衣；長居宋，冠章甫之冠。"孫希旦集解："章甫，殷玄冠之名，宋人冠之。"

[5]磬折：彎腰，像磬一樣彎折。表示謙恭。

[6]以周之伐：宋本作"以周盛"，殿本作"以周之盛"。

又策曰："夫法令之設，所以隨時制也。時險則峻法以取平，時泰則寬網以將化。今天下太平，四方無事，百姓承德，將就無爲而乂。[1]至於律令，應有所損益不？”對曰：“臣聞五帝殊禮，三王異教，故或禪讓以光政，或干戈以攻取。至於興禮樂以和人，流清風以寧俗，其歸一也。今誠風教大同，四海無虞，人皆感化，去邪從正。夫以堯舜之盛，而猶設象刑；[2]殷周之隆，而甫侯制律。[3]律令之存，何妨於政。若乃大道四達，禮樂交通，凡人修行，黎庶勵節，刑罰懸而不用，律令存而無施，適足以隆太平之雅化，飛仁風乎無外矣。”

[1]將就無爲而乂：乂，原本、宋本作“又”，殿本作“乂”，據殿本、中華本校勘記改。

[2]象刑：相傳上古無肉刑，僅用與衆不同的服飾加之犯人以示辱，謂之象刑。《尚書·益稷》：“皋陶方祗厥叙，方施象刑，惟明。”《荀子·正論》：“治古無肉刑而有象刑，共艾畢，菲對屨，殺赭衣而不純。”楊倞注：“象刑，異章服，耻辱其形象，故謂之象刑也。”《尚書大傳》卷一：“唐虞象刑，犯墨者蒙皂巾，犯劓者赭其衣，犯臏者以墨幪其臏處而畫之，犯大辟者布衣無領。”

[3]甫侯：又稱吕侯，西周時人，相傳爲炎帝後裔，姜姓，周穆王時任相。作《吕刑》。

又策曰：“昔帝舜以二八成功，[1]文王以多士興周。夫制化在於得人，而賢才難得。今大統雖同，宜搜才實。州郡有貢薦之舉，猶未獲出群卓越之倫。將時無其人？有而致之未得其理也？”對曰：“臣聞興化立法，非賢無以光其道；平世理亂，非才無以宣其業。上自皇羲，下及帝王，莫不張皇綱以羅遠，飛仁風以被物。故得賢則教興，失人則政廢。今四海一統，萬里同風，州郡貢秀孝，[2]臺府簡良才，以八紘之廣，兆庶之衆，豈當無卓越俊逸之才乎！譬猶南海不少明月之寶，大宛不乏千里之駒也。異哲難見，遠數難睹，故堯舜太平之化，[3]二八由舜而甫顯；殷湯革王之命，伊尹負鼎而方用。[4]當今聖朝禮亡國之士，接遐裔之人，或貂蟬於帷幄，或剖符於千里，巡狩必有吕公之遇，[5]宵夢必有巖穴之感。[6]賢俊之出，可企踵而待也。”

[1]二八：即八元、八愷。上古傳説中的才子，泛指賢臣、才士。

[2]秀孝：秀才和孝廉。

[3]太平之化：太，殿本作“大”。

[4]伊尹負鼎：《史記》卷三《殷本紀》：“伊尹名阿衡。阿衡欲奸湯而無由，乃爲有莘氏媵臣，負鼎俎，以滋味説湯，致於王道。”

[5]巡狩必有吕公之遇：周文王外出在渭水邊遇吕尚之事。

[6]宵夢必有巖穴之感：《史記》卷三《殷本紀》載：武丁夜夢得聖人，名曰説。群臣百官都不是夢中人，便命人在朝廷以外尋求，結果發現一個版築城墻的刑徒，與夢中所見一樣，便舉以爲相，使殷國大治。

時九州秀孝策無逮譚者。譚素以才學爲東土所推。同郡劉頌時爲廷尉，[1]見之嘆息曰：“不悟鄉里乃有如此才也！”[2]博士王濟於衆中嘲之曰：“五府初開，[3]群公辟命，采英奇於仄陋，[4]拔賢俊於巖穴。君吴楚之人，亡國之餘，有何秀異而應斯舉？”譚答曰：“秀異固産於方外，不出於中域也。是以明珠文貝，生於江鬱之濱；[5]

夜光之璞，出乎荆藍之下。[6]故以人求之，文王生於東夷，大禹生於西羌。子弗聞乎？昔武王克商，遷殷頑民于洛邑，諸君得非其苗裔乎？”濟又曰：“夫危而不持，顛而不扶，至於君臣失位，國亡無主，凡在冠帶，將何所取哉！”答曰：“吁！存亡有運，興衰有期，天之所廢，人不能支。徐偃修仁義而失國，[7]仲尼逐魯而逼齊，段干偃息而成名，[8]諒否泰有時，曷人力之所能哉！”濟甚禮之。

[1]劉頌：字子雅，本書卷四六有傳。　廷尉：官名，中央最高司法審判機構長官，負責會審朝中有罪文武大臣，覆核審决郡國疑獄等。三品。

[2]不悟：没察覺。

[3]五府：官署合稱，各個朝代内容有異。魏晋時期用以泛稱諸公府。

[4]仄陋：簡陋，此指居住簡陋的下層人。

[5]江鬱：長江。

[6]荆藍：湖北荆山。

[7]徐偃修仁義而失國：《説苑·指武》：“王孫厲謂楚文王曰：‘徐偃王好行仁義之道，漢東諸侯三十二國盡服矣！王若不伐，楚必事徐。’王曰：‘若信有道，不可伐也。’對曰：‘大之伐小，强之伐弱，猶大魚之吞小魚也，若虎之食豚也，恶有其不得理？’文王遂興師伐徐，殘之。徐偃王將死，曰：‘吾賴於文德而不明武備，好行仁義之道而不知詐人之心，以至於此。’”

[8]段干偃息而成名：事見《吕氏春秋·期賢》：魏文侯請段干木出仕相國，段干木不肯，於是魏文侯乃致禄百萬並時常去看他。於是國人皆喜，相與誦之曰：“吾君好正，段干木之敬。吾君

好忠，段干木之隆。”

尋除郎中，[1]遷太子舍人、本國中正。[2]以母憂去職。服闋，[3]爲鄄城令，[4]過濮水，[5]作《莊子贊》以示功曹。[6]而廷掾張延爲作答教，[7]其文甚美。譚異而薦之，遂見升擢。及譚爲廬江，[8]延已爲淮陵太守。[9]又舉寒族周訪爲孝廉，[10]訪果立功名，時以譚爲知人。以父墓毁去官。尋除尚書郎。

[1]郎中：官名，尚書省郎曹長官。位次尚書、左右丞，分曹執行政務。與“尚書郎”互稱。六品。

[2]太子舍人：官名，掌行書令、表啓等。初隸太子太傅、太子少傅，後隸太子詹事。七品。　中正：魏晋時期評定士人品第的官員。郡設中正，州設大中正。朝廷根據中正所評士人的品第授予官職。

[3]服闋：守喪期滿除去孝服。

[4]鄄城：縣名，治所在今山東省鄄城縣北。

[5]濮水：即濮渠水。上游分爲二支，一支於今河南省封丘縣西分古濟水東北流，一支於今河南省原陽縣北分古黄河東流。二支在長垣市西合流，東至今滑縣復分爲二：一支經今山東省東明縣北，至鄄城縣南入古瓠子河，一支經今東明縣南，又東經菏澤市北入古巨野澤。

[6]功曹：官名，即功曹史。郡縣屬官，職掌人事，參與郡縣政務。兩晋時，不開府將軍、太子二傅、特進、郡縣皆置。

[7]廷掾：官名，漢朝縣府掾屬，地位較高，經常巡行鄉下，兼有督郵之職。魏晋時地位漸低。

[8]廬江：郡名，三國魏、吴於境内各置廬江郡，魏治所在六安縣（今安徽省六安市），吴治所在皖縣（今安徽省潛山市）。西

晋合爲一，治所在舒縣（今安徽省廬江縣西南）。

[9]淮陵：郡名，西晋元康七年（297）分臨淮郡置，屬徐州。治所在淮陵縣（今安徽省明光市東北）。

[10]周訪：字士達，本書卷五八有傳。

永寧初，出爲郟令。[1]于時兵亂之後，境内饑饉，譚傾心撫恤。司徒王戎聞而善之，[2]出穀三百斛以助之。譚甚有政績，再遷廬江内史，[3]加綏遠將軍。[4]時石冰之黨陸珪等屯據諸縣，[5]譚遣司馬褚敦討平之。[6]又遣別軍擊冰都督孟徐，獲其驍帥。[7]以功封都亭侯，食邑千户，賜絹千匹。

[1]郟：縣名，治所在今河南省郟縣。

[2]司徒：官名，西漢哀帝元壽二年（前1）改丞相爲大司徒，東漢光武帝時改名爲司徒，東漢末又改爲丞相。三國魏恢復三公制，改丞相爲司徒，管理民政。兩晋沿制，爲八公之一，在太尉之下、司空之上。與丞相通職，一般不並置，爲名譽宰相。一品。王戎：字濬冲，本書卷四三有傳。

[3]内史：官名，西晋武帝太康十年（289）改諸王國相爲内史，掌管民政。五品。周家禄《晋書校勘記》認爲："晋制，以郡爲國，内史治民事，若郡太守。國除爲郡，復稱太守。然二名往往混淆，史家亦互稱之。"

[4]綏遠將軍：官名，三國孫吴置，魏晋南北朝時置時省。八品。

[5]石冰：西晋人太安二年（303）隨張昌起兵，攻破江州。後被晋將周玘打敗，又被陳敏擊破，乃北投封雲，爲封雲部將張統所殺。

[6]司馬：官名，此爲綏遠將軍府司馬。軍府高級幕僚，掌參

贊軍務、管理府内武職，位僅次於長史。七品。

[7]驍帥：帥，宋本、殿本、中華本作“率”。

陳敏之亂，[1]吴士多爲其所逼。顧榮先受敏官，[2]而潛謀圖之。譚不悟榮旨，露檄遠近，極言其非，由此爲榮所怨。又在郡政嚴，而與上司多忤。揚州刺史劉陶素與譚不善，[3]因法收譚，下壽陽獄。[4]鎮東將軍周馥與譚素相親善，[5]理而出之。[6]及甘卓討馥，[7]百姓奔散，馥謂譚已去，[8]遣人視之，而更移近馥。馥嘆曰："吾嘗謂華令思是臧子源之儔，[9]今果效矣。"甘卓嘗爲東海王越所捕，[10]下令敢有匿者誅之，卓投譚而免。及此役也，卓遣人求之曰："華侯安在？吾甘揚威使也。"[11]譚答不知，遺絹二匹以遣之。使反，告卓。卓曰："此華侯也。"復求之，譚已亡矣。後爲紀瞻所薦，[12]而爲顧榮所止遏，遂數年不得調。

[1]陳敏：字令通，本書卷一〇〇有傳。

[2]顧榮：字彦先，本書卷六八有傳。

[3]揚州：揚，宋本作“楊”。　劉陶：西晉人，歷任揚州刺史、南中郎將等。

[4]壽陽：縣名，治所在今安徽省壽縣東南。

[5]鎮東將軍：官名，東漢建安年間置，與鎮西、鎮南、鎮北合稱四鎮將軍，多爲持節都督，出鎮方面。曹魏二品。晉三品，加持節都督者二品。　周馥：字祖宣，本書卷六一有傳。

[6]理：辯白，辯解。

[7]甘卓：字季思，本書卷七〇有傳。

[8]馥謂譚已去：原本、殿本無“馥”字，宋本有，據宋

本補。

[9]臧子源：東漢廣陵射陽（今江蘇省寶應縣東北）人，名洪，字子源。初舉孝廉，補即丘長。後棄官歸家。後任廣陵太守張超功曹。以後又被袁紹任爲東郡太守。曹操圍張超於雍丘，袁紹坐視不救，臧洪因此與袁紹相絶。終爲袁紹所殺。　之儔：儔，宋本、殿本作“疇”。

[10]東海王越：司馬越，字元超，本書卷五九有傳。

[11]甘揚威：即甘卓，其任過揚威將軍，故言。

[12]紀瞻：字思遠，本書卷六八有傳。

建興初，元帝命爲鎮東軍諮祭酒。[1]譚博學多通，在府無事，乃著書三十卷，名曰《辨道》，上箋進之，帝親自覽焉。轉丞相軍諮祭酒，領郡大中正。譚薦干寶、范珧於朝，[2]乃上箋求退曰：“譚聞霸主遠聽，以求才爲務；僚屬量身，以審己爲分。故疎廣告老，[3]漢宣不違其志；干木偃息，文侯就式其廬。[4]譚無古人之賢，竊有懷遠之慕。自登清顯，出入二載，執筆無贊事之功，拾遺無補闕之績；過在納言，暗於舉善；狂寇未賓，復乏謀策。年向七十，志力日衰，素餐無勞，實宜辭退。謹奉還所假左丞相軍諮祭酒版。”不聽。

[1]軍諮祭酒：官名，即軍師祭酒，晉朝避司馬師名諱而改。亦稱軍咨祭酒、軍謀祭酒、軍祭酒。諸軍府屬官，參謀軍事，位在軍府諸僚佐之上。

[2]干寶：字令升，本書卷八二有傳。

[3]疎廣：西漢東海蘭陵（今山東省蘭陵縣）人，字仲翁。宣帝時先後任太子少傅、太傅。任職五年，與其侄俱告病辭官還鄉。

親屬勸其爲子孫置産業，疎廣認爲這衹能使子孫懶惰，不從。

[4]“干木偃息”句：《吕氏春秋·察賢》：“魏文侯過段干木之閭而軾之，其僕曰：‘君胡爲軾？’曰：‘此非段干木之閭歟？段干木蓋賢者也，吾安敢不軾？且吾聞段干木未嘗肯以己易寡人也，吾安敢驕之？段干木光乎德，寡人光乎地。段干木富乎義，寡人富乎財。’”

建武初，授秘書監，[1]固讓不拜。太興初，拜前軍，[2]以疾復轉秘書監。自負宿名，恒怏怏不得志。時晋陵朱鳳、吴郡吴震並學行清修，[3]老而未調，譚皆薦爲著作佐郎。[4]

[1]秘書監：官名，秘書省長官，掌管藝文圖籍、課試署吏，統著作局，掌國史修撰並管理中外三閣圖書。三品。

[2]前軍：官名，即前軍將軍。四軍將軍之一，與後軍、左軍、右軍三將軍各領營兵千人，職掌護衛皇帝宫禁。四品。宋本“前軍”下有“將軍”二字。

[3]晋陵：郡名，治所在京口（今江蘇省鎮江市）。　吴郡：治所在吴縣（今江蘇省蘇州市）。

[4]著作佐郎：官名，即佐著作郎，三國時隸中書省，西晋改隸秘書省，協助著作郎修撰國史及起居注，整理秘書省所藏典籍。七品。

或問譚曰：“諺言人之相去，如九牛毛，寧有此理乎？”譚對曰：“昔許由、巢父讓天子之貴，[1]市道小人争半錢之利，此之相去，何啻九牛毛也！”聞者稱善。

[1]許由：古代著名隱士，隱於沛澤。堯聞其賢，欲讓之以天下，許由不受而逃於潁水之陽箕山之下。　巢父：傳説與許由同時代人，亦不受堯的封讓，築巢隱居，因名巢父。

戴若思弟邈，[1]則譚女婿也。譚平生時常抑若思而進邈，若思每銜之。殆用事，[2]恒毀譚於帝，由是官塗不至。譚每懷觖望，嘗從容言於帝曰："臣已老矣，將待死秘閣。汲黯之言，[3]復存於今。"帝不懌。久之，加散騎常侍，[4]屢以疾辭。及王敦作逆，[5]譚疾甚，不能入省，坐免。卒於家。贈光禄大夫，[6]金章紫綬，[7]加散騎常侍，謚曰胡。二子：化、茂。

[1]戴若思：戴淵，本書卷六九有傳。　邈：戴邈，字望之，本書卷六九有傳。

[2]殆用事：殆，宋本作"及"，殿本作"迨"。

[3]汲黯：西漢濮陽（今河南省濮陽市西南）人，字長孺。景帝時任太子洗馬，武帝時爲謁者、東海太守。在郡有治績。後召爲主爵都尉。爲人耿直，敢直言相諫，號"汲直"。卒於淮陽太守任上。

[4]散騎常侍：官名，三國魏文帝黄初年間置，侍從皇帝左右，諫諍得失，顧問應對，與侍中等共平尚書奏事。也用作宰相、諸公等加官，入宫議政。三品。

[5]王敦：字處仲，本書卷九八有傳。

[6]光禄大夫：官名，三公等大臣告老回家即拜此職，或作爲在朝顯職的加官。三品，開府位從公者一品。

[7]金章紫綬：黄金印章紫色綬帶。

化，字長風，爲征虜司馬，[1]討汲桑，[2]戰没。茂嗣爵。[3]

[1]征虜司馬：官名，征虜將軍府高級幕僚。掌參讚軍務、管理府内武職，位僅次於長史。七品。

[2]汲桑：西晋魏郡（今河北省臨漳縣西南）人，一説平陽（今山西省臨汾市西南）人。與石勒從成都王司馬穎故將公師藩，後自稱大將軍爲石勒前驅，被乞活軍田甄攻殺。

[3]茂嗣爵：宋本"爵"下有"始"字。

淮南袁甫，字公胄，[1]亦好學，與譚齊名，以詞辯稱。[2]嘗詣中領軍何勖，[3]自言能爲劇縣。[4]勖曰："唯欲宰縣，不爲臺閣職，何也？"甫曰："人各有能有不能。譬繒中之好莫過錦，錦不可以爲帢；穀中之美莫過稻，稻不可以爲齏。是以聖王使人，必先以器，苟非周材，何能悉長！黄霸馳名於州郡，[5]而息譽於京邑。廷尉之材，不爲三公，自昔然也。"勖善之，除松滋令。[6]

[1]淮南：郡名，治所在壽春縣（今安徽省壽縣）。

[2]以詞辯稱：辯，原本作"辨"，宋本、殿本作"辯"，據宋本、殿本改。

[3]中領軍：官名，東漢建安中曹操改領軍置。與中護軍皆典禁兵，屬丞相府。三品。　何勖：西晋人，歷任中領軍、廷尉、豫州刺史。

[4]劇縣：政務繁重難以治理的縣。

[5]黄霸：西漢淮陽陽夏（今河南省太康縣）人，字次公。少學律令，武帝末年補侍郎、謁者。昭帝時任河東均輸長、河南太守

丞。宣帝時歷任廷尉正、諫大夫、揚州刺史、潁川太守。治爲天下第一。後徵爲太子太傅，遷御史大夫，後任丞相。政績不如在郡爲官。

[6]松滋：縣名，治所在今湖北省松滋市西北。

轉淮南國大農、郎中令。[1]石珩問甫曰："卿名能辯，[2]豈知壽陽已西何以恒旱？壽陽已東何以恒水？"甫曰："壽陽已東皆是吴人，夫亡國之音哀以思，鼎足强邦，一朝失職，憤嘆甚積，積憂成陰，陰積成雨，雨久成水，故其域恒澇也。壽陽已西皆是中國，新平强吴，美寶皆入，志盈心滿，用長歡娱。《公羊》有言，魯僖甚悦，[3]故致旱京師。若能抑强扶弱，先疏後親，則天下和平，灾害不生矣。"觀者嘆其敏捷。年八十餘，卒於家。

[1]大農：官名，曹魏王國列卿之一。與郎中令、中尉合稱三卿。兩晋因之。六品。　郎中令：官名，王國公侯屬官，魏晋爲王國中的三卿之一。六品。

[2]卿名能辯：辯，原本、宋本作"辨"，殿本作"辯"，據殿本改。

[3]魯僖：魯僖公，春秋時魯國國君，名申，魯莊公少子，公元前659至前627年在位。魯國慶父之亂後，被季友從邾國迎回來即位。

史臣曰：夫緝政釐俗，[1]拔群才以成務；振景觀光，俟明主而宣績。武皇之世，天下乂安，[2]朝廷屬意於求賢，薖軸有懷於干禄。[3]郤詵等並韞價州里，裒然應召，[4]對揚天問，高步雲衢，求之前哲，亦足稱矣。令思行己徇義，志篤周甘，仁者必勇，抑斯之謂！雖才行夙章，而待終秘閣，積薪之恨，豈獨古人乎！

［1］緝政釐俗：整治政風改變風俗。

［2］天下乂安：乂，原本、殿本作“久”，宋本作“乂”，據宋本改。

［3］薖（kē）軸：《文選·王融〈三月三日曲水詩序〉》：“沉冥之怨既缺，薖軸之疾已消。”吕延濟注：“沉冥、薖軸，皆疾病也。”此意爲渴望吃俸禄的人就像病人渴望醫生。

［4］裒然：出衆的樣子。

贊曰：郤阮洽聞，含章體政。華生毓德，[1]褫巾應命。[2]鳥路曾飛，龍津派泳。素業可久，高芬斯盛。

［1］毓德：修性養德。

［2］褫巾：解下頭巾。

晋書　卷五三

列傳第二十三

愍懷太子 子虨 臧 尚

愍懷太子

愍懷太子遹，字熙祖，惠帝長子，母曰謝才人。[1]幼而聰慧，武帝愛之，恒在左右。嘗與諸皇子共戲殿上，惠帝來朝，執諸皇子手，次至太子，帝曰："是汝兒也。"惠帝乃止。宮中嘗夜失火，武帝登樓望之。太子時年五歲，牽帝裾入暗中。帝問其故，太子曰："暮夜倉卒，宜備非常，不宜令照見人君也。"由是奇之。嘗從帝觀豕牢，言於帝曰："豕甚肥，何不殺以享士，而使久費五穀？"帝嘉其意，即使烹之。因撫其背，謂廷尉傅祇曰：[2]"此兒當興我家。"嘗對群臣稱太子似宣帝，於是令譽流於天下。

[1]才人：皇帝嬪妃稱號。

[2]廷尉：官名，中央最高司法審判機構長官，負責會審朝中

有罪文武大臣，覆核審决郡國疑獄等。三品。　傅祗：字子莊，本書卷四七有傳。

時望氣者言廣陵有天子氣，[1]故封爲廣陵王，邑五萬户。以劉寔爲師，[2]孟珩爲友，楊準、馮蓀爲文學。惠帝即位，立爲皇太子。盛選德望以爲師傅，以何劭爲太師，[3]王戎爲太傅，[4]楊濟爲太保，[5]裴楷爲少師，[6]張華爲少傅，[7]和嶠爲少保。[8]元康元年，出就東宫，又詔曰："遹尚幼蒙，今出東宫，惟當賴師傅群賢之訓。其游處左右，宜得正人使共周旋，能相長益者。"於是使太保衛瓘息庭、司空泰息略、太子太傅楊濟息毖、太子少師裴楷息憲、太子少傅張華息禕、尚書令華廙息恒與太子游處，[9]以相輔導焉。

［1］廣陵：郡名，治所在廣陵縣（今江蘇省揚州市西北蜀岡上）。

［2］劉寔：字子真，本書卷四一有傳。

［3］何劭：字敬祖，何曾子，本書卷三三有傳。　太師：官名，此爲太子太師。東宫三師之首，與太子太傅、太子太保、太子少師、太子少傅、太子少保并號六傅。掌輔導太子。三品。

［4］王戎：字濬冲，本書卷四三有傳。

［5］楊濟：西晋人，楊駿弟，字文通，本書卷四〇有傳。

［6］裴楷：字叔則，本書卷三五有傳。

［7］張華：字茂先，本書卷三六有傳。

［8］和嶠：字長輿，本書卷四五有傳。

［9］衛瓘：字伯玉，本書卷三六有傳。　息：兒子。　司空：官名，魏晋南北朝爲名譽宰相，多爲大臣加官。晋八公之一，位在

三公之末。一品。　泰：司馬泰，字子舒，本書卷三七有傳。　略：司馬略，字元簡，本書卷三七有傳。　憲：裴憲，字景思，本書卷三五有傳。　禕：張禕，字彦仲，本書卷三六有傳。　華廙：廙，宋本作“巽”。　恒：華恒，字敬則，本書卷四四有傳。

及長，不好學，惟與左右嬉戲，不能尊敬保傅。賈后素忌太子有令譽，[1]因此密敕黄門閹宦媚諛於太子曰：[2]“殿下誠可及壯時極意所欲，何爲恒自拘束？”每見喜怒之際，輒嘆曰：“殿下不知用威刑，天下豈得畏服！”太子所幸蔣美人生男，又言宜隆其賞賜，多爲皇孫造玩弄之器，太子從之。於是慢弛益彰，或廢朝侍，恒在後園游戲。愛埤車小馬，[3]令左右馳騎，斷其鞅勒，使墮地爲樂。或有犯忤者，手自捶擊之。性拘小忌，不許繕壁修墻，正瓦動屋。而於宫中爲市，使人屠酤，手揣斤兩，重輕不差。其母本屠家女也，故太子好之。又令西園賣葵菜、藍子、雞、麵之屬，[4]而收其利。東宫舊制，月請錢五十萬，備於衆用，太子恒探取二月，以供嬖寵。洗馬江統陳五事以諫之，[5]太子不納，語在《統傳》中。舍人杜錫以太子非賈后所生，[6]而后性凶暴，深以爲憂，每盡忠規勸太子修德進善，遠於讒謗。太子怒，使人以針著錫常所坐氈中而刺之。

[1]賈后：惠帝皇后賈南風，本書卷三一有傳。

[2]黄門：官名，宫中小黄門、中黄門、黄門令統稱，均爲宦官。　閹宦：宦，宋本作“官”。

[3]埤車小馬：埤，宋本作“埋”。

[4]西園：即漢代的上林苑。　藍子：藍，原本、殿本作“籃”，宋本作“藍”，據宋本改。

[5]洗馬：官名，即太子洗馬，東宫屬官。掌太子圖籍、經書，太子出行則前導威儀。七品。　江統：字應元，本書卷五六有傳。

[6]舍人：官名，此爲太子舍人，掌行書令、表啓等。初隸太子太傅、太子少傅，後隸太子詹事。七品。

太子性剛，知賈謐恃后之貴，[1]不能假借之。謐至東宫，或捨之而於後庭游戲。詹事裴權諫曰：[2]“賈謐甚有寵於中宫，而有不順之色，若一旦交構，[3]大事去矣。宜深自謙屈，以防其變，廣延賢士，[4]用自輔翼。”太子不能從。初，賈后母郭槐欲以韓壽女爲太子妃，[5]太子亦欲婚韓氏以自固。而壽妻賈午及后皆不聽，而爲太子聘王衍小女惠風。[6]太子聞衍長女美，而賈后爲謐聘之，心不能平，頗以爲言。謐嘗與太子圍棋，争道，成都王穎見而訶謐，[7]謐意愈不平，因此譖太子於后曰：“太子廣買田業，多畜私財以結小人者，爲賈氏故也。密聞其言云：‘皇后萬歲後，吾當魚肉之。’非但如是也，若宫車晏駕，[8]彼居大位，依楊氏故事，誅臣等而廢后於金墉，[9]如反手耳。不如早爲之所，更立慈順者以自防衛。”后納其言，又宣揚太子之短，布諸遠近。于時朝野咸知賈后有害太子意。中護軍趙俊請太子廢后，[10]太子不聽。

[1]賈謐：字長深，本書卷四〇有傳。

[2]詹事：官名，即太子詹事，東宫屬官，掌管東宫内外事務。

兩晋南北朝東宫地位極重，官署齊備，擬於朝廷。太子詹事任總宫官，堪比朝廷之尚書令、領軍將軍，位權甚重。三品。

[3]交構：相構陷。

[4]賢士：宋本作“賢人”。

[5]韓壽：字德真，韓謐（即賈謐）之父，本書卷四〇有傳。

[6]王衍：字夷甫，本書卷四三有傳。

[7]成都王穎：司馬穎，字章度，本書卷五九有傳。

[8]宫車晏駕：指皇帝死亡。

[9]金墉：金墉城，三國魏明帝時築。位於今河南省洛陽市東北漢魏洛陽城故址西北角。三面開門，南曰乾光門，東曰含春門，北曰逕門。城内又置西宫，西晋改爲永昌宫。魏晋時被廢的皇帝及后妃都安置於此。城小而固，爲攻占戍守要地。

[10]中護軍趙俊：中華本校勘記：“‘趙俊’《趙王倫傳》作‘趙浚’。”

九年六月，有桑生于宫西廂，日長尺餘，數日而枯。十二月，賈后將廢太子，詐稱上不和，呼太子入朝。既至，后不見，置于别室，遣婢陳舞賜以酒棗，逼飲醉之。使黄門侍郎潘岳作書草，[1]若禱神之文，有如太子素意，因醉而書之，令小婢承福以紙筆及書草使太子書之。文曰：“陛下宜自了；不自了，吾當入了之。[2]中宫又宜速自了；不了，[3]吾當手了之。并謝妃共要剋期而兩發，勿疑猶豫，致後患。茹毛飲血於三辰之下，皇天許當掃除患害，立道文爲王，蔣爲内主。願成，當三牲祠北君，[4]大赦天下。要疏如律令。”太子醉迷不覺，遂依而寫之，其字半不成。既而補成之，后以呈帝。帝幸式乾殿，召公卿入，使黄門令董猛以太子書及青紙詔曰：[5]“遹書如此，今賜死。”遍示諸公王，莫有言者，惟張華、裴頠證明太子。[6]賈后使董猛矯以長廣公主辭白帝曰：“事宜速決，而群臣各有不同，若有不從詔，宜以軍法從事。”議至日西不決。后懼事變，乃表免太子爲庶人，詔許之。於是使尚書和郁持節，[7]解結爲副，[8]及大將軍梁王肜、鎮東將軍淮南王允、前將軍東武公澹、趙王倫、太保何劭詣東宫，[9]廢太子爲庶人。是日太子游玄圃，聞有使者至，改服出崇賢門，再拜受詔，步出承華門，[10]乘粗犢車。澹以兵仗送太子妃王氏、三皇孫於金墉城，考竟謝淑妃及太子保林蔣俊。[11]明年正月，賈后又使黄門自首，欲與太子爲逆。詔以黄門首辭班示公卿。又遣澹以千兵防送太子，更幽于許昌宫之别坊，令治書御史劉振持節守之。[12]先是，有童謡曰：“東宫馬子莫聾空，前至臘月纏汝鬉。”[13]又曰：“南風起兮吹白沙，遥望魯國鬱嵯峨，千歲髑髏生齒牙。”南風，后名；沙門，太子小字也。

[1]潘岳：字安仁，本書卷五五有傳。

[2]吾當入了之：入，宋本作“人”。

[3]不了：宋本作“不自了”。

[4]北君：民間畏忌的一位惡神。

[5]黄門令：官名，西漢屬少府。東漢中葉后多以中常侍兼任，或典禁軍，或持節收捕大臣，權勢尤盛。魏晋改隸光禄勛，管理宦者，侍從皇帝左右。六品。

[6]裴頠：字逸民，本書卷三五有傳。

[7]尚書：官名，東漢尚書臺六曹各置尚書，秩六百石。魏晋

出爲朝官，分掌尚書省諸曹，品秩提高。三品。　和郁：字仲輿，和嶠弟，本書卷四五有傳。　持節：官員外出持有皇帝授予的節杖，代表高等權威，常用於軍事長官出征。

［8］解結：字叔連，本書卷六〇有傳。

［9］大將軍：官名，高級軍事統帥。曹魏時多以之屯駐長安，對付蜀漢，蜀漢以其爲最高軍事長官，孫吴則别置上大將軍居其上。西晋時爲八公之一，位居上公、大司馬下，三公之上。東晋時常專擅軍政事務。一品。　梁王肜：司馬肜，字子徽，本書卷三八有傳。　鎮東將軍：官名，東漢建安年間置，與鎮西、鎮南、鎮北將軍合稱四鎮將軍，多爲持節都督，出鎮方面。曹魏二品。晋三品，加持節都督者二品。　淮南王允：司馬允，字欽度，本書卷六四有傳。　前將軍：官名，漢代重號將軍之一，與左、右、後將軍並爲上卿。魏晋時常設，權位較兩漢時漸低，僅爲武官名號，略高於一般雜號將軍，不典禁兵，不與朝政。三品。　東武公澹：司馬澹，字思弘，本書卷三八有傳。　趙王倫：司馬倫，字子彝，本書卷五九有傳。　太保：官名，史上屢次廢置，三國魏末年復置。晋爲八公之一，位上公，在太宰、太傅之下。安置元老重臣，無職掌。一品。

［10］承華門：《資治通鑑》卷八三《晋紀》元康九年："太子改服出，拜受詔，步出承華門。"胡三省注："承華門，東宫門也。陸機詩所謂'振纓承華'是也。"

［11］考竟：拷問窮究。

［12］治書御史：官名，即治書侍御史，簡稱治書侍史、御史治書、侍書。屬諸侍御史之一種，亦簡稱侍御史、御史、侍御。西漢時掌圖籍文書，東漢時屬御史臺，職掌也變爲審理疑獄、平廷尉奏事。魏晋南北朝時爲御史中丞佐貳，掌監察、彈劾高級官員，也奉命出使，緝拿犯官。六品。

［13］東宫馬子莫聾空，前至臘月纏汝髮：本書卷二八《五行志中》作"城東馬子莫嚨哅，比至來年纏女髮"，與此稍異。髮，

宋本作“髮”。

初，太子之廢也，妃父王衍表請離婚。太子至許，遺妃書曰：“鄙雖頑愚，心念爲善，欲盡忠孝之節，無有惡逆之心。雖非中宫所生，[1]奉事有如親母。自爲太子以來，敕見禁檢，[2]不得見母。自宜城君亡，不見存恤，恒在空室中坐。去年十二月，道文疾病困篤，父子之情，實相憐愍。于時表國家乞加徽號，不見聽許。疾病既篤，爲之求請恩福，無有惡心。自道文病，中宫三遣左右來視，云：‘天教呼汝。’到二十八日暮，有短函來，題言東宫發，疏云：‘言天教欲見汝。’即便作表求入。二十九日早入見國家，須臾遣至中宫。中宫左右陳舞見語：‘中宫旦來吐不快。’使住空屋中坐。須臾中宫遣陳舞見語：‘聞汝表陛下爲道文乞王，不得王是成國耳。’中宫遥呼陳舞：‘昨天教與太子酒棗。’便持三升酒、大盤棗來見與，使飲酒噉棗盡。鄙素不飲酒，即便遣舞啓説不堪三升之意。中宫遥呼曰：‘汝常陛下前持酒可喜，何以不飲？天與汝酒，當使道文差也。’便答中宫：‘陛下會同一日見賜，故不敢辭，通日不飲三升酒也。且實未食，恐不堪。又未見殿下，飲此或至顛倒。’陳舞復傳語曰：‘不孝那！天與汝酒飲，不肯飲，中有惡物邪？’遂可飲二升，餘有一升，求持還東宫飲盡。逼迫不得已，更飲一升。飲已，體中荒迷，不復自覺。須臾有一小婢持封箱來，云：‘詔使寫此文書。’鄙便驚起，視之，有一白紙，一青紙。催促云：‘陛下停待。’又小婢承福持筆硯墨黄紙來，使寫。急疾不容復視，實不覺紙上語輕重。父母至親，實不相疑，事理如此，實爲見誣，想衆人見明也。”

[1]中宫：指皇后。
[2]禁檢：禁止。

太子既廢非其罪，衆情憤怨。右衛督司馬雅，[1]宗室之疏屬也，與常從督許超並有寵於太子，[2]二人深傷之，説趙王倫謀臣孫秀曰：[3]“國無適嗣，社稷將危，大臣之禍必起。而公奉事中宫，與賈后親密，[4]太子之廢，皆云豫知，一旦事起，禍必及矣。何不先謀之！”秀言於趙王倫，倫深納焉。計既定，而秀説倫曰：“太子爲人剛猛，若得志之日，必肆其情性矣。明公素事賈后，街談巷議，皆以公爲賈氏之黨。今雖欲建大功於太子，太子雖將含忍宿忿，必不能加賞於公，當謂公逼百姓之望，翻覆以免罪耳。若有瑕釁，猶不免誅。不若遷延却期，賈后必害太子，然後廢賈后，爲太子報仇，猶足以爲功，乃可以得志。”倫然之。秀因使反間，言殿中人欲廢賈后，迎太子。賈后聞之憂怖，乃使太醫令程據合巴豆杏仁丸。三月，矯詔使黄門孫慮賫至許昌以害太子。初，太子恐見酖，恒自煮食於前。慮以告劉振，振乃徙太子於小坊中，絶不與食，宫中猶於墻壁上過食與太子。慮乃逼太子以藥，太子不肯服，因如厠，慮以藥杵椎殺之，太子大呼，聲聞于外。時年二十三。將以庶人禮葬之，賈后表曰：“遹不幸喪亡，傷其迷悖，又早短折，悲痛之懷，不能自已。妾私心冀其刻肌刻骨，更思孝道，規爲稽顙，[5]正其名號。此志不遂，重以酸恨。遹雖罪在莫大，猶王者子孫，便以匹庶送終，情實憐愍，特乞天恩，賜以王禮。妾誠暗淺不識禮義，不勝至情，冒昧陳聞。”詔以廣陵王禮葬之。

[1]右衛督：官名，即右衛司馬督，亦稱殿中司馬督，右衛將軍屬官，統領禁軍，負責宮殿内的宿衛。六品。

[2]常從督：官名，即太子長從虎賁督，掌東宫宿衛。六品。

[3]孫秀：西晋琅邪臨沂（今山東省臨沂市）人，趙王倫心腹。趙王倫執政後任中書令，威震朝廷。趙王倫稱帝，任侍中、中書監、驃騎將軍。趙王倫失敗後被殺。

[4]賈后：后，宋本作“郭”。

[5]規爲稽顙：謀求臣下對司馬遹行跪拜禮。

及賈庶人死，乃誅劉振、孫慮、程據等，册復太子曰：“皇帝使使持節、兼司空、衛尉伊策故皇太子之靈曰：[1]嗚呼！維爾少資岐嶷之質，[2]荷先帝殊異之寵，大啓土宇，奄有淮陵。朕奉遵遺旨，越建爾儲副，以光顯我祖宗。祗爾德行，以從保傅，事親孝敬，禮無違者。而朕昧于凶構，致爾于非命之禍，俾申生、孝己復見於今。[3]賴宰相賢明，人神憤怨，用啓朕心，討厥有罪，咸伏其辜。何補於荼毒冤魂酷痛哉？是用忉怛悼恨，[4]震動於五内。今追復皇太子喪禮，反葬京畿，祠以太牢。[5]魂而有靈，尚獲爾心。”帝爲太子服長子斬衰，[6]群臣齊衰，[7]使尚書和郁率東宫官屬具吉凶之制，迎太子喪於許昌。

［1］使持節：漢朝官吏奉使外出時，或由皇帝授予節杖，以提高其權力。魏晋以後，凡重要軍事長官出征或出鎮，加使持節，可誅殺二千石以下官員。　衛尉：官名，此處衛尉爲弘訓衛尉，爲羊太后弘訓宮三卿之一，掌太后宮禁，位略同於九卿之衛尉。

［2］岐嶷：聰慧。《詩·大雅·生民》："誕實匍匐，克岐克嶷。"

［3］申生：春秋時晋國人，獻公太子。後獻公寵愛驪姬，欲立其子而廢申生。驪姬在獻公食物中下毒，嫁禍於申生，有人勸申生揭露真相，申生説其父親老矣，没有驪姬，寢不安，食不甘，不可殺她。乃自殺。　孝己：傳説爲殷高宗武丁之子，以孝行著。《莊子·外物》："人親莫不欲其子之孝，而孝未必愛，故孝己憂而曾參悲。"成玄英疏："孝己，殷高宗之子也，遭後母之難，憂苦而死。"

［4］忉怛悼恨：憂傷悲痛哀傷遺憾。

［5］太牢：用牛羊豕三牲祭祀稱太牢。《莊子·至樂》："具太牢以爲膳。"成玄英疏："太牢，牛羊豕也。"

［6］斬衰：五種喪服中最重的一種。用粗麻布製成，左右和下邊不縫。服制三年。子及未嫁女爲父母，媳爲公婆，承重孫爲祖父母，妻妾爲夫，均服斬衰。

［7］齊衰：喪服名。五服之一。服用粗麻布制成，以其緝邊縫齊，故稱"齊衰"。服期有不同，爲繼母、慈母服三年；孫爲祖父母，夫爲妻服一年，稱"齊衰期"；爲曾祖父母服五個月；爲高祖父母服三個月。

喪之發也，大風雷電，幃蓋飛裂。又爲哀策曰："皇帝臨軒，[1]使洗馬劉務告于皇太子之殯曰：咨爾遹！幼禀英挺，芬馨誕茂。既茂髫齔，[2]高明逸秀。[3]昔爾聖祖，嘉爾淑美。顯詔仍崇，名振同軌。是用建爾儲副，永統皇基。如何凶戾潛構，禍害如兹！哀感和氣，痛貫四時。嗚呼哀哉！爾之降廢，實我不明。牝亂沉灾，[4]

釁結禍成。爾之逝矣，誰百其形？昔之申生，含枉莫訟。今爾之負，抱冤于東。悠悠有識，孰不哀慟！壺關干主，[5]千秋悟己。異世同規，古今一理。皇孫啓建，降祚爾子。雖悴前終，庶榮後始。窀穸既營，[6]將寧爾神。華髦電逝，戎車雷震。芒芒羽蓋，翼翼縉紳。[7]同悲等痛，孰不酸辛！庶光來葉，永世不泯。”謚曰愍懷。六月己卯，[8]葬于顯平陵。帝感閻纘之言，[9]立思子臺，故臣江統、陸機並作誄頌焉。[10]太子三子：虨、臧、尚，並與父同幽金墉。

［1］臨軒：皇帝不坐正殿而御前殿。殿前堂陛之間近檐處兩邊有檻楯，如車之軒，故稱。

［2］既茂髫（tiáo）齓（chèn）：出衆於同年的兒童。茂，宋本作“表”。

［3］高明逸秀：聰明智慧超逸俊秀。

［4］牝亂沉灾：賈后亂政灾難深重。

［5］壺關干主：事見《漢書》卷六三《武五子傳》：巫蠱事件後，壺關人令狐茂上書漢武帝爲衛太子申辯，認爲“子無不孝，而父有不察”，希望漢武帝“寬心慰意，少察所親，毋患太子之非，亟罷甲兵，無令太子久亡”。

［6］窀（zhūn）穸（xī）：入葬。

［7］縉紳：官宦裝束，舊時官宦將笏板插於腰帶間。亦借指士大夫。

［8］六月己卯：中華本校勘記：“勞校：‘己卯’當從《本紀》作‘壬寅’。六月庚寅朔，無己卯。”

［9］閻纘：字續伯，本書卷四八有傳。

［10］陸機：字士衡，本書卷五四有傳。

彪，字道文，永康元年正月薨。四月，追封南陽王。

臧，字敬文。永康元年四月，封臨淮王。己巳，詔曰："咎徵數發，[1]奸回作變，[2]遹既逼廢，非命而没。今立臧爲皇太孫。[3]還妃王氏以母之，稱太孫太妃。太子官屬即轉爲太孫官屬。趙王倫行太孫太傅。"五月，倫與太孫俱之東宫，太孫自西掖門出，[4]車服侍從皆愍懷之舊也。到銅駝街，[5]宫人哭，侍從者皆哽咽，路人抆淚焉。桑復生于西廂，太孫廢，乃枯。永寧元年正月，趙王倫篡位，廢爲濮陽王，與帝俱遷金墉，尋被害。太安初，追謚曰哀。

[1]咎徵：過失的報應。

[2]奸回作變：奸惡邪僻之人製造事變。

[3]"永康元年四月，封臨淮王。己巳，詔曰"至"今立臧爲皇太孫"：中華本校勘記："勞校：《本紀》立臧爲皇太孫在五月。按：四月辛卯朔，無己巳。五月有己巳。"

[4]西掖門：宫西旁小門。《初學記》卷二四《居處部·門》引《洛陽故宫記》：洛陽有南掖門、北掖門、東掖門、西掖門。

[5]銅駝街：位於今河南省洛陽市東北漢魏洛陽故城中。三國魏明帝置銅駝街於此。時有"金馬門外集衆賢，銅駝陌上集少年"之語。

尚，字敬仁。永康元年四月，封爲襄陽王。永寧元年八月，立爲皇太孫。太安元年三月癸卯，薨，帝服齊衰期，謚曰冲太孫。

史臣曰：愍懷挺岐嶷之姿，表夙成之質。[1]武皇鍾愛，既深詒厥之謀；天下歸心，頗有后來之望。及于繼明宸極，守器春坊，四教不勤，三朝或闕，豹姿未變，鳳德已衰，信惑奸邪，疏斥正士，好屠酤之賤役，耽苑囿之佚游，可謂靡不有初，鮮克有終者也。[2]既而中宫凶忍，久懷危害之心，外戚諂諛，競進讒邪之説；坎牲之謀已構，[3]斃犬之譖遂行；[4]一人乏探隱之聰，百辟無争臣之節。[5]遂使冤逾楚建，[6]酷甚戾園。[7]雖復禮備哀榮，情深憫慟，亦何補於荼毒者哉！

[1]夙成：早早成熟。

[2]“靡不有初”句：語出《詩·大雅·蕩》，意爲萬事莫不有其開始，但很少能有堅持到底者。

[3]坎牲之謀：春秋時，蔡國大夫觀起爲楚靈王所殺，觀起兒子觀從亡在吴，乃勸吴王伐楚。他用吴王名義召集流亡在外的楚國公子子干、子晳等人，與他們盟誓，然後率楚國的公子、公子黑肱、公子棄疾、蔓成然四族的衆人進入楚國。古時盟誓，先將犧牲埋入坑内，然後覆蓋誓書，故言坎牲之謀。

[4]斃犬之譖：春秋時，晋獻公寵愛驪姬。驪姬爲了讓自己兒子爲太子，便設計陷害太子申生。她對申生説晋獻公昨天夢見申生的亡母，要申生到曲沃祭祀亡母。申生於是祭其母齊姜於曲沃，回來將祭祀用的胙肉獻給晋獻公。當時獻公在外打獵，驪姬派人將毒藥放入胙肉中。兩天後晋獻公回來，剛要吃，驪姬從旁止之，先給狗吃，狗吃完立刻斃命。從而實現了陷害太子的目的。

[5]百辟：百官。

[6]楚建：楚太子，名建。楚平王派費無忌到秦國爲太子建取婦。費無忌回來，對平王説：“秦女好，可自娶，爲太子更求。”平

王便自己娶了秦女。後來，費無忌又進讒言説自從大王娶了秦女，太子怨恨，如果不采取措施，後悔就晚了。平王欲殺太子建，太子建亡奔宋國。

[7]戾園：戾太子的陵園。亦借指戾太子。戾太子，名劉據，漢武帝之子。母衛皇后。七歲時立爲太子，武帝晚年失寵。時江充用事，與戾太子有隙，借巫蠱嫁禍於太子。太子遭誣，因舉兵誅江充，與丞相劉屈氂戰於長安城内，兵敗逃亡。不久爲吏追捕，自殺。

贊曰：愍懷聰穎，諒惟天挺。皇祖鍾心，庶僚引領。震宫肇建，儲德不恢。掇蜂構隙，[1]歸胙生灾。[2]既罹凶忍，徒望歸來。

[1]掇蜂：《太平御覽》卷九五〇引劉向《列女傳》："尹吉甫子伯奇至孝事後母。母取蜂去毒，繫於衣上，伯奇前欲去之，母便大呼曰：'伯奇牽我。'吉甫見疑之，伯奇自死。"後因以"掇蜂"爲離間骨肉之典。

[2]歸胙生灾：即晋獻公寵愛的驪姬設計於晋獻公所吃胙肉中下毒，以陷害太子申生的故事。見前文"斃犬之譖"注。

晋書　卷五四

列傳第二十四

陸機 孫拯　陸雲 弟耽 從父兄喜[1]

陸機

陸機，字士衡，吴郡人也。[2] 祖遜，[3] 吴丞相。父抗，[4] 吴大司馬。[5] 機身長七尺，其聲如鐘。[6] 少有異才，文章冠世，伏膺儒術，非禮不動。抗卒，領父兵爲牙門將。[7] 年二十而吴滅，退居舊里，閉門勤學，積有十年。以孫氏在吴，而祖父世爲將相，有大勛於江表，深慨孫皓舉而棄之，乃論權所以得，皓所以亡，又欲述其祖父功業，遂作《辯亡論》二篇。其上篇曰：

昔漢氏失御，奸臣竊命，[8] 禍基京畿，毒遍宇内，皇綱弛頓，王室遂卑。於是群雄蜂駭，[9] 義兵四合。吴武烈皇帝慷慨下國，[10] 電發荆南，權略紛紜，忠勇伯世，[11] 威稜則夷羿震盪，[12] 兵交則醜虜授馘，[13] 遂掃清宗祊，[14] 蒸禋皇祖。于時雲興之將帶州，猋起之師跨邑，哮闞之群風驅，熊羆之族霧合。雖兵以義動，同盟戮力，然皆苞藏禍心，阻兵怙亂，或師無謀律，喪威稔寇。忠規武節，未有如此其著者也。

［1］陸雲：原本目録作“弟雲”，據中華本目録改。　耽：原本卷首目録作“躭”，據正文及中華本目録改。

［2］吴郡：治所在吴縣（今江蘇省蘇州市）。

［3］遜：陸遜，三國時吴郡吴縣（今江蘇省蘇州市）人，本名議，字伯言，孫策女婿。早年爲孫權幕僚，后歷任屯田都尉、定威校尉。吴蜀夷陵之戰中任大都督，大敗蜀軍於猇亭，因功加拜輔國將軍，領荆州牧。後見孫權寵魯王孫霸，疏太子，便上書勸諫，反被孫權斥責，憤恚而死。

［4］抗：陸抗，三國時吴郡吴縣（今江蘇省蘇州市）人，字幼節。陸遜子。以鎮軍大將軍都督信陵、西陵、夷道、樂鄉、公安諸軍事。與西晋荆州都督羊祜互通使節，各保分界。

［5］大司馬：官名，八公之一，位在上公之下、大將軍及三公之上，高級將帥，多爲大臣加官。一品。吴大司馬一度分置左、右。

［6］如鐘：鐘，宋本作“雷”。

［7］牙門將：官名，簡稱牙門，三國魏晋南北朝皆置，統兵武職，位在裨將軍下、郡守上。五品。

［8］奸臣竊命：董卓竊國。奸臣指董卓。

［9］於是群雄蜂駭：蜂，原本、宋本作“鋒”，殿本作“蜂”，據殿本、中華本校勘記改。

［10］吴武烈皇帝：孫堅，東漢末吴郡富春（今浙江省杭州市富陽區）人，字文臺。少爲縣吏，歷任中郎將别部司馬、議郎、長沙太守。董卓專權，與袁術聯合攻打董卓，被袁術表爲行破虜將軍，領豫州刺史。大破董卓，入洛陽，得傳國玉璽。後被黄祖部下

射殺。死後謚號武烈。

[11]伯世：霸世。

[12]夷羿：後羿。夏代有窮之君，名羿，因居東夷，故稱。太康無道，夏衰，羿因夏民以代夏政。後因溺於田獵，不修民事，爲寒浞所殺。事見《左傳·襄公四年》。

[13]授馘：授首。馘，割下所殺死敵人的左耳。

[14]宗祊：宗廟。

武烈既没，長沙桓王逸才命世，[1]弱冠秀發，[2]招攬遺老，與之述業。神兵東驅，奮寡犯衆，攻無堅城之將，戰無交鋒之虜。誅叛柔服，而江外底定；飭法修師，則威德翕赫。賓禮名賢，而張公爲之雄；[3]交御豪俊，而周瑜爲之傑。[4]彼二君子皆弘敏而多奇，[5]雅達而聰哲，[6]故同方者以類附，等契者以氣集，江東蓋多士矣。將北伐諸華，誅鉏干紀，[7]旋皇輿於夷庚，[8]反帝坐於紫闥，[9]挾天子以令諸侯，清天步而歸舊物。戎車既次，群凶側目，大業未就，中世而殞。

[1]長沙桓王：孫策，東漢末吴郡富春（今浙江省杭州市富陽區）人，字伯符，孫堅長子。先後被袁術表拜懷義校尉、折衝校尉。後與周瑜匯合，渡江先後擊敗下邳相笮融、揚州刺史劉繇。袁術稱帝後，遂與之絶交。後據有會稽、廬江、豫章、丹徒等地，被拜爲討逆將軍。終被吴郡太守許貢手下射殺。死後追謚長沙桓王。

[2]弱冠：指男子二十歲時。《禮記·曲禮上》："二十曰弱，冠。"年少爲弱，待至二十，即爲成年，舉行冠禮。

[3]張公：張昭，三國時彭城（今江蘇省徐州市）人，字子

布。東漢末年避亂渡江，被孫策任爲長史、撫軍中郎將。孫策卒，受遺命輔佐孫權。赤壁之戰前主張降曹而使孫權失望。孫權稱帝後，更拜輔吴將軍。陸機此文人皆稱名或字，唯張昭稱“公”，蓋因陸機入洛後，爲避司馬昭名諱，故稱。（參見周一良《魏晋南北朝史札記》，中華書局 1985 年版）

[4]周瑜：東漢末廬江舒縣（今安徽省廬江縣西南）人，字公瑾。隨孫策起兵。孫策卒後，與張昭共同輔佐孫權。親率水軍破曹操於赤壁。歷任建威中郎將、江夏太守、偏將軍、南郡太守等職。

[5]弘敏：曠達敏捷。

[6]雅達：雅正通達。

[7]誅鉏干紀：誅除違法亂紀之人。

[8]旋皇輿於夷庚：讓皇帝的車乘重返平坦大道。夷庚，坦途。

[9]紫闥：宫廷。

用集我大皇帝，[1]以奇踪襲逸軌，叡心因令圖，[2]從政咨於故實，播憲稽乎遺風；[3]而加之以篤敬，申之以節儉，疇諮俊茂，好謀善斷，束帛旅於丘園，[4]旌命交乎塗巷。[5]故豪彦尋聲而響臻，志士晞光而景騖，異人輻輳，[6]猛士如林。於是張公爲師傅；周瑜、陸公、魯肅、吕蒙之儔，[7]入爲心腹，出作股肱；[8]甘寧、凌統、程普、賀齊、朱桓、朱然之徒奮其威，[9]韓當、潘璋、黄蓋、蔣欽、周泰之屬宣其力；[10]風雅則諸葛瑾、張承、步騭以名聲光國，[11]政事則顧雍、潘濬、吕範、吕岱以品任幹職，[12]奇偉則虞翻、陸績、張惇以風義舉政，[13]奉使則趙咨、沈珩以敏達延譽，[14]術數則吴範、趙達以機祥協德；[15]董襲、陳武殺身以衛主，[16]駱統、劉基强諫以補過。[17]謀無遺計，舉不失策。故遂割據山川，跨制荆吴，而與天下争衡矣。魏氏嘗藉戰勝之威，率百萬之師，浮鄧塞之舟，[18]下漢陰之衆，羽楫萬計，龍躍順流，鋭師千旅，武步原隰，謨臣盈室，武將連衡，喟然有吞江滸之志，壹宇宙之氣。而周瑜驅我偏師，黜之赤壁，喪旗亂轍，僅而獲免，收迹遠遁。漢王亦憑帝王之號，帥巴漢之人，乘危騁變，結壘千里，志報關羽之敗，[19]圖收湘西之地。而我陸公亦挫之西陵，[20]覆師敗績，困而後濟，絶命永安。[21]續以濡須之寇，[22]臨川摧鋭；蓬蘢之戰，孑輪不反。由是二邦之將，喪氣挫鋒，勢衄財匱，而吴莞然坐乘其弊，故魏人請好，漢氏乞盟，遂躋天號，鼎跱而立。西界庸益之郊，[23]北裂淮漢之涘，東苞百越之地，南括群蠻之表。於是講八代之禮，搜三王之樂，告類上帝，[24]拱揖群后。武臣毅卒，循江而守；長棘勁鎩，望焱而奮。庶尹盡規於上，[25]黎元展業于下，化協殊裔，風衍遐圻。[26]乃俾一介行人，撫巡外域，巨象逸駿，擾於外閑，明珠瑋寶，耀於内府。珍瑰重迹而至，奇玩應響而赴；輶軒騁於南荒，[27]衝輣息於朔野；[28]黎庶免干戈之患，戎馬無晨服之虞，而帝業固矣。

[1]大皇帝：孫權。

[2]叡心因令圖：聖明之心和遠大謀略。

[3]播憲稽乎遺風：憲，原本、宋本作“悪”，即“惡”之異體字，殿本作“憲”，據殿本改。

[4]束帛旅於丘園：使人帶著禮物去請隱居的人才。丘園，《易·賁》："六五，賁於丘園，束帛戔戔。"王肅注："失位無應，隱處丘園。"

[5]旌命交乎塗巷：乎，殿本作"於"。

[6]輻輳：輳，原本、宋本、殿本作"湊"，據中華本改。

[7]陸公：陸遜，因爲是陸機祖父，故不直呼其名。　魯肅：東漢末臨淮東城（今安徽省定遠縣東南）人，字子敬。家富於財，曾以倉米資助周瑜。後被舉薦給孫權，獻據長江以觀天下之變之策。赤壁之戰前力主抗曹。歷任孫吴奮武校尉、漢昌太守、偏將軍。　吕蒙：東漢末汝南富波（今安徽省阜南縣東南）人，字子明。孫吴大將，歷任平北都尉、領廣德長、横野中郎將、廬江太守、左護軍、虎威將軍等職。少不好讀書，後聽孫權勸告，博覽群書。建安二十四年（219）偷襲關羽，占領荆州。旋病卒。　儔：原本、宋本、殿本作"疇"，據中華本改。

[8]出作股肱：作，殿本作"爲"。

[9]甘寧：東漢末巴郡臨江（今重慶市忠縣）人，字興霸。初屬劉璋，後依劉表，終歸孫權。助孫權取黄祖，從周瑜破曹操，軍功卓著。歷任折衝將軍、西陵太守、前部督。孫權爲其去世痛感惋惜。　凌統：三國時吴郡餘杭（今浙江省杭州市餘杭區西南）人，字公績。任孫權别部司馬、承烈都尉。赤壁之戰後遷爲校尉。合肥之戰，奮力救孫權出曹軍重圍，拜爲偏將軍。　程普：東漢末右北平土垠（今河北省唐山市豐潤區東南）人，字德謀。從孫堅擊黄巾，破董卓，助孫策經營江南。先後任吴郡都尉、丹楊都尉、蕩寇中郎將、零陵太守。孫策死後與張昭等共輔孫權。平山越、戰赤壁、攻南郡，戰功頗多。歷任孫吴裨將軍、領江夏太守、南郡太守、蕩寇將軍。時人呼之爲程公。　賀齊：三國時會稽山陰（今浙江省紹興市）人，字公苗，本姓慶，避漢安帝父名諱，改姓賀。歷任孫吴平東校尉、威武中郎將、新都太守、偏將軍、奮武將軍、安東將軍等職。　朱桓：三國吴郡吴縣（今江蘇省蘇州市）人，字休

穆。歷任餘姚長、裨將軍、濡須督、奮武將軍、前將軍、領青州牧。性耻爲人下，然輕財貴義，卒時家無餘財。　朱然：三國吳丹楊故鄣（今浙江省安吉縣西北）人，字義封。歷任孫吳餘姚長、山陰令、臨川太守、征北將軍、車騎將軍、右護軍等職。官至左大司馬、右軍師。

[10]韓當：三國時遼西令支（今河北省遷安市西）人，字元吉。任孫堅別部司馬，孫策先登校尉，孫權中郎將、偏將軍、領永昌太守、威烈將軍、昭武將軍等職。參加過赤壁之戰、猇亭之戰等，戰功頗多。　潘璋：三國時東郡發干（今山東省冠縣東南）人，字文珪。歷任孫吳別部司馬、豫章西安長、武猛校尉、偏將軍等。攻擊擒殺關羽，拜固陵太守、振威將軍。猇亭之戰中有功，拜平北將軍、襄陽太守。性奢侈無度，數不奉法，孫權以其功不問。黄蓋：三國時零陵泉陵（今湖南省永州市）人，字公覆。從孫堅起兵，拜別部司馬。從孫策討黄祖，後任春穀長、丹楊令、丹楊都尉。赤壁之戰中立功，拜武鋒中郎將。後任武陵太守，加偏將軍。蔣欽：東漢末九江壽春（今安徽省壽縣）人，字公奕。孫策東渡，拜別部司馬。歷任葛陽尉、西部都尉、討越中郎將、蕩寇將軍、濡須督、右護軍等職。建安二十四年（219），督水軍入沔水以討關羽，卒於回軍途中。　周泰：三國時九江下蔡（今安徽省鳳臺縣）人，字幼平。初侍孫策，任別部司馬。孫權愛之，乃歸孫權。宣城之戰，爲保護孫權身被十二創。戰赤壁、守濡須，戰功頗多。歷任平虜將軍、漢中太守、奮威將軍等。

[11]諸葛瑾：三國時琅邪陽都（今山東省沂南縣南）人，字子瑜，諸葛亮兄。歷任孫吳南郡太守、左將軍、大將軍、左都護等職。　張承：三國時彭城（今江蘇省徐州市）人，字仲嗣，張昭子。少以才學之名，與諸葛瑾、步騭、嚴畯相友善。歷任驃騎將軍、長沙西部都尉、濡須都督、奮威將軍等職。　步騭：三國時臨淮淮陰（今江蘇省淮安市淮陰區西南）人，字子山。歷任孫吳交州刺史、征南中郎將、平戎將軍、丞相等職。

[12]顧雍：三國時吴郡吴縣（今江蘇省蘇州市）人，字元嘆。少從蔡邕學琴書，歷任孫吴大理、奉常、領尚書令、丞相等職。潘濬：三國時武陵漢壽（今湖南省常德市東北）人，字承明。先任劉表部江夏從事，劉備據有荆州，任之爲治中從事。孫吴占有荆州後，拒不降服，後有感於孫權的撫慰，乃降。任治中從事，荆州軍事一以咨之。　吕範：三國吴汝南細陽（今安徽省太和縣東）人，字子衡。隨孫策起兵，任都督、征虜中郎將。孫權時赤壁之戰有功，拜裨將軍，又遷平南將軍。後拜揚州牧，遷大司馬。　吕岱：三國時廣陵海陵（今江蘇泰州市）人，字定公。歷任孫吴昭信中郎將、廬陵太守、交州刺史等職。率兵征討交阯太守士徽叛亂，進封番禺侯，以功拜鎮南將軍。後被召回屯長沙漚口。孫權分武昌爲兩部，吕岱督右部，自武昌上至蒲圻。官至上大將軍、大司馬。

[13]虞翻：三國時會稽餘姚（今浙江省餘姚市）人，字仲翔。少好學，經學家。初任會稽太守王朗功曹。孫策破王朗，虞翻復爲功曹。孫權時任騎都尉。性疏直，多次勸諫孫權，因此被徙交州。　陸績：三國時吴郡吴縣（今江蘇省蘇州市）人，字公紀。博學多識，任孫權奏曹掾，以直諫見嫌。後出爲鬱林太守，加偏將軍。在天文、《易》學、玄學方面均有著述。　張惇：《三國志》卷五二《吴書·顧邵傳》注引《吴録》張惇作張敦。字叔方，静字玄風，吴郡人。"敦德量淵懿，清虚淡泊，又善文辭。孫權爲車騎將軍，辟西曹掾，轉主簿，出補海昏令，甚有惠化，年三十二卒。"中華本校勘記："《斠注》：《吴志·三嗣主傳》注、《文選》'張惇'上均有'張温'。"

[14]趙咨：《三國志》卷四七《吴主傳》注引《吴書》曰："咨字德度，南陽人，博聞多識，應對辯捷，權爲吴王，擢中大夫，使魏，魏文帝善之。"多次出使北方，魏人敬異。孫權聞而嘉之，拜騎都尉。　沈珩：《三國志》卷四七《吴主傳》注引《吴書》曰："字仲山，吴郡人，少綜經藝，尤善《春秋》内、外傳。權以珩有智謀，能專對，乃使至魏。""以奉使有稱，封永安鄉侯，官至

少府。”

[15]吴範：字文則，會稽上虞（今浙江省紹興市上虞區）人。以治曆數，知風氣，聞於郡中。孫權起於東南，吴範委身服事，每有灾祥，輒推數言狀，其術多效，遂以顯名。被任爲騎都尉，領太史令。孫權欲知其決，吴範秘惜其術，不以至要語權。　趙達：河南郡（今河南省洛陽市東北）人。少從漢侍中單甫受學，用思精密，謂東南有王者氣，可以避難，故脱身渡江。孫權行師征伐，每令張達推算，皆如其言。孫權問其法，張達終不語，由此見薄，禄位不至。　機祥：吉凶之先兆。

[16]董襲：三國時會稽餘姚（今浙江省餘姚市）人，字元代。孫策時任門下賊曹，因功拜别部司馬，遷揚武都尉。孫權時任威越校尉，遷偏將軍。後督五樓船住濡須口，遇暴風，船覆溺死。　陳武：三國時廬江松滋（今安徽省宿松縣東北）人，字子烈。少從孫策，以戰功拜别部司馬。孫權時轉督五校。屢有功勞，進位偏將軍。後於合肥之役戰死。

[17]駱統：三國時吴會稽烏傷（今浙江省義烏市）人，字公緒。孫權領會稽太守，駱統試爲烏程相，治民甚有條理。歷任騎都尉、偏將軍、濡須督。屢次上書指陳時政，多有卓見。　劉基：三國時東萊牟平（今山東省烟臺市福山區西北）人，劉繇長子，字敬輿。姿容美好，受孫權愛敬。孫權爲驃騎將軍，任之爲東曹掾，拜輔義校尉、建忠中郎將。孫權爲吴王，任之爲大農。後徙郎中令。權稱帝，改爲光禄勳，分平尚書事。

[18]鄧塞：即鄧塞城，位於今湖北省襄陽市東北。

[19]關羽：東漢末河東解縣（今山西省運城市）人，字雲長，本字長生。東漢末亡命涿郡，與劉備、張飛起兵。赤壁之戰後，任襄陽太守、蕩寇將軍，駐守荆州。建安二十四年（219）率兵攻打曹魏襄陽，被孫吴背後襲取江陵。關羽回軍欲奪回江陵，於麥城被俘，遭殺害。

[20]西陵：地名，在今湖北省宜昌市西陵區。

［21］永安：縣名，治所在今重慶市奉節縣東。

［22］濡須：濡須塢，位於今安徽省無爲縣東北濡須水畔。

［23］庸：古國名，在今湖北省竹山縣西南。　益：州名，治所在成都縣（今四川省成都市）。

［24］告類：祭天禮儀。《尚書·舜典》："肆類於上帝。"孔安國傳："類謂攝位事類。遂以攝告天及五帝。"

［25］庶尹：《尚書·益稷》："百獸率舞，庶尹允諧。"孔安國傳："尹，正也，衆正官之長。"

［26］風衍遐圻：風化延及方圓千里之地。圻，方圓千里之地。《左傳·昭公六年》："今土數圻，而郢是城，不亦難乎！"杜預注："方千里爲圻。"

［27］輶軒：使臣所乘之車，代稱使臣。

［28］衝輣：古代攻城戰具。衝車和樓車。

大皇既没，[1]幼主莅朝，奸回肆虐。[2]景皇聿興，[3]虔修遺憲，政無大闕，守文之良主也。[4]降及歸命之初，[5]典刑未滅，故老猶存。大司馬陸公以文武熙朝，左丞相陸凱以謇諤盡規，[6]而施績、范慎以威重顯，[7]丁奉、鍾離斐以武毅稱，[8]孟宗、丁固之徒爲公卿，[9]樓玄、賀邵之屬掌機事，[10]元首雖病，股肱猶良。爰逮末葉，群公既喪，然後黔首有瓦解之患，皇家有土崩之釁，曆命應化而微，王師躡運而發，卒散於陣，衆奔于邑，城池無藩籬之固，山川無溝阜之勢，非有工輸雲梯之械，[11]智伯灌激之害，[12]楚子築室之圍，[13]燕人濟西之隊，[14]軍未浹辰而社稷夷矣。[15]雖忠臣孤憤，烈士死節，將奚救哉！

［1］大皇：大，宋本作“太”。

［2］奸回：奸惡之人。

［3］景皇：孫休，字子烈，孫權第六子。公元 258 至 264 年在位。太平三年（258）孫綝廢孫亮，立孫休。卒謚景皇帝。

［4］良主：主，原本作“王”，宋本、殿本作“主”，據宋本、殿本改。

［5］歸命：孫皓，字元宗，一名彭祖，字皓宗。公元 264 至 280 年在位。天紀四年（280），西晋滅吴，孫皓被送到洛陽，賜號歸命侯。

［6］左丞相：官名，三國孫吴將丞相分爲左右。左丞相與右丞相共同輔助皇帝處理政務。　陸凱：三國孫吴吴郡吴縣（今江蘇省蘇州市）人，字敬風。陸遜族子。歷任諸暨長、建武都尉、建武校尉、偏將軍、征北將軍、鎮西大將軍、左丞相等職。　謇諤：正直敢説話。

［7］施績：字公緒，三國吴丹楊故鄣（今浙江省安吉縣西北）人，初任爲郎，後拜建忠都尉。隨潘濬討五溪，以膽力稱。後任偏將軍、誉下督，領盜賊事，持法不傾。歷任平魏將軍、樂鄉督、鎮東將軍、驃騎將軍、上大將軍、都護督等職。　范慎：《三國志》卷五九《孫登傳》注引《吴録》：“范慎，字孝敬，廣陵人”，歷任孫吴侍中、武昌左部督、太尉等職。

［8］丁奉：三國時廬江安豐（今安徽省霍邱縣西南）人，字承淵。隨甘寧、陸遜等征伐，戰功頗多。歷任偏將軍、冠軍將軍、滅寇將軍、左將軍、大將軍、大司馬左軍師等職。　鍾離斐：殿本卷末考證言“鍾離斐，《文選》作‘黎斐’”。《十七史商榷》：“鍾離斐，《文選》作‘離斐’。李善曰：‘《吴志》：“魏諸葛誕降，魏人圍之，丁奉與黎斐往解其圍。”黎、離音相近，是一人，但字不同。’然則‘鍾’字衍也。”

［9］孟宗：三國孫吴江夏（今湖北省安陸市西南）人，字恭武，任吴令、光禄勛等職。避孫皓字，改名孟仁。　丁固：三國孫

吴人，任尚書、左御史大夫等職。

［10］樓玄：三國時沛郡蘄縣（今安徽省宿州市南）人，字承先。歷任孫吴監農御史、散騎中常侍、會稽太守、大司農等職。因應對數不合孫皓之意，被徙廣州。後自殺。　賀邵：三國時會稽山陰（今浙江省紹興市）人，字興伯。孫休時任散騎常侍、吴郡太守。孫皓時任左典軍、中書令、太子太傅。因上書諫孫皓，爲孫皓所恨，被誣毁謗政事，拷問致死。

［11］工輸：即公輸班，戰國時魯國人，與墨翟同時，善於製造器械的能工巧匠。曾爲楚王製造攻城雲梯攻打宋國。

［12］智伯灌激：智伯，春秋末晋國執政。三家分晋時期，率韓魏攻趙，趙襄子退保晋陽。智伯率軍攻晋陽，引汾水灌城，城中懸釜而炊，易子而食。

［13］楚子築室：楚子，楚莊王，春秋時楚國國君，名旅。楚穆王之子。春秋五霸之一。公元前613至前591年在位。《左傳·宣公十五年》：楚莊王率軍攻打宋國，久攻不下，又聽説晋國準備援助宋國，便想撤兵。申叔獻計在城外建造營房，讓逃跑的農民回來種田，以示楚軍不走的決心，宋國必定屈服。莊王采納了這一建議。

［14］燕人濟西之隊：戰國時，燕昭王任樂毅爲上將軍，率趙、楚、韓、魏、燕之兵以伐齊，在濟西大破齊軍。

［15］軍未浹辰而社稷夷：指孫吴很快亡國。浹辰，十二日。古代以干支紀日，稱自子至亥一周十二日爲“浹辰”。

夫曹劉之將非一世所選，向時之師無曩日之衆，戰守之道抑有前符，險阻之利俄然未改，而成敗貿理，古今詭趣，何哉？彼此之化殊，授任之才異也。

其下篇曰：

昔三方之王也，魏人據中夏，漢氏有岷益，吴制荆揚而掩有交廣。[1]曹氏雖功濟諸華，虐亦深矣，其人怨。劉翁因險以飾智，功已薄矣，其俗陋矣。[2]吴，桓王基之以武，太祖成之以德，聰明叡達，懿度弘遠矣。其求賢如弗及，恤人如稚子，接士盡盛德之容，親仁罄丹府之愛。拔吕蒙於戎行，試潘濬於係虜。推誠信士，不恤人之我欺；量能授器，不患權之我逼。執鞭鞠躬，以重陸公之威；悉委武衛，以濟周瑜之師。卑宫菲食，[3]豐功臣之賞；披懷虚己，納謨士之算。故魯肅一面而自託，士燮蒙險而效命。[4]高張公之德，而省游田之娱；[5]賢諸葛之言，而割情欲之歡；[6]感陸公之規，而除刑法之煩；[7]奇劉基之議，而作三爵之誓；[8]屏氣跼蹐，以伺子明之疾；[9]分滋損甘，以育凌統之孤；[10]登壇慷慨，歸魯子之功；[11]削投怨言，信子瑜之節。[12]是以忠臣競盡其謨，志士咸得肆力，洪規遠略，固不厭夫區區者也。故百官苟合，庶務未遑。初都建鄴，[13]群臣請備禮秩，天子辭而弗許，曰："天下其謂朕何！"宫室輿服，蓋慊如也。爰及中葉，天人之分既定，故百度之缺粗修，雖醲化懿綱，[14]未齒乎上代，抑其體國經邦之具，亦足以爲政矣。地方幾萬里，帶甲將百萬，其野沃，其兵練，其器利，其財豐；東負滄海，西阻險塞，長江制其區宇，峻山帶其封域，國家之利未見有弘於兹者也。[15]借使守之以道，[16]御之有術，敦率遺典，勤人謹政，[17]修定策，守常險，則可以長世永年，未有危亡之患也。

［1］掩有：掩，宋本、殿本作“奄”。

［2］其俗陋矣：矣，殿本作“夫”。

［3］卑宫菲食：形容生活簡樸。

［4］士燮：東漢末蒼梧廣信（今廣西壯族自治區梧州市）人。東漢末天下大亂，道路阻絶，乃上表請弟士壹領合浦太守、弟士䵋領九真太守、弟士武領南海太守。宗族貴盛無比，而不廢貢職，被拜爲安遠將軍。後依附孫權，歷任左將軍、衛將軍等職。

［5］“高張公之德”句：《三國志》卷五二《吴書·張昭傳》：孫權每田獵，常乘馬射虎，虎常突前攀持馬鞍。張昭變色而前曰：“將軍何有當爾？夫爲人君者，謂能駕御英雄，驅使群賢，豈謂馳逐於原野，校勇於猛獸者乎？如有一旦之患，奈天下笑何？”孫權道歉説：“年少慮事不遠，以此慚君。”於是放棄騎馬，改作射虎車，爲方目，不置蓋，一人爲御，自於中射之。

［6］“賢諸葛之言”句：《三國志》卷五二《吴書·諸葛瑾傳》：孫權的愛將朱治，曾因瑣事引起孫權不滿。孫權因爲平素對朱治敬重，不好發洩，祇能憋在心里，忿忿不解。諸葛瑾知道後，遂於孫權前作文，泛論物理，因以己心遥往忖度之。寫完之後呈給孫權，權喜，笑曰：“孤意解矣。顔氏之德，使人加親，豈謂此邪？”

［7］“感陸公之規”句：《三國志》卷四七《吴書·吴主傳》：陸遜上書孫權以施德緩刑，寬賦息調。孫權報曰：“夫法令之設，欲以遏惡防邪，儆戒未然也，焉得不有刑罰以威小人乎？此爲先令後誅，不欲使有犯者耳。君以爲太重者，孤亦何利其然，但不得已而爲之耳。今承來意，當重諮謀，務從其可。”於是令有司盡寫科條，使郎中褚逢賫以就遜及諸葛瑾，意所不安，令損益之。

［8］“奇劉基之議”句：《三國志》卷五七《吴書·虞翻傳》：

孫權舉行宴會，歡宴之末，自起行酒，虞翻假裝喝醉，不接受孫權之酒。權於是大怒，手劍欲擊之，大農劉基抱住孫權諫曰："大王以三爵之後殺善士，雖翻有罪，天下孰知之？且大王以能容賢畜衆，故海内望風，今一朝棄之，可乎？"孫權説："曹孟德尚殺孔文舉，孤於虞翻何有哉？"劉基説："孟德輕害士人，天下非之。大王躬行德義，欲與堯舜比隆，何得自喻於彼乎？"虞翻因此得免。孫權又敕左右，自今酒後言殺，皆不得殺。

［9］"屏氣跼蹐"句：《三國志》卷五四《吴書·吕蒙傳》：吕蒙生病後，孫權把他安排在内殿，"所以治護者萬方，募封内有能愈蒙疾者，賜千金。時有鍼加，權爲之慘慼，欲數見其顔色，又恐勞動，常穿壁瞻之，見小能下食則喜，顧左右言笑，不然則咄唶，夜不能寐。病中瘳，爲下赦令，群臣畢賀。後更增篤，權自臨視，命道士於星辰下爲之請命"。

［10］"分滋損甘"句：《三國志》卷五五《吴書·凌統傳》：凌統死後，孫權把他的兩個兒子内養於宫中，愛待與諸子同。賓客進見，呼示之曰："此吾虎子也。"

［11］"登壇慷慨"句：《三國志》卷五四《吴書·魯肅傳》：孫權即皇帝位，登壇對公卿曰："昔魯子敬嘗道此，可謂明於事勢矣。"

［12］"削投怨言"句：《三國志》卷五二《吴書·諸葛瑾傳》：有人告訴孫權諸葛瑾派人與劉備勾通，孫權曰："孤與子瑜有死生不易之誓，子瑜之不負孤，猶孤之不負子瑜也。"

［13］建鄴：縣名，治所在今江蘇省南京市。

［14］醲化懿綱：以寬厚的德政教化百姓，使朝廷綱紀完備。

［15］未見有弘於兹者也：見，原本、宋本作"巨"，殿本作"見"，據殿本改。

［16］借使：假使，假如。

［17］勤人謹政：中華本校勘記："'勤人'，《文選》作'勤民'。'人'字乃唐人避諱改。下文'理盡於人''悦以使人，人忘

其勢’等處同，不具校。”

或曰：“吴蜀脣齒之國也，[1]夫蜀滅吴亡，理則然矣。”夫蜀，蓋藩援之與國，而非吴人之存亡也。其郊境之接，重山積險，陸無長轂之徑；川阸流迅，[2]水有驚波之艱。雖有鋭師百萬，啓行不過千夫；舳艫千里，前驅不過百艦。故劉氏之伐，陸公喻之長蛇，其勢然也。昔蜀之初亡，朝臣異謀，或欲積石以險其流，或欲機械以禦其變。[3]天子總群議以諮之大司馬陸公，公以四瀆天地之所以節宣其氣，固無可遏之理，而機械則彼我所共，彼若棄長技以就所屈，即荆楚而争舟楫之用，是天贊我也，將謹守峽口以待擒耳。逮步闡之亂，[4]憑寶城以延强寇，資重幣以誘群蠻。于時大邦之衆，雲翔電發，懸旍江介，築壘遵渚，衿帶要害，以止吴人之西，巴漢舟師，沿江東下。陸公偏師三萬，北據東坑，深溝高壘，按甲養威。反虜踠迹待戮，而不敢北窺生路，强寇敗績宵遁，喪師太半，分命鋭師五千，西禦水軍，東西同捷，獻俘萬計。信哉賢人之謀，豈欺我哉！自是烽燧罕驚，封域寡虞。陸公没而潛謀兆，吴釁深而六師駭。夫太康之役，衆未盛乎曩日之師；廣州之亂，禍有愈乎向時之難，而邦家顛覆，宗廟爲墟。嗚呼！“人之云亡，邦國殄瘁”，[5]不其然歟！

[1]脣齒之國：互相依存利益攸關的國家。

[2]川阨流迅：河水險要湍急。

[3]或欲機械以禦其變：宋本無“以”字。

[4]步闡：三國時臨淮淮陰（今江蘇省淮安市淮陰區西南）人，孫吴將領步騭之子，歷任昭武將軍、繞帳督、西陵督。

[5]“人之云亡”句：語出《詩·大雅·瞻卬》。

《易》曰“湯武革命順乎天”，[1]或曰“亂不極則治不形”，[2]言帝王之因天時也。古人有言曰“天時不如地利”，《易》曰“王侯設險以守其國”，[3]言爲國之恃險也。又曰“地利不如人和”，“在德不在險”，言守險之在人也。吴之興也，參而由焉，孫卿所謂合其參者也。[4]及其亡也，恃險而已，又孫卿所謂舍其參者也。夫四州之萌非無衆也，大江以南非乏俊也，山川之險易守也，勁利之器易用也，先政之策易修也，功不興而禍遘何哉？所以用之者失也。故先王達經國之長規，審存亡之至數，謙己以安百姓，敦惠以致人和，寬冲以誘俊乂之謀，慈和以結士庶之愛。是以其安也，則黎元與之同慶；及其危也，則兆庶與之同患。安與衆同慶，則其危不可得也；危與下同患，則其難不足恤也。夫然，故能保其社稷而固其土宇，《麥秀》無悲殷之思，[5]《黍離》無愍周之感矣。[6]

[1]湯武革命順乎天：語見《易·革·彖辭》：“天地革而四時成，湯武革命，順乎天而應乎人，革之時大矣哉！”

[2]或曰：中華本校勘記：“李校：‘或曰’，《文選》作‘玄

曰’，注引《太玄經》。”

［3］王侯設險以守其國：語見《易·坎·彖辭》：“王公設險以守其國。”

［4］孫卿：戰國末趙國人，姓荀，名況，字卿。漢人避宣帝諱，稱孫卿。思想家，現存《荀子》一書傳世。

［5］《麥秀》：典出《史記》卷三八《宋微子世家》：“箕子朝周，過故殷虚，感宫室毁壞，生禾黍，箕子傷之，欲哭則不可，欲泣爲其近婦人，乃作《麥秀之詩》以歌咏之。其詩曰：‘麥秀漸漸兮，禾黍油油。彼狡僮兮，不與我好兮！’”

［6］《黍離》：《詩經》中的篇名。《詩·王風·黍離序》：“《黍離》，閔宗周也。周大夫行役，至於宗周，過故宗廟宫室，盡爲禾黍，閔周室之顛覆，徬徨不忍去而作是詩也。”　無愍周之感矣：矣，殿本作“也”。

至太康末，與弟雲俱入洛，造太常張華。[1]華素重其名，如舊相識，曰：“伐吴之役，利獲二俊。”又嘗詣侍中王濟，[2]濟指羊酪謂機曰：“卿吴中何以敵此？”答云：“千里蓴羹，未下鹽豉。”[3]時人稱爲名對。張華薦之諸公。後太傅楊駿辟爲祭酒。[4]會駿誅，累遷太子洗馬、著作郎。[5]范陽盧志於衆中問機曰：[6]“陸遜、陸抗於君近遠？”機曰：“如君於盧毓、盧珽。”[7]志默然。既起，雲謂機曰：“殊邦遐遠，容不相悉，何至於此！”機曰：“我父祖名播四海，寧不知邪！”議者以此定二陸之優劣。

［1］太常：官名，漢代稱奉常，本掌禮樂宗廟、社稷祭祀，魏晋時此職掌歸尚書裁定，太常成爲閑職。三品。　張華：字茂先，

本書卷三六有傳。

[2]侍中：官名，東漢建安中與給事黄門侍郎出入禁中，省尚書事。曹魏時爲門下之侍中省長官，常侍衛皇帝左右，掌顧問應對、諫諍糾察、平議奏事、駁奏異議等，權力甚重。三品。　王濟：字武子，本書卷四二有傳。

[3]蓴：即蓴菜。又名凫葵。多年生水草。葉片橢圓形，浮水面。莖上和葉的背面有粘液。花暗紅色，嫩葉可做湯菜。　豉：即豆豉。用煮熟的大豆發酵後製成，有鹹、淡兩種。

[4]太傅：官名，晋爲八公之一。位上公，太宰之下、太保之上。一品。　楊駿：字文長，本書卷四〇有傳。　祭酒：官名，王公府屬官，主内閣事，又稱東西閣祭酒。

[5]累遷太子洗馬、著作郎：中華本校勘記："據陸機自作文，官著作郎在下文'轉殿中郎'之後，時爲元康八年。"太子洗馬，官名，東宫屬官。掌太子圖籍、經書，太子出行則前導威儀。七品。著作郎，官名，三國時爲著作局長官隸屬中書省。西晋時著作局别自置省，長官仍爲著作郎，改隸屬秘書省。西晋後亦稱大著作郎、大著作、著作，掌國史及起居注的修撰。兩晋南北朝時爲清要之官，多由有名望的文學之士擔任，也用司空、侍中、尚書等官典領。職閑位重，南朝時多爲貴族起家官。六品。

[6]范陽：縣名，治所在今河北省定興縣西南固城鎮。　盧志：字子道，本書卷四四有傳。

[7]盧毓：三國時涿郡涿縣（今河北省涿州市）人，字子家，盧植子。歷任曹操丞相法曹議令史、吏部郎、黄門侍郎、梁譙二郡太守。官至司空。　盧珽：西晋范陽涿郡（今河北省涿州市）人，字子笏，咸熙中爲泰山太守、尚書、侍中，本書卷四四有傳。珽，原本、宋本作"班"，殿本作"珽"，據殿本改。

吴王晏出鎮淮南，[1]以機爲郎中令，[2]遷尚書中兵郎，[3]轉殿中郎。[4]趙王倫輔政，[5]引爲相國參軍。[6]豫誅賈謐功，[7]賜爵關中侯。倫將篡位，以爲中書郎。[8]倫之誅也，齊王冏以機職在中書，[9]九錫文及禪詔疑機與焉，[10]遂收機等九人付廷尉。[11]賴成都王穎、吴王晏並救理之，[12]得減死徙邊，遇赦而止。

[1]吴王晏：司馬晏，字平度，本書卷六四有傳。　淮南：郡名，治所在壽春縣（今安徽省壽縣）。

[2]郎中令：官名，王國公侯屬官，魏晋爲王國中的三卿之一。六品。

[3]尚書中兵郎：官名，亦稱中兵郎、中兵郎中，尚書省中兵曹長官通稱，屬五兵尚書。西晋武帝時又分設左、右中兵郎。六品。

[4]殿中郎：官名，亦稱殿中侍郎，殿中侍衛武官。

[5]趙王倫：司馬倫，字子彝，本書卷五九有傳。

[6]相國參軍：官名，相國府佐官。參軍，亦作參軍事，謂參謀軍事。兩晋公府、軍府皆置。

[7]賈謐：字長深，本書卷四〇有傳。

[8]中書郎：官名，隸屬中書令。掌草擬詔書、外出執行重要使命等。亦作爲中書通事郎、中書侍郎的省稱。五品。

[9]齊王冏：司馬冏，字景治，本書卷五九有傳。

[10]九錫：《漢書》卷六《武帝紀》顔師古注引應劭曰："一曰車馬，二曰衣服，三曰樂器，四曰朱户，五曰納陛，六曰虎賁百人，七曰鈇鉞，八曰弓矢，九曰秬鬯。此皆天子制度，尊之，故事事錫與，但數少耳。"

[11]廷尉：官名，中央最高司法審判機構長官，負責會審朝中有罪文武大臣，覆核審决郡國疑獄等。三品。

[12]成都王穎：司馬穎，字章度，本書卷五九有傳。

初機有駿犬，名曰黄耳，甚愛之。既而羈寓京師，久無家問，笑語犬曰："我家絶無書信，汝能齎書取消息不？"犬摇尾作聲。機乃爲書以竹筒盛之而繫其頸，犬尋路南走，遂至其家，得報還洛。其後因以爲常。時中國多難，顧榮、戴若思等咸勸機還吴，[1]機負其才望，而志匡世難，故不從。

[1]顧榮：字彦先，本書卷六八有傳。　戴若思：戴淵，本書卷六九有傳。

冏既矜功自伐，受爵不讓，機惡之，作《豪士賦》以刺焉。其序曰：

夫立德之基有常，而建功之路不一。何則？修心以爲量者存乎我，因物以成務者係乎彼。[1]存乎我者，隆殺止乎其域；係乎彼者，豐約惟所遭遇。落葉俟微飆以隕，而風之力蓋寡；孟嘗遭雍門以泣，[2]而琴之感以末。何哉？欲隕之葉無所假烈風，將墜之泣不足煩哀響也。是故苟時啓於天，理盡於人，庸夫可以濟聖賢之功，斗筲可以定烈士之業。[3]故曰："才不半古，功已倍之"，蓋得之於時世也。歷觀今古，徼一時之功而居伊周之位者有矣。[4]

[1]因物以成務：遵循事物的道理，按道理行事而得到成功。

[2]孟嘗遭雍門以泣：事見桓譚《新論·琴道》：雍門周以琴見孟嘗君。孟嘗君曰："先生鼓琴，亦能令文悲乎？"雍門周曰：

“然臣竊爲足下有所常悲。夫角帝而困秦者，君也；連五國而伐楚者，又君也。天下未嘗無事，不从即衡。从成則楚王，衡成則秦帝。夫以秦、楚之强而報弱薛，譬猶磨蕭斧而伐朝菌也。有識之士，莫不爲足下寒心酸鼻。天道不常盛，寒暑更進退，千秋万歲之後，宗廟必不血食。高臺既以傾，曲池有已平，墳墓生荆棘，狐兔穴其中，游兒牧豎，躑躅其足而歌其上，行人見之悽愴，曰：‘孟嘗君之尊貴，亦猶若是乎！’”于是，孟嘗君喟然太息，涕泪承睫而未下。雍門周引琴而鼓之，徐動宫徵，叩角羽，初終，而成曲。孟嘗君遂嘘欷而就之，曰：“先生鼓琴，令文立若亡國之人也。”

[3]斗筲：指才識短淺之人。

[4]伊周：伊尹、周公。伊尹是輔佐商湯及其後代外丙、仲壬、太甲的賢臣，周公是輔佐周武王、成王的重臣。

夫我之自我，智士猶嬰其累；物之相物，昆蟲皆有此情。夫以自我之量而挾非常之勛，神器暉其顧眄，[1]萬物隨其俯仰，心玩居常之安，耳飽從諛之説，豈識乎功在身外，任出才表者哉！且好榮惡辱，有生之所大期；忌盈害上，鬼神猶且不免；人主操其常柄，天下服其大節，故曰天可讎乎。而時有袨服荷戟，[2]立乎廟門之下，援旗誓衆，奮於阡陌之上；况乎世主制命，自下裁物者乎！廣樹恩不足以敵怨，勤興利不足以補害，故曰代大匠斲者必傷手。且夫政由寧氏，[3]忠臣所以慷慨；祭則寡人，人主所不久堪。是以君奭怏怏，[4]不悦公旦之舉；高平師師，[5]側目博陸之勢。[6]而成王不遣嫌吝於懷，[7]宣帝若負芒刺於背，[8]非其然者歟？

[1]神器：代表國家權力的實物。　顧眄：賞識的目光。

[2]袨服：武士的服裝。

[3]政由寧氏：《左傳·襄公二十六年》：衛獻公派人與寧喜説復國的事，并答應寧喜如果事成，“政由寧氏，祭則寡人”。

[4]君奭怏怏：《尚書·君奭》：召公爲保，周公爲師，相成王爲左右。召公不悦，周公作《君奭》。

[5]高平師師：《漢書》卷一〇〇《序傳》述《魏相丙吉傳》：“高平師師，惟辟作威，圖黜凶害，天子是毗。”顔師古注引鄧展曰：“師師，相師法也。”魏相封高平侯。

[6]博陸：即霍光，西漢河東平陽（今山西省臨汾市西南）人，字子孟，霍去病異母弟。爲武帝所親信，武帝臨終，任其爲大司馬大將軍，封博陸侯，與金日磾等人輔佐少主。

[7]成王不遣嫌吝於懷：《尚書·金縢》：武王既喪，管叔及群弟流言於國曰：“公將不利於孺子。”孔安國傳：“成王信流言而疑周公。”

[8]宣帝若負芒刺於背：宣帝始立，謁見高廟，大將軍霍光從驂乘，宣帝内嚴憚之，若有芒刺在背。

嗟乎！光于四表，德莫富焉；王曰叔父，親莫昵焉；登帝天位，功莫厚焉；守節没齒，忠莫至焉。而傾側顛沛，僅而自全，則伊生抱明允以嬰戮，[1]文子懷忠敬而齒劍，[2]固其所也。因斯以言，夫以篤聖穆親，如彼之懿，大德至忠，如此之盛，尚不能取信於人主之懷，止謗於衆多之口，過此以往，惡睹其可！安危之理，斷可識矣。又况乎饕大名以冒道家之忌，運短才而易聖哲所難者哉！身危由於勢過，而不知去勢以求安；禍積起於寵盛，而不知辭寵以招福。見百姓之謀己，則申宫警守，[3]以崇不畜之威；懼萬方之不服，則嚴刑峻制，以賈傷心之怨。然後威窮乎震主，而怨行乎上下，衆心日陊，危機將發，而方偃仰瞪眄，[4]謂足以夸世，笑古人之未工，[5]忘己事之已拙，知曩勛之可矜，暗成敗之有會。是以事窮運盡，必有顛仆；[6]風起塵合，而禍至常酷也。聖人忌功名之過己，惡寵禄之逾量，蓋爲此也。

[1]伊生抱明允以嬰戮：伊生，伊尹，殷商名臣。曾因殷帝太甲亂德，將其流放到桐宫。《竹書紀年》説，太甲後來殺了伊尹。

[2]文子懷忠敬而齒劍：文子，文種，春秋時楚國郢城（今湖北省荆州市紀南城）人，字少禽，一作子禽。與范蠡入越，共事越王勾踐，任大夫。越國被吴國擊破，退守會稽，文種獻計向吴國請和，得免亡國。越國復仇后，范蠡勸文種功成身退，文種不聽。後勾踐聽信讒言，令文種自殺。

[3]則申宫警守：警，殿本作“禦”。

[4]瞪眄：傲視貌。《文選·陸機〈豪士賦序〉》：“衆心日墮，危機將發，而方偃仰瞪眄，謂足以誇世。”吕延濟注：“瞪眄，邪視自尊貌。”眄，殿本作“盱”。

[5]古人之未工：未，宋本作“末”。

[6]必有顛仆：有，原本、宋本、殿本作“於”，據中華本改。

夫惡欲之大端，賢愚所共有，而游子殉高位於生前，志士思垂名於身後，受生之分，惟此而已。夫蓋世之業，[1]名莫盛焉；率意無違，欲莫順焉。借使伊人頗覽天道，知盡不可益，盈難久持，超然自引，高揖而退，則巍巍之盛，仰邈前賢，洋洋之風，俯觀來籍，而大欲不止於身，至樂無愆乎舊，節彌效而德彌廣，身逾逸而名逾劭。[2] 此之不爲，而彼之必昧，然後河海之迹堙爲窮流，一匱之釁積成山岳，名編凶頑之條，身厭荼毒之痛，豈不謬哉！故聊爲賦焉，庶使百世少有悟云。

冏不之悟，而竟以敗。

[1] 蓋世之業：蓋，宋本作“盡”。

[2] 身逾逸而名逾劭：越超逸名聲越美好。

機又以聖王經國，義在封建，因采其遠指，著《五等論》曰：[1]

夫體國經野，先王所慎，創制垂基，思隆後葉。[2] 然而經略不同，長世異術。五等之制，始於黄唐，郡縣之治，創於秦漢，得失成敗，備在典謨，是以其詳可得而言。

[1] 五等論：《文選》卷五四《陸機〈五等論〉》李善注：五等，公、侯、伯、子、男也，言古者聖王立五等以治天下，至漢封樹，不依古制，乃作此論。

[2] 思隆後葉：葉，殿本作“業”。

夫王者知帝業至重，天下至廣。廣不可以偏制，重不可以獨任；任重必於借力，制廣終乎因人。故設官分職，所以輕其任也；並建伍長，所以弘其制也。於是乎立其封疆之典，裁其親疏之宜，使萬國相維，以成盤石之固；宗庶雜居，而定維城之業。[1]又有以見綏世之長御，[2]識人情之大方，知其爲人不如厚己，利物不如圖身；安上在於悦下，爲己存乎利人。故《易》曰："悦以使人，人忘其勞"，孫卿曰："不利而利之，不如利而後利之利也。"[3]是以分天下以厚樂，則己得與之同憂；饗天下以豐利，而己得與之共害。利博而恩篤，樂遠則憂深，故諸侯享食土之實，萬國受傳世之祚。夫然，則南面之君各務其政，九服之内知有定主，上之子愛於是乎生，下之禮信於是乎結，[4]世平足以敦風，道衰足以禦暴。故强毅之國不能擅一時之勢，雄俊之人無所寄霸王之志。然後國安由萬邦之思化，主尊賴群后之圖身，譬猶衆目營方，則天網自昶；[5]四體辭難，而心膂獲乂。蓋三代所以直道，四王所以垂業也。

[1]維城：連城衛國。語見《詩·大雅·板》："懷德維寧，宗子維城。"

[2]綏世之長御：長遠的安國策略。

[3]"不利而利之"句："利而後利"的好處比"不利而利之"更大。

[4]下之禮信於是乎結：中華本校勘記："《斠注》：《文選》'禮'作'體'，注引《禮記》'體信以達順'，是當從《文選》作'體'。按：本集亦作'體'。"

[5]天網自昶：國家的治理自然通暢。"昶"同"暢"。

夫盛衰隆弊，理所固有，教之廢興，繫乎其人，原法期於必諒，[1]明道有時而暗。故世及之制弊於强禦，厚下之典漏於末折，侵弱之釁遘自三季，陵夷之禍終乎七雄。昔成湯親照夏后之鑒，公旦目涉商人之戒，文質相濟，損益有物。然五等之禮，不革于時，封畛之制，有隆爾者，[2]豈玩二王之禍而暗經世之算乎？固知百世非可懸御，[3]善制不能無弊，而侵弱之辱愈於殄祀，[4]土崩之困痛於陵夷也。是以經始獲其多福，慮終取其少禍，非謂侯伯無可亂之符，郡縣非興化之具。故國憂賴其釋位，主弱憑於翼戴。及承微積弊，王室遂卑，猶保名位，祚垂後嗣，皇統幽而不輟，神器否而必存者，豈非事勢使之然歟！

[1]原法期於必諒：中華本校勘記："《斠注》：《文選》'原'作'愿'，'諒'作'涼'，注謂愿，慤也；涼，薄也。此'原'字爲'愿'字之訛，'諒'字爲'涼'字之訛。"

[2]有隆爾者：中華本校勘記："《文選》作'有隆焉爾者'，多一'焉'字，論文法句法皆當有'焉'字。"

[3]懸御：懸殊的治理手段。

[4]殄祀：毁滅祠祀。

降及亡秦，棄道任術，懲周之失，自矜其得。尋斧始於所庇，制國昧於弱下，國慶獨饗其利，主憂莫與共害。雖速亡趨亂，不必一道，顛沛之釁，實由孤立。是蓋思五等之小怨，亡萬國之大德，知陵夷之可患，暗土崩之爲痛也。周之不競，有自來矣。國乏令主，十有餘世。然片言勤王，諸侯必應，一朝振矜，遠國先叛，故强晋收其請隧之圖，[1]暴楚頓其觀鼎之志，[2]豈劉項之能窺闕，[3]勝廣之敢號澤哉！[4]借使秦人因循其制，雖則無道，有與共亡，覆滅之禍，豈在曩日！

[1]請隧：請求隧葬。隧葬，天子的葬禮。《左傳·僖公二十五年》："晋侯朝王。王享醴，命之宥。請隧，弗許。"杜預注："闕地通路曰隧，王之葬禮也；諸侯皆縣柩而下。"楊伯峻注："請隧者，晋文請天子允許於其死後得以天子禮葬己耳。"後以指圖謀統治天下。

[2]觀鼎：問鼎，圖謀王位。《左傳·宣公三年》："楚子伐陸渾之戎，遂至於雒，觀兵於周疆。定王使王孫滿勞楚子，楚子問鼎之大小輕重焉。"

[3]劉項：劉邦和項羽。

[4]勝廣：陳勝和吴廣。

漢矯秦枉，大啓王侯，境土逾溢，不遵舊典，故賈生憂其危，[1]晁錯痛其亂。[2]是以諸侯阻其國家之富，憑其士庶之力，勢足者反疾，土狹者逆遲，六臣犯其弱綱，[3]七子衝其漏網，[4]皇祖夷於黔徒，西京病於東帝。是蓋過正之灾，而非建侯之累也。然吕氏之難，[5]朝士外顧；宋昌策漢，[6]必稱諸侯。逮至中葉，忌其失節，割削宗子，有名無實，天下曠然，復襲亡秦之軌矣。是以五侯作威，[7]不忌萬國；新都襲漢，易於拾遺也。光武中興，纂隆皇統，而由遵覆車之遺轍，養喪家之宿疾，僅及數世，奸宄充斥。卒有强臣專朝，則天下風靡，一夫從衡，而城池自夷，豈不危哉！

[1]賈生：賈誼，西漢洛陽（今河南省洛陽市）人。文帝時爲博士，後遷至太中大夫。建議改正朔、定官名、興禮樂、削藩王。因大臣周勃、灌嬰等譖毁，被貶爲長沙王太傅。

[2]晁錯：西漢潁川（今河南省禹州市）人，文帝、景帝時歷任中大夫、内史、御史大夫等職。主張削奪諸侯權力，加强中央集權。景帝采納其議，削弱吴楚等藩國，引起他們不滿，以“清君側”之名起兵，迫使景帝誅殺晁錯。晁，原本、宋本作“朝”，殿本作“晁”，據殿本改。

[3]六臣：《文選·論·〈五等論〉》李善注：“《漢書》賈誼曰：大抵强者先反。及淮陰王楚，最强，則先反。韓信倚胡，則又反。及貫高因趙資，則又反；陳豨兵精，則又反。彭越用梁，則又反。黥布用淮南，則又反。盧綰最弱，最後反。然誼言八而機言六者，貫高非五等，盧綰亡入匈奴，故不數之。”

[4]七子：指西漢景帝時發動叛亂的吴、楚、膠西、膠東、濟南、淄川、趙七國。

[5]吕氏：西漢吕后家族，諸吕。劉邦去世後，太后吕雉臨朝稱制，立兄子吕臺、吕産、吕禄及吕臺子吕通四人爲王，封諸吕六人爲列侯。吕雉死後，諸吕圖謀叛亂，後被平定。

[6]宋昌：西漢初人。吕后時爲代國中尉。吕后死，周勃等迎立代王爲帝，郎中令張武等勸代王静觀其變。宋昌力排衆議，勸代王立即赴長安即位。

[7]五侯：西漢成帝時封其外家王譚、王商、王立、王根、王逢時五人皆爲侯，稱王氏五侯。

在周之衰，難興王室，放命者七臣，[1]干位者三子，[2]嗣王委其九鼎，凶族據其天邑，鉦鼙震於闔宇，[3]鋒鏑流於絳闕，[4]然禍止畿甸，害不覃及，天下晏然，以安待危。是以宣王興於共和，襄惠振於晋鄭。[5]豈若二漢階闥暫擾，而四海已沸，孽臣朝入，而九服夕亂哉！

[1]放命：違命。　七臣：《文選·陸機〈五等論〉》："在周之衰，難興王室，放命者七臣，干位者三子。"李善注："七臣：蔿國、邊伯、詹父、子禽、祝跪及頹叔桃子、賓起。"

[2]三子：《文選·陸機〈五等論〉》："在周之衰，難興王室，放命者七臣，干位者三子。"李善注："三子：子頹、叔帶、子朝。"

[3]鉦鼙：鉦，殿本作"征"。

[4]絳闕：宮殿門外。

[5]襄惠振於晋鄭：周惠王死後，周室因王子帶争王位而起内亂，齊桓公率諸侯會盟於洮（今山東省鄄城西南），尊周鄭爲王，即周襄王。王子帶不甘心失敗，多次引導西戎兵攻打周室，公元前636年終於攻占王城（今河南省洛陽市），襄王倉皇出逃。後晋文公率兵勤王，討伐王子帶，護送周襄王回王城，安定周王室。

遠惟王莽簒逆之事，近覽董卓擅權之際，[1]億兆悼心，愚智同痛。然周以之存，漢以之亡，夫何故哉？豈世乏曩時之臣，士無匡合之志歟？蓋遠績屈於時異，雄心挫於卑勢耳。故烈士扼腕，終委寇仇之手；忠人變節，以助虐國之桀。雖復時有鳩合同志以謀王室，然上非奥主，[2]下皆市人，師旅無先定之班，君臣無相保之志，是以義兵雲合，無救劫殺之禍，衆望未改，而已見大漢之滅矣。

［1］董卓：東漢末隴西臨洮（今甘肅省岷縣）人，字仲穎。本爲凉州豪强，靈帝時任中郎將、前將軍、并州牧等職。應何進之招進京殺宦官，進京后專權，廢少帝立獻帝。因受關東諸侯討伐，焚燒洛陽宫室，遷獻帝於長安。後爲部將吕布所殺。

［2］奥主：主事的皇帝。

或以“諸侯世位，不必常全，昏主暴君，有時比迹，故五等所以多亂。今之牧守，皆官方庸能，雖或失之，其得固多，故郡縣易以爲政”。夫德之休明，[1]黜陟日用，[2]長率連屬，咸述其職，而淫昏之君無所容過，何則其不治哉！故先代有以之興矣。[3]苟或衰陵，百度自悖，鬻官之吏以貨準財，[4]則貪殘之萌皆群后也，安在其不亂哉！故後王有以之廢矣。且要而言之，五等之君，爲己思政；郡縣之長，爲吏圖物。何以徵之？蓋企及進取，仕子之常志；修己安人，良士所希及。夫進取之情鋭，而安人之譽遲，是故侵百姓以利己者，在位所不憚；損實事以養名者，官長所夙慕也。[5]君無卒歲之圖，臣挾一時之志。五等則不然，知國爲己土，衆皆我民。民安，己受其利；國傷，家嬰其病。故前人欲以垂後，後嗣思其堂構，爲上無苟且之心，群下知膠固之義。使其並賢居政，則功有厚薄；兩愚處亂，則過有深淺。然則八代之制，幾可以一理貫；秦漢之典，殆可以一言蔽也。

[1]休明：美好清明。

[2]黜陟：人才的進退，官吏的升降。黜，貶降、罷退。陟，提拔、升遷。

[3]故先代有以之興矣：殿本無“之”字。

[4]以貨準財：財，原本、宋本、殿本作“才”，據中華本改。

[5]夙慕：慕，原本、宋本作“夜”，殿本作“慕”，據殿本改。

時成都王穎推功不居，勞謙下士。機既感全濟之恩，又見朝廷屢有變難，謂穎必能康隆晋室，遂委身焉。穎以機參大將軍軍事，[1]表爲平原内史。[2]太安初，穎與河間王顒起兵討長沙王乂，[3]假機後將軍、河北大都督，[4]督北中郎將王粹、冠軍牽秀等諸軍二十餘萬人。[5]機以三世爲將，道家所忌，[6]又羈旅入宦，頓居群士之右，[7]而王粹、牽秀等皆有怨心，固辭都督。穎不許。機鄉人孫惠亦勸機讓都督於粹，機曰：“將謂吾爲首鼠避賊，[8]適所以速禍也。”遂行。穎謂機曰：“若功成事定，當爵爲郡公，位以臺司，將軍勉之矣！”機曰：“昔齊桓任夷吾以建九合之功，[9]燕惠疑樂毅以失垂成之業，[10]今日之事，在公不在機也。”穎左長史盧志心害機寵，[11]言於穎曰：“陸機自比管樂，擬君暗主，自古命將遣師，未有臣陵其君而可以濟事者也。”穎默然。機始臨戎，而牙旗折，[12]意甚惡之。列軍自朝歌至于河橋，[13]鼓聲聞數百里，漢魏以來，出師之盛未嘗有也。長沙王乂奉天子與機戰於鹿苑，[14]機軍大敗，赴七里澗，[15]而死者如積焉，水爲之不流，將軍賈棱皆死之。[16]

[1]參大將軍軍事：大將軍府參軍。大將軍，官名，高級軍事統帥。曹魏時多以之屯駐長安，對付蜀漢，蜀漢以其爲最高軍事長官，孫吴則别置上大將軍居其上。西晋時爲八公之一，位居上公、大司馬下，三公之上。東晋時常專擅軍政事務。一品。

[2]平原：郡國名，治所在平原縣（今山東省平原縣西南）。　内史：官名，西晋武帝太康十年（289）改諸王國相爲内史，掌管民政。五品。周家禄《晋書校勘記》認爲："晋制，以郡爲國，内史治民事，若郡太守。國除爲郡，復稱太守。然二名往往混淆，史家亦互稱之。"

[3]河間王顒：司馬顒，字文載，本書卷五九有傳。　長沙王乂：司馬乂，字士度，本書卷五九有傳。

[4]後將軍：官名，漢代爲重號將軍，與前、左、右將軍並爲上卿。魏晋以後權位漸低，僅爲將軍名號，略高於一般雜號將軍。三品。　河北大都督：官名，河北地區最高軍事行政長官。

[5]北中郎將：官名，與東、西、南中郎將並稱四中郎將，統兵征戰，權職甚重。四品。　王粹：弘農（今河南省靈寶市）人，歷任魏郡太守、北中郎將，附賈謐，與石崇、歐陽建、潘岳等爲"二十四友"。　冠軍：官名，即冠軍將軍。曹魏、孫吴、西晋皆置。西晋時領營兵。三品。　牽秀：字成叔，本書卷六〇有傳。

[6]"三世爲將"句：語出《史記》卷七三《白起王翦列傳》：秦末陳勝起義，秦使王翦之孫王離擊趙，圍趙王及張耳於鉅鹿城。或曰："王離，秦之名將也。今將强秦之兵，攻新造之趙，舉之必矣。"客曰："不然。夫爲將三世者必敗。必敗者何也？必其所殺伐多矣，其後受其不祥。今王離已三世將矣。"

[7]頓居群士之右：頓，原本作"蝢"，宋本、殿本作"頓"，據宋本、殿本改。

[8]將謂吾：謂，原本、宋本作“爲”，殿本作“謂”，據殿本、中華本校勘記改。

[9]齊桓：春秋時齊國國君，名小白。即位後任用管仲，改革内政，國勢强盛。奉行尊王攘夷政策，因九合諸侯而成爲春秋五霸之首。　夷吾：即管仲，春秋初潁上（今安徽省潁水之濱）人，名夷吾。齊桓公時任卿相，進行一系列改革，使齊國國力大增，齊桓公成爲春秋五霸之首。

[10]燕惠：燕惠王，戰國時燕國國君，燕昭王子。爲太子時即與樂毅有怨，即位後又兼齊田單用計離間，故罷樂毅之將。　樂毅：戰國時靈壽（今河北省靈壽縣西北）人，魏將樂羊後代，燕昭王時入燕，帥聯軍大敗齊國，攻下齊國城邑七十多座。後因燕惠王中反間計，樂毅遂離開燕國入趙國。

[11]左長史：官名，丞相府屬官，東漢末曹操爲丞相時置，與右長史共領相府諸曹。六品。

[12]牙旗：主帥大旗。因旗杆上飾有象牙，故名。

[13]朝歌：縣名，治所在今河南省淇縣。　河橋：位於今河南省孟州市西南、洛陽市孟津區東北黄河上。

[14]鹿苑：地名，在今河南省舞陽縣一帶。

[15]七里澗：水名，西承魏晋洛陽城東，經偃師市南，東注洛河。

[16]將軍賈棱皆死之：中華本校勘記：“《惠紀》、《通鑑》八五皆作‘斬其大將賈崇等十六人’。”

初，宦人孟玖弟超並爲穎所嬖寵。超領萬人爲小都督，未戰，縱兵大掠。機録其主者。[1]超將鐵騎百餘人，直入機麾下奪之，顧謂機曰：“貉奴能作督不！”[2]機司馬孫拯勸機殺之，機不能用。超宣言於衆曰：“陸機將反。”又還書與玖，言機持兩端，軍不速决。及戰，超不受機節度，輕兵獨進而没。玖疑機殺之，遂譖機於穎，言其有異志。將軍王闡、郝昌、公師藩等皆玖所用，[3]與牽秀等共證之。穎大怒，使秀密收機。其夕，機夢黑幰繞車，[4]手決不開，天明而秀兵至。機釋戎服，著白帢，與秀相見，神色自若，謂秀曰："自吴朝傾覆，吾兄弟宗族蒙國重恩，入侍帷幄，出剖符竹。成都命吾以重任，辭不獲已。今日受誅，豈非命也！"因與穎箋，詞甚悽惻。既而嘆曰："華亭鶴唳，[5]豈可復聞乎！"遂遇害於軍中，時年四十三。二子蔚、夏亦同被害。機既死非其罪，士卒痛之，莫不流涕。是日昏霧晝合，大風折木，平地尺雪，議者以爲陸氏之冤。

[1]録：拘捕。

[2]貉奴：駡人的話。

[3]王闡：司馬穎部下，任右將軍。　郝昌：西晋人，曾任成都王司馬穎帳下督，又任將軍、屯騎校尉。　公師藩：陽平（今河北省大名縣東北）人，成都王司馬穎部將，後被濮陽太守苟晞斬殺。

[4]黑幰：黑色車帷。

[5]華亭：《元和郡縣志·江南道·蘇州》："華亭谷在（華亭）縣西三十五里，陸遜、陸抗宅在其側。遜封華亭侯，陸機云華亭鶴唳，此地是也。"

機天才秀逸，辭藻宏麗，張華嘗謂之曰："人之爲文，常恨才少，而子更患其多。"弟雲嘗與書曰："君苗見兄文，[1]輒欲燒其筆硯。"後葛洪著書，[2]稱："機文猶玄圃之積玉，無非夜光焉，五河之吐流，泉源如一焉。

其弘麗妍贍,[3]英鋭漂逸，亦一代之絶乎!”其爲人所推服如此。然好游權門，與賈謐親善，以進趣獲譏。所著文章凡三百餘篇,[4]並行於世。

[1]苗：後人。
[2]葛洪：字稚川，本書卷七二有傳。
[3]弘麗妍贍：宏偉華麗優美充實。
[4]三百餘篇：三，殿本作“二”。

孫拯者，字顯世，吴都富春人也。[1]能屬文，仕吴爲黄門郎。[2]孫皓世，侍臣多得罪，惟拯與顧榮以智全。吴平後，爲涿令,[3]有稱績。

[1]富春：縣名，治所在今浙江省杭州市富陽區。
[2]黄門郎：官名，黄門侍郎或給事黄門侍郎的省稱。五品。
[3]涿：縣名，治所在今河北省涿州市。

機既爲孟玖等所誣，收拯考掠，兩踝骨見，終不變辭。門生費慈、宰意二人詣獄明拯，拯譬遣之曰：“吾義不可誣枉知故，卿何宜復爾?”二人曰：“僕亦安得負君!”拯遂死獄中，而慈、意亦死。

陸雲

雲，字士龍，六歲能屬文，性清正，有才理。少與兄機齊名，雖文章不及機，而持論過之，號曰“二陸”。幼時吴尚書廣陵閔鴻見而奇之,[1]曰：“此兒若非龍駒，當是鳳雛。”後舉雲賢良，[2]時年十六。

[1]尚書：官名，東漢尚書臺六曹各置尚書，秩六百石。魏晋出爲朝官，分掌尚書省諸曹，品秩提高。三品。　廣陵：三國時治淮陰縣（今江蘇省淮安市淮陰區西南甘羅城），東晋移治廣陵縣（今江蘇省揚州市西北蜀岡上）。

[2]賢良：選舉科目，始於漢代。

吴平，入洛。機初詣張華，華問雲何在。機曰："雲有笑疾，未敢自見。"俄而雲至。華爲人多姿制，又好帛繩纏鬚。雲見而大笑，不能自已。先是，嘗著縗絰上船，[1]於水中顧見其影，因大笑落水，人救獲免。雲與荀隱素未相識，[2]嘗會華坐，華曰："今日相遇，可勿爲常談。"雲因抗手曰："雲間陸士龍。"隱曰："日下荀鳴鶴。"鳴鶴，隱字也。雲又曰："既開青雲睹白雉，何不張爾弓，挾爾矢？"隱曰："本謂是雲龍騤騤，乃是山鹿野麋。獸微弩强，是以發遲。"華撫手大笑。刺史周浚召爲從事，[3]謂人曰："陸士龍當今之顔子也。"[4]

[1]縗絰：指喪服。縗，用麻布條披於胸前。服三年之喪者用之。《左傳·襄公十七年》："齊晏桓子卒，晏嬰粗縗斬。"杜預注："縗在胸前。"孔穎達疏："衰（縗）用布爲之，廣四寸，長六寸，當心。"絰，古代喪服所用的麻帶。札在頭上的稱首絰，纏在腰間的稱腰絰。《儀禮·喪服》："喪服，斬衰裳，苴絰、杖、絞帶。"鄭玄注："麻在首、在要皆曰絰。"

[2]荀隱：《世説新語·排調》劉孝標注："《晋百官名》曰：'荀隱字鳴鶴，潁川人。'《荀氏家傳》曰：'隱祖昕，樂安太守。父

岳，中書郎。隱與陸雲在張華坐語，互相反覆，陸連受屈，隱辭皆美麗，張公稱善雲。世有此書，尋之未得。歷太子舍人，延尉平，蚤卒。’”

[3]周浚：字開林，本書卷六一有傳。　從事：官名，州部屬吏。東漢稱從事史，由州部長官自己選拔任命。

[4]顔子：顔回，孔子弟子，名回，字子淵，亦稱顔淵。早卒。

俄以公府掾爲太子舍人，[1]出補浚儀令。[2]縣居都會之要，名爲難理。雲到官肅然，下不能欺，市無二價。人有見殺者，主名不立，雲録其妻，而無所問。十許日遣出，密令人隨後，謂曰：“其去不出十里，當有男子候之與語，便縛來。”既而果然。問之具服，云：“與此妻通，共殺其夫，聞妻得出，欲與語，憚近縣，故遠相要候。”於是一縣稱其神明。郡守害其能，屢譴責之，雲乃去官。百姓追思之，圖畫形象，配食縣社。

[1]太子舍人：官名，掌行書令、表啓等。初隸太子太傅、太子少傅，後隸太子詹事。七品。

[2]浚儀：縣名，治所在今河南省開封市。

尋拜吴王晏郎中令。晏於西園大營第室，雲上書曰：“臣竊見世祖武皇帝臨朝拱默，訓世以儉，即位二十有六載，宫室臺榭無所新營，[1]屢發明詔，厚戒豐奢。國家纂承，務在遵奉，而世俗陵遲，[2]家競盈溢，漸漬波蕩，遂已成風。雖嚴詔屢宣，而侈俗滋廣。每觀詔書，衆庶嘆息。清河王昔起墓宅時，[3]手詔追述先帝節儉之教，懇切之旨，形于四海。清河王毁壞成宅以奉詔命，海内聽望，咸用欣然。臣愚以先帝遺教日以陵替，今與國家協崇大化、追闡前踪者，實在殿下。先敦素朴而後可以訓正四方；凡在崇麗，一宜節之以制，然後上厭帝心，下允時望。臣以凡才，特蒙拔擢，亦思竭忠效節以報所受之施，是以不慮犯迕，敢陳所懷。如愚臣言有可采，乞垂三省。”

[1]無所新營：營，原本、宋本作“崇”，殿本作“營”，據殿本改。

[2]陵遲：頹敗。

[3]清河王：司馬覃，司馬遐之子，本書卷六四有傳。

時晏信任部將，使覆察諸官錢帛，雲又陳曰：“伏見令書，以部曲將李咸、馮南，司馬吴定，給使徐泰等覆校諸官市買錢帛簿。[1]臣愚以聖德龍興，光有大國，選衆官材，庶工肄業。中尉該、大農誕皆清廉淑慎，[2]恪居所司，其下衆官，悉州閭一介，疏暗之咎，雖可日聞，至於處義用情，庶無大戾。[3]今咸、南軍旅小人，定、泰士卒厮賤，非有清慎素著，忠公足稱。大臣所關，猶謂未詳，咸等督察，然後得信，既非開國勿用之義，又傷殿下推誠曠蕩之量。雖使咸等能盡節益國，而功利百倍，至於光輔國美，猶未若開懷信士之無失。况所益不過姑息之利，[4]而使小人用事，大道陵替，此臣所以慷慨也。臣備位大臣，職在獻可，[5]苟有管見，敢不盡規。[6]愚以宜發明令，罷此等覆察，衆事一付治書，則大信臨下，人思盡節矣。”

［1］部曲將：官名，軍中及州郡皆置，屬部曲督。三國魏時規定其需留家屬作爲人質，西晋武帝泰始元年（265），罷部曲將、長吏以下質任。　給使：宫中職役。

［2］中尉：官名，王國公侯軍事長官，與郎中令、大農并號三卿，以典兵爲職，品秩隨王國地位而定。六品。

［3］大戾：大罪。

［4］姑息：苟安。

［5］獻可：即獻可替否，進獻可行者，廢去不可行者。謂對君主進諫，勸善規過。亦泛指議論國事興革。語出《左傳·昭公二十年》："君所謂可而有否焉，臣獻其否以成其可。君所謂否而有可焉，臣獻其可以去其否。"

［6］敢不盡規：敢，宋本作"取"。

雲愛才好士，多所貢達。移書太常府薦同郡張贍曰："蓋聞在昔聖王，承天御世，殷薦明德，思和人神，莫不崇典謨以教思，興禮學以陶遠。是以帝堯昭焕而道協人天，西伯質文而周隆二代。[1]大晋建皇，崇配天地，區夏既混，禮樂將庸。君侯應曆運之會，贊天人之期，博延俊茂，熙隆載典。伏見衛將軍舍人同郡張贍，[2]茂德清粹，器思深通。初慕聖門，棲心重仞，啓塗及階，遂升樞奧。[3]抽靈匱於秘宫，披金縢於玄夏，[4]思樂百氏，博采其珍，辭邁翰林，言敷其藻。探微集逸，思心洞神；論道屬書，篇章光覿。含奇宰府，婆娑公門。[5]棲静隱寶，淪虚藏器；褧裳襲錦，[6]緇衣被玉。曾泉改路，[7]懸車將邁，[8]考盤下位，[9]歲聿屢遷。[10]搢紳之士，[11]具懷愾悢。方今太清闢宇，四門啓籥，玄綱括地，天網廣羅；慶雲興以招龍，和風起而儀鳳，誠巖穴耀穎之秋，[12]河津托乘之日也。而贍沉淪下位，群望悼心。若得端委太學，[13]錯綜先典；垂纓玉階，論道紫宫，[14]誠帝室之瑰寶，清廟之偉器。廣樂九奏，必登昊天之庭；《韶》《夏》六變，[15]必饗上帝之祀矣。"

［1］西伯：即周文王。《孟子·離婁上》："吾聞西伯善養老者。"焦循正義："西伯，即文王也。紂命爲西方諸侯之長，得專征伐，故稱西伯。"

［2］衛將軍：官名，魏晉時位在名號將軍之上，多爲軍府名號，加給大臣、重要州郡長官。二品，開府位從公者一品。　舍人：官名，魏晉時太子府、王國、公府、將軍府、王妃及公主府皆設舍人，掌文檄之事。此爲衛將軍府舍人。

［3］樞奥：重要職位。

［4］金縢：用金屬製的帶子將收藏書契的櫃封存。《尚書·金縢》："公歸，乃納册於金縢之匱中。"

［5］婆娑：奔波，勞碌。

［6］褧裳：用枲麻類植物纖維織布製成的單罩衣。古代女子出嫁時在途中所穿，以蔽塵土。《詩·衛風·碩人》："碩人其頎，衣錦褧衣。"毛亨傳："夫人德盛而尊，嫁則錦衣加褧襜。"鄭玄箋："國君夫人翟衣而嫁。今衣錦者，在塗之所服也。"

［7］曾泉：多水之地。

［8］懸車：挂牢車子。

［9］考盤：隱居。《詩·衛風·考槃序》："考槃，刺莊公也。不能繼先公之業，使賢者退而窮處。"

［10］歲聿屢遷：一歲之中屢次遷移。聿，助詞。

［11］搢紳：官宦裝束，舊時官宦將笏板插於腰帶間。亦借指士大夫。

［12］巖穴耀穎：隱居之人顯露才華。

［13］端委太學：在太學中行禮。太，殿本作“大”。

［14］論道紫宫：在宫廷中論道。紫宫即紫庭，帝王宫廷。

［15］《韶》：《大韶》，《周禮·春官·大司樂》鄭玄注：“《大韶》，舜樂也。言其德能紹堯之道也。”　《夏》：《大夏》，《周禮·春官·大司樂》鄭玄注：“《大夏》，禹樂也。禹治水傅土，言其德能大中國也。”

入爲尚書郎、侍御史、太子中舍人、中書侍郎。[1]成都王穎表爲清河内史。[2]穎將討齊王冏，以雲爲前鋒都督。[3]會冏誅，轉大將軍右司馬。[4]穎晚節政衰，雲屢以正言忤旨。孟玖欲用其父爲邯鄲令，[5]左長史盧志等並阿意從之，而雲固執不許，曰：“此縣皆公府掾資，豈有黄門父居之邪！”玖深忿怨。張昌爲亂，穎上雲爲使持節、大都督、前鋒將軍以討昌。[6]會伐長沙王，乃止。

［1］尚書郎：官名。東漢之制，取孝廉中之有才能者入尚書臺，在皇帝左右處理政務，初入臺稱守尚書郎中，滿一年稱尚書郎，滿三年稱侍郎。魏晋以後尚書各曹有侍郎、郎中等官，綜理職務，通稱爲尚書郎。六品。　侍御史：官名，簡稱御史、侍御。御史臺屬官，曹魏時分掌治書、課第等八曹，尚書、符節等三臺。西晋時分掌吏、課第、直事、印、中都督、外都督、媒、符節、水、中壘、軍營、法、算十三曹。六品。　太子中舍人：官名，簡稱太子中舍、中舍人、中舍。東宫屬官，其中有才學者與中庶子共掌東宫文翰及奏事文書，侍從規諫太子。位在太子中庶子下、太子洗馬上。六品。　中書侍郎：官名，三國魏文帝黄初初年設中書省，在長官中書監、中書令以下有通事郎，後增設中書郎，亦稱中書侍郎。掌

草擬詔書，外出執行重要使命等。五品。

［2］清河：郡名，治所在清河縣（今山東省臨清市東北）。

［3］前鋒都督：前鋒部隊的統帥。

［4］大將軍右司馬：官名，將軍府的高級幕僚。與左司馬掌參讚軍務、管理府内武職，位僅次於長史。六品。

［5］邯鄲：縣名，治所在今河北省邯鄲市西南。

［6］使持節：漢朝官吏奉使外出時，或由皇帝授予節杖，以提高其權力。魏晋以後，凡重要軍事長官出征或出鎮，加使持節，可誅殺二千石以下官員。　大都督：官名，高級軍事長官。三國初作爲加官於戰時臨時設置，後逐漸成爲常設加官官職，地位極高。

機之敗也，并收雲。穎官屬江統、蔡克、棗嵩等上疏曰："統等聞人主聖明，臣下盡規，苟有所懷，不敢不獻。昨聞教以陸機後失軍期，師徒敗績，以法加刑，莫不謂當。誠足以肅齊三軍，威示遠近，所謂一人受戮，天下知誡者也。且聞重教，以機圖爲反逆，應加族誅，未知本末者，莫不疑惑。夫爵人於朝，與衆共之；刑人於市，與衆棄之。惟刑之恤，古人所慎。今明公興舉義兵，以除國難，四海同心，雲合響應，罪人之命，懸於漏刻，泰平之期，不旦則夕矣。機兄弟並蒙拔擢，俱受重任，不當背罔極之恩，而向垂亡之寇；去泰山之安，而赴累卵之危也。直以機計慮淺近，不能董攝群帥，致果殺敵，進退之間，事有疑似，故令聖鑒未察其實耳。刑誅事大，言機有反逆之徵，宜令王粹、牽秀檢校其事。令事驗顯然，暴之萬姓，然後加雲等之誅，未足爲晚。今此舉措，實爲太重，得則足令天下情服，失則必使四方心離，不可不令審諦，不可不令詳慎。統等區區，非爲陸雲請一身之命，實慮此舉有得失之機，敢竭愚戇，以備誹謗。”穎不納。統等重請，穎遲迴者三日。盧志又曰：“昔趙王殺中護軍趙浚，[1]赦其子驤，驤詣明公而擊趙，即前事也。”蔡克入至穎前，叩頭流血，曰：“雲爲孟玖所怨，遠近莫不聞。今果見殺，罪無彰驗，將令群心疑惑，竊爲明公惜之。”僚屬隨克入者數十人，流涕固請，穎惻然有宥雲色。孟玖扶穎入，催令殺雲。時年四十二。有二女，無男。門生故吏迎喪葬清河，[2]修墓立碑，四時祠祭。所著文章三百四十九篇，又撰《新書》十篇，並行於世。

[1]中護軍：官名，掌武官選舉，與中領軍同掌禁軍。曹魏四品，晋三品。

[2]門生故吏：學生和舊時部下。

初，雲嘗行，逗宿故人家，夜暗迷路，莫知所從。忽望草中有火光，於是趣之。至一家，便寄宿，見一年少，美風姿，共談《老子》，辭致深遠。向曉辭去，行十許里，至故人家，云此數十里中無人居，雲意始悟。却尋昨宿處，乃王弼冢。[1]雲本無玄學，自此談《老》殊進。

[1]王弼：三國魏山陽高平（今山東省鄒城市西南）人，字輔嗣。玄學家，與何晏、夏侯玄等開玄學清談之風，史稱“正始之音”。著有《老子注》《老子指略》《周易注》《周易略例》等。

雲弟耽，爲平東祭酒，[1]亦有清譽，與雲同遇害。大將軍參軍孫惠與淮南内史朱誕書曰："不意三陸相携暗朝，一旦湮滅，道業淪喪，痛酷之深，荼毒難言。國喪俊望，悲豈一人！"其爲州里所痛悼如此。後東海王越討穎，[2]移檄天下，亦以機、雲兄弟枉害罪狀穎云。

[1]平東：官名，即平東將軍。與平北、平南、平西合稱四平將軍，權任很重，多持節都督或監某一地區的軍事，有時亦作爲刺史等地方官員兼理軍務的加官。三品，加持節都督者二品。　祭酒：官名，平東將軍軍師祭酒，軍府屬官，參謀軍事，位在軍府諸僚佐之上。

[2]東海王越：司馬越，字元超，本書卷五九有傳。

喜，字恭仲。父瑁，[1]吴吏部尚書。[2]喜仕吴，累遷吏部尚書。少有聲名，好學有才思。嘗爲自叙，其略曰："劉向省《新語》而作《新序》，[3]桓譚咏《新序》而作《新論》。[4]余不自量，感子雲之《法言》而作《言道》，[5]睹賈子之美才而作《訪論》，[6]觀子政《洪範》而作《古今曆》，覽蔣子通《萬機》而作《審機》，[7]讀《幽通》《思玄》《四愁》而作《娱賓》《九思》，真所謂忍愧者也。"其書近百篇。

[1]瑁：陸瑁，三國時吴郡吴縣（今江蘇省蘇州市）人，字子璋，陸遜弟。歷任孫吴議郎、選曹尚書等職。

[2]吏部尚書：官名，三國魏時爲尚書省吏部曹長官，位居列曹尚書之上。三品。

[3]劉向：西漢沛（今江蘇省沛縣）人，楚元王四世孫。曾任

諫大夫、散騎宗正給事、光禄大夫等職。撰有《五經通義》《洪範五行傳》等，均已佚。另撰有《列女傳》《説苑》《新序》等存世。

[4]桓譚：東漢沛國相（今安徽省濉溪縣）人，字君山。好音律，博學多識，遍及《五經》。西漢哀帝、平帝時任爲郎，後任更始政權太中大夫。東漢初被徵爲待詔。因反對讖緯神學被貶爲六安郡丞。

[5]子雲：揚雄，西漢蜀郡成都（今四川省成都市）人，字子雲。成帝時任侍郎、給事黄門。古代文學家，善辭賦。

[6]賈子：賈誼。

[7]蔣子通：蔣濟，三國時楚國平阿（今安徽省懷遠縣西南）人，字子通。歷任揚州别駕、丞相主簿西曹署，典選舉。齊王曹芳時官至太尉。

吴平，又作《西州清論》傳於世，借稱諸葛孔明以行其書也。[1]有《較論格品篇》曰："或問予：'薛瑩最是國士之第一者乎？'[2]答曰：'以理推之，在乎四五之間。'問者愕然請問。答曰：'夫孫皓無道，肆其暴虐，若龍蛇其身，沉默其體，潛而勿用，趣不可測，此第一人也。避尊居卑，禄代耕養，玄静守約，冲退澹然，此第二人也。侃然體國思治，心不辭貴，以方見憚，[3]執政不懼，此第三人也。斟酌時宜，在亂猶顯，意不忘忠，時獻微益，此第四人也。温恭修慎，不爲諂首，無所云補，從容保寵，此第五人也。過此已往，不足復數。故第二已上，多淪没而遠悔吝，[4]第三已下，有聲位而近咎累。是以深識君子，晦其明而履柔順也。'問者曰：'始聞高論，終年啓寤矣。'"

[1]諸葛孔明：諸葛亮，三國時琅邪陽都（今山東省沂南縣南）人，字孔明。東漢末隨叔父諸葛玄依附荆州劉表，隱居躬耕於隆中。後加入劉備集團，協助劉備占領荆州、益州，實現三分之勢。劉備死後輔佐劉禪，南征南中，北伐曹魏，最終病逝於北伐前綫。

[2]薛瑩：三國時沛郡竹邑（今安徽省宿州市北）人，字道言。歷任孫吴秘府中書郎、選曹尚書、太子少傅、左國史、光禄勛。吴亡後至洛陽。　第一者乎：乎，宋本作“于”。

[3]以方見憚：因爲方正剛直而爲人所懼。

[4]悔吝：悔恨。

太康中，下詔曰：“僞尚書陸喜等十五人，南士歸稱，[1]並以貞潔不容皓朝，或忠而獲罪，或退身修志，放在草野。主者可皆隨本位就下拜除，敕所在以禮發遣，須到隨才授用。”乃以喜爲散騎常侍，[2]尋卒。子育，爲尚書郎、弋陽太守。[3]

[1]南士：士，宋本作“土”。

[2]散騎常侍：官名，三國魏文帝黄初年間置，侍從皇帝左右，諫諍得失，顧問應對，與侍中等共平尚書奏事。也用作宰相、諸公等加官，入宫議政。三品。

[3]弋陽：郡名，治所在弋陽縣（今河南省潢川縣西）。

制曰：[1]古人云：“雖楚有材，[2]晋實用之。”觀夫陸機、陸雲，實荆衡之杞梓，挺珪璋於秀質，[3]馳英華於早年，風鑒澄爽，神情俊邁。文藻宏麗，獨步當時；言論慷慨，冠乎終古。高詞迥映，如朗月之懸光；疊意迴舒，[4]若重巖之積秀。千條析理，則電拆霜開；[5]一緒連文，則珠流璧合。其詞深而雅，其義博而顯，故足遠超枚馬，[6]高躡王劉，[7]百代文宗，一人而已。然其祖考重光，羽楫吴運，文武奕葉，[8]將相連華。而機以廊廟藴才，瑚璉標器，[9]宜其承俊乂之慶，奉佐時之業，申能展用，保譽流功。屬吴祚傾基，金陵畢氣，君移國滅，家喪臣遷。矯翮南辭，[10]翻栖火樹；[11]飛鱗北逝，卒委湯池。遂使穴碎雙龍，巢傾兩鳳。激浪之心未騁，遽骨修鱗；[12]陵雲之意將騰，先灰勁翮。望其翔躍，焉可得哉！夫賢之立身，以功名爲本；士之居世，以富貴爲先。然則榮利人之所貪，禍辱人之所惡，故居安保名，則君子處焉；冒危履貴，則哲士去焉。是知蘭植中塗，必無經時之翠；桂生幽壑，終保彌年之丹。非蘭怨而桂親，[13]豈塗害而壑利？而生滅有殊者，隱顯之勢異也。故曰：衒美非所，罕有常安；韜奇擇居，故能全性。觀機雲之行己也，智不逮言矣。睹其文章之誡，何知易而行難？自以智足安時，才堪佐命，庶保名位，無忝前基。[14]不知世屬未通，運鍾方否，進不能闢昏匡亂，退不能屏迹全身。而奮力危邦，竭心庸主，忠抱實而不諒，[15]謗緣虚而見疑，生在己而難長，死因人而易促。[16]上蔡之犬，[17]不誡於前；華亭之鶴，方悔於後。卒令覆宗絶祀，良可悲夫！然則三世爲將，釁鐘來葉；誅降不祥，殃及後昆。是知西陵結其凶端，[18]河橋收其禍末，[19]其天意也，豈人事乎！

［1］制曰：皇帝文爲“制”。《史記》卷六《秦始皇本紀》：“臣等昧死上尊號，王爲‘泰皇’，命爲‘制’，令爲‘詔’。”裴駰集解引蔡邕曰：“制書，帝者制度之命也。其文曰‘制’。”此論爲唐太宗撰寫，因此稱制。

［2］雖楚有材：材，殿本作“才”。

［3］挺珪璋於秀質：質，殿本作“實”。

［4］疊意迴舒：意蘊婉轉幽深。

［5］電拆霜開：形容分析深入。

［6］枚：枚乘，西漢淮陰（今江蘇省淮安市淮陰區南）人，字叔。初爲吴王劉濞郎中，因阻諫吴王謀反不聽，遂離開吴國。七國之亂平定後任弘農都尉。以辭賦著名。　馬：司馬相如，西漢蜀郡成都（今四川省成都市）人，字長卿，少名犬子，後更名相如。文學家，所作《子虛賦》深受漢武帝賞識。

［7］王：王粲，東漢末山陽高平（今山東省鄒城市西南）人，字仲宣。“建安七子”之一，善詩賦。任曹操丞相掾、侍中。　劉：劉楨，東漢末東平寧陽（今山東省東平縣東）人，字公幹。“建安七子”之一。建安中任曹操丞相掾屬、曹植中庶子。因平視曹丕夫人甄氏被罰輸作部，後免爲吏。

［8］奕葉：奕，原本、宋本作“弈”，殿本作“奕”，據殿本改。

［9］瑚璉：瑚和璉，兩種宗廟禮器。《論語·公冶長》：“子貢問曰：‘賜也何如？’子曰：‘女，器也。’曰：‘何器也？’曰：‘瑚璉也。’”比喻國家人才。　標器：頂尖人才。

［10］矯翮南辭：指陸機離開南方。矯翮：展翅。

［11］翻栖火樹：指陸機來到威脅生存的危險地方。

［12］遽骨修鱗：去掉骨頭削剪鱗甲。

［13］非蘭怨而桂親：不是因爲蘭草被怨恨而桂樹被親寵。

［14］忝：辱没。

［15］忠抱實而不諒：實實在在的衷心不被理解。

[16]死因人而易促：促，殿本作“足”。

[17]上蔡之犬：指秦末李斯被殺之事。《史記》卷八七《李斯列傳》：李斯被處以腰斬，對其兒子説：“吾欲與若復牽黄犬俱出上蔡東門逐狡兔，豈可得乎!”

[18]西陵結其凶端：指陸機的先人陸遜在西陵大敗蜀漢軍隊，使很多人死亡。

[19]河橋收其禍末：指陸機因在河橋之役中大敗，導致被殺。